零基础学
趋势交易技术

股震子◎著

中国宇航出版社
·北京·

图书在版编目（CIP）数据

零基础学趋势交易技术 / 股震子著. -- 北京 : 中国宇航出版社, 2020.6
ISBN 978-7-5159-1780-1

Ⅰ. ①零… Ⅱ. ①股… Ⅲ. ①股票交易－基本知识 Ⅳ. ①F830.91

中国版本图书馆CIP数据核字(2020)第062448号

策划编辑 田芳卿
责任编辑 卢　珊　　**装帧设计** 宇星文化

出版发行	**中国宇航出版社**		
社　址	北京市阜成路8号	邮　编	100830
	(010)60286808		(010)68768548
网　址	www.caphbook.com		
经　销	新华书店		
发行部	(010)60286888		(010)68371900
	(010)60286887		(010)60286804(传真)
零售店	读者服务部		
	(010)68371105		
承　印	三河市君旺印务有限公司		
版　次	2020年6月第1版		2020年6月第1次印刷
规　格	710×1000	开　本	1/16
印　张	17.75	字　数	253千字
书　号	ISBN 978-7-5159-1780-1		
定　价	55.00元		

本书如有印装质量问题，可与发行部联系调换

探寻趋势交易的精髓

（代序）

从股市出现开始，就有很多投资研究者试图揭示股价涨跌的规律，于是道氏理论、波浪理论、江恩理论等相继应运而生。追随趋势，顺势而为，成为市场上绝大多数投资者的选择，这一点在A股市场上表现得尤为明显。如果仔细算下来，A股市场上可能超过99%的散户都属于趋势交易者。

“在上升趋势开启后买入，在下降趋势来临时卖出”，是所有趋势交易者追求的最高境界。然而，这一看似简单的交易规则，却是交易中最难企及的目标。市场与趋势，似乎总在不停地与投资者开玩笑：一波上升趋势看起来即将来临，当投资者入场后，形势却急转直下；股价触及高点后回落，总是让人惶恐不安地选择卖出，事后却证明这只是一次上升趋势中的小幅回调。

正因为判断趋势的起点与终点难度极大，而且失败率很高，所以股市中才有了“吃鱼要吃中段”的说法。为何要吃中段？无外乎刺少肉多而已。趋势交易也是如此。很多投资者都致力于在一波趋势启动时就采取相应的交易活动，殊不知，这一阶段入场，收获可能没有多大，但面临的风险却很大。也就是说，这是一种风险和收益不对等的交易行为。

大家知道，投资者在股市中所有的交易行为，其实都是在努力寻求投资收益与风险的平衡，即努力通过风险最低的方式，去实现最大的投资收益。

在一波上升趋势中，涨幅最大的阶段肯定是中段而非初期，这是因为在上升趋势初期，主力资金在小幅拉升股价的同时，还需要进行吸筹操作。出于控制持仓成本的考虑，他们也不可能将股价拉升至较高的位置。到了趋势中期就不一样了，主力早已建仓完毕，市场上做多氛围浓厚，场外持币者入场意愿强烈，此时主力也需要利用很短的时间将股价拉升至高位，以避免其他机构入场抢筹。也就是说，进入上升趋势中期，市场上各路力量已经就股价上升达成了某种一致，此时入场，投资者面临的风险已经很低了。上升趋势中期，其实就如同鱼的中段，也是投资者获利最大的一个阶段。本书介绍的各类趋势识别技术、方法与工具，也并不是为了让投资者提前预判趋势的来临，而是帮助投资者识别已经形成的趋势，以实现“吃鱼吃中段”的目标。

不过，我们必须对市场始终抱有一颗敬畏之心，必须承认判断和识别股价趋势从来都不是一件容易的事。我们所能做的仅仅是帮助投资者学会分析、判断和识别股价运行趋势的方式和方法，以期在投资实战中及时发现股价形成的趋势，并顺势操作。诚然，对于复杂的市场而言，我们介绍的分析知识十分有限，投资者要想在股市中准确地把握趋势交易的精髓，还需要不断地在市场中磨炼、学习和提升。

目 录 CONTENTS

第九章　构建趋势交易系统

第一章

追寻趋势交易的足迹

凡事皆有规律可循。从股票交易产生的那一刻起，无数投资者被价格的涨跌吸引和诱惑，于是，越来越多的投资研究者开始尝试破解股票价格涨跌背后的规律。在众多关于投资理论的研究中，日益形成两大主要流派：其一为价值投资，其二为趋势交易。

趋势交易是与价值投资相对的一种股票价格趋势分析方法。该技术并不强调对股票价格涨跌原因的分析，而是从价格运行趋势着手，侧重于研究未来一段时间内股价能否保持之前的运行方向。这就如同面对一辆正在行驶的汽车，趋势交易者侧重于研究按照当前的速度，汽车是否还会继续前行；而价值投资者则侧重于研究汽车的油箱里还有多少油，汽车的目的地是哪里，未来还有多远的路要走等。

第一节 趋势交易技术的形成与发展

趋势交易技术的产生与发展经历了一个非常漫长的过程，到目前为止，也只能说我们在分析股票价格运行趋势方面积累了一些具有应用价值的方法和技术。未来，也许会有更加实用的技术与方法出现。

一、股票交易与技术分析

趋势交易的产生与发展，是与股票交易的产生与发展密不可分的。17世纪，世界上第一只股票出现在荷兰的阿姆斯特丹。当时，荷兰的海运十分发达，很多公司为了应付庞大的航海支出开始尝试发行股票。1602年，专事荷兰与亚洲贸易的“东印度公司”发行了650万荷兰盾的股票，其运作方式开始出现现代公司的雏形。其后的1609年，在首都阿姆斯特丹成立了世界上第一家股票交易所。

随着股票交易日趋活跃，越来越多的投资者开始记录和研究价格的变化。《股票大作手回忆录》中的主人公利弗莫尔就经常靠着敏锐的直觉，从股票或商品期货价格的变化中找到投机的机会。此前，由于技术条件的限制，并没有电脑来记录和分析价格的变化以及变化的趋势，但还是有很多投资研究者确信，通过对股票价格变化的研究，可以捕捉到股价未来的运动趋势。正因为如此，技术分析日益在股票交易领域流行与发展起来。

在股票交易活动中，技术分析总是被赋予相对特殊的含义。技术分析是指对市场自身行为的研究，而非对市场交易商品的研究。从这一定义中也可以看到，技术分析本身就与价值投资对股票内在价值分析存在明显的区别。

尽管技术分析者并不否认股票基本面分析、内在价值分析的意义，但市场价格却根本无法准确地反映股票的内在价值，因为股票交易市场中充满了期望、恐惧的气氛，这就使得大多数投资者无法理性、冷静地分析股票的价值。特别是由于散户与主力庄家、上市公司之间存在巨大的信息不对称，当股价大幅上涨或下跌时，即使消息面风平浪静，很多投资者还是会认为这只股票一定发生了什么异常情况，进而跟进采取买入或卖出行为。

二、柱线图、连线图

为了更加准确地记录价格的变化，投资者尝试了各种记录股价变化的方式。柱线图和连线图都是应用比较广泛的方式，在一些国外原版的投资理论图书中，也经常能够见到这些图形。

1. 柱线图

在有些场合，柱线图也被称为美国线。该图形能够将一个完整交易周期内（如每一交易日或小时、周等）股票出现的最高价、最低价、开盘价和收盘价完整地展现出来，如图 1-1 所示。

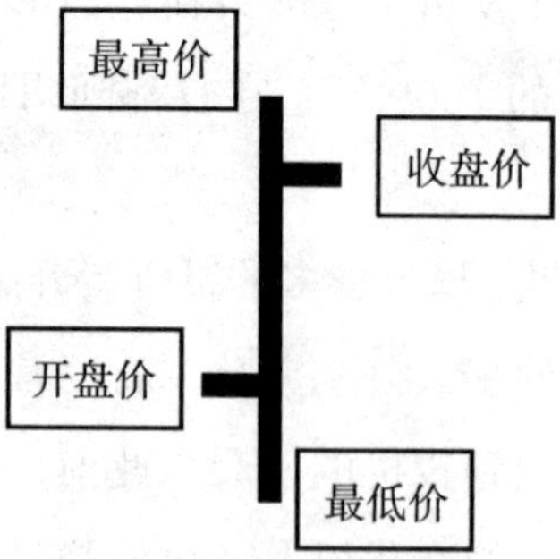

图 1–1　柱线图（美国线）

在柱线图中，最高点和最低点分别对应了交易周期内的最高价和最低价，而横道线则分别代表开盘价和收盘价。相对而言，开盘价和收盘价是最重要的部分。其中，开盘价反映了市场参与者在交易开始时的心理状态，收盘价则反映了投资者在持股过夜前的心理状态。由于A股市场执行的是T+1交易规则，投资者当天买入后无法卖出，因而，收盘价在反映投资者持股过夜方面的心理状态并不明显，反倒是由于很多机构投资者往往在接近收盘时才会暴露真实的交易意图，从而推动股价向预期的方向运行。因此，在A股市场上，收盘价是一个比开盘价和其他价格都重要的价格。在A股市场上，一直有“开盘价是由散户决定的，收盘价是由主力决定的”说法。投资者也可以通过在炒股软件的K线图页面右击鼠标，选择“常用线性与指标”｜“美国线”，将默认的K线图切换为美国线图，如图1-2所示。

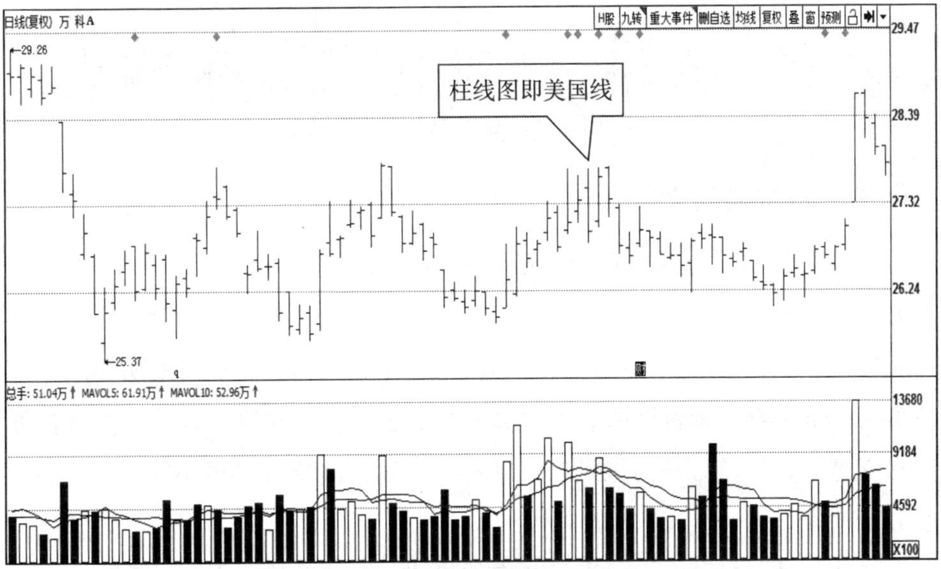

图1-2　万科A（000002）美国线走势图

2. 连线图

连线图是通过将每个交易时段的收盘价相连而形成的一条曲线。该图形与柱线图相比，屏蔽了开盘价、最高价、最低价等信息的干扰，使投资者更容易看清股票价格的运行趋势。目前，很多讲解道氏理论的图书中经常使用该图形。投资者也可以通过在炒股软件的K线图页面右击鼠标，选择“常用线性与指标”｜“收盘价线”，如图1-3所示。

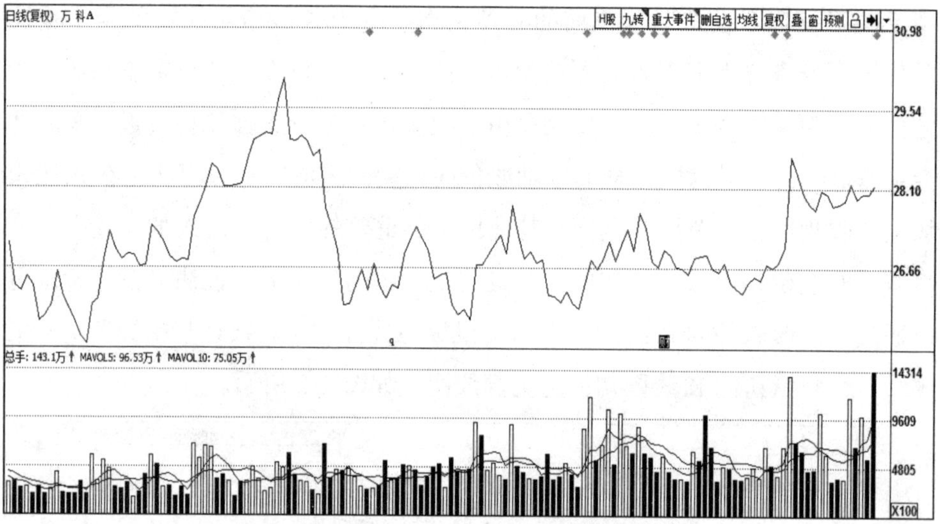

图 1-3　万科 A（000002）收盘价线走势图

三、日本蜡烛图

日本蜡烛图，也就是投资者最常使用的 K 线图。K 线起源于 18 世纪日本德川幕府时代的米市交易。当时日本的粮食市场交易非常繁荣，酒田市一位叫作本田宗久的米商将阴阳哲学运用到大米的买卖上，从而发明了用于记录每天米价和判断米价涨跌走势的 K 线图，并建立了一套大米买卖的分析方法和交易策略。该方法后来被应用到证券市场，演化成了现在较为完善的 K 线分析理论。

K 线是柱状的线条，由影线和实体组成，能够把某一周期内的开盘价、最高价、最低价和收盘价这 4 个价格的市场情况直观地表现出来。K 线上影线的顶端代表这一交易周期的最高价，下影线的末端代表这一交易周期的最低价；实体上下两端分别代表这一交易周期的开盘价和收盘价，如图 1-4 所示。

开盘价：又称开市价，是指某种股票在证券交易所每个交易周期开盘后第一笔交易的成交价格，是买卖双方相互交战的楚河汉界。股票市场采用集合竞价的方式来确定每天的开盘价。

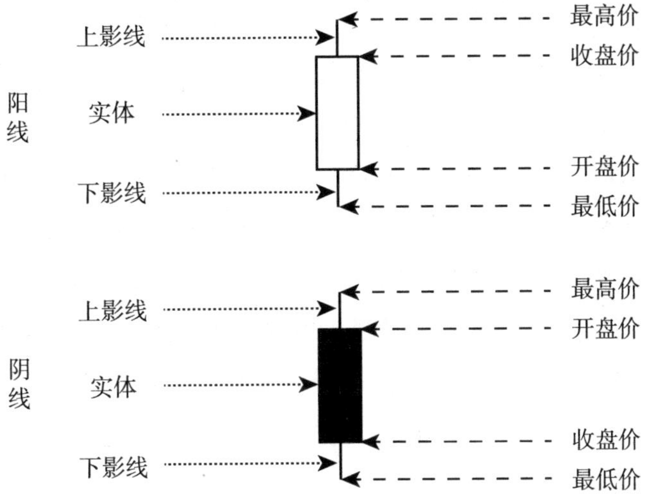

图 1-4　K 线基本形态

最高价：指某种股票在每个交易周期从开盘到收盘的交易过程中所产生的最高价格。

最低价：指某种股票在每个交易周期从开盘到收盘的交易过程中所产生的最低价格。

收盘价：指某种股票在每个交易周期最后一笔交易的成交价格。收盘价是当前行情的标准，又是下一个交易周期开盘价的依据，代表了买卖双方的力量对比结果，投资者可据以预测未来的市场行情。收盘价和开盘价一样，是通过集合竞价产生的，也就是说，从 14:57 开始集合竞价，至 15:00 产生收盘价。

四、查尔斯·道与道氏理论

在目前的证券投资领域，查尔斯·道提出的道氏理论被认为是所有技术分析的鼻祖。当然，查尔斯·道本人并不认可自己的理论能够预测股票价格运行的趋势，他只是将自己的理论看成是市场趋势的一个晴雨表。不过，这并不妨碍后来的投资研究者将道氏理论应用于个股股价走势的分析与判断上。

查尔斯·道是道琼斯公司的创始人之一，也是《华尔街日报》的创办者之一。他关于股票投资的文章，都发表在《华尔街日报》上，这些文章也是投资者今天学习道氏理论的最初来源。其所提出的关于牛市、熊市，主要运动、次级运动和日内波动等观点，直到今天仍具有非常大的指导意义。查尔斯·道总结的股票投资理论，都是以道琼斯指数为基础的。

当时股票市场上交易的品种有限，到1897年，道琼斯公司还只研究道琼斯股票价格平均指数。自1897年之后，道琼斯股票价格平均指数被拆分成道琼斯工业平均指数（以纽约证券交易所挂牌交易的30家著名工业公司股票为依据）和道琼斯铁路平均指数（现在称之为道琼斯交通运输平均指数，最初由9家铁路公司和2家非铁路运输公司的股票构成）。直到今天，这两种指数仍是美国股市非常重要的价格指数，其与经济发展走势的吻合程度也非其他价格指数可比。

道氏理论对趋势分析的刻画，后面还会详细讲述。

五、威科夫理论的产生与发展

理查德·威科夫是20世纪初期股票市场技术分析领域的先驱。威科夫方法被认为是量价分析领域中最系统、最完善的理论方法。用交易量来确认和预测价格运动，是威科夫交易策略的核心。威科夫认为他的这一套方法适用于所有的交易市场、时间框架以及交易工具。

理查德·威科夫的一生极富传奇色彩，他中学没有毕业就开始打工，先是在一家律师事务所当勤杂工，不久进入华尔街，从为股票经纪行当信使做起，到尝试投资证券，逐渐拥有了自己的公司，一手创办了《华尔街杂志》。此后，他又先后创办了《行情快报》《趋势分析》等读物，经常和普通投资者分享自己的投资体会，带领众多投资者实现了可观盈利。

他比较善于从量价变化中准确地把握证券的买点和卖点，并判断证券价格运行的趋势，逐渐形成了自己独特的交易理论和交易方法。

六、波浪理论的产生与发展

波浪理论又称艾略特波浪理论，是由美国证券分析家拉尔夫·纳尔逊·艾略特在总结前人经验的基础上，利用道琼斯工业指数平均线作为研究工具，经过不断创新提出来的一套市场分析理论。

拉尔夫·纳尔逊·艾略特于1871年出生于美国密苏里州堪萨斯市的玛丽斯维利镇，卒于1948年。尽管在艾略特提出波浪理论之前，市场上就已经有人使用波浪来解析股市，但效果比较差。

20世纪30年代，艾略特发现股票市场价格以可识别的模式趋势运动和反转，他辨认出这些模式在形态上不断重复，但并不一定在时间上或幅度上重复。艾略特分离出了13种这样的模式，称其为“波浪”，它们在市场的价格数据中反复出现。他给各种模式命名、定义并图解，随后又解释了它们是如何连接在一起形成更强大的运动，以及它们是如何依次相连形成大一级的相同模式，以此类推。

艾略特正是依据这些发现，不断总结和归纳出波浪理论的。

七、江恩理论的产生与发展

江恩理论是投资大师威廉·江恩结合自己在股票和期货市场的宝贵经验创立的，该理论通过对数学、几何学、天文学等的综合运用，建立起特殊的分析方法和操作准则。

生于1878年的江恩，一生共从市场中获得了3.5亿美元的财富，而且还保持了80%的投资成功率。这两项数据至今都堪称奇迹，足以使其获得“投资之神”的美誉，江恩创立的理论也成了众多投资者信仰和学习的投资宝典。

江恩理论认为，股票和期货市场也存在着宇宙中的自然规则，市场价格的运行趋势不是杂乱的，而是可以通过数学的方法预测的。它的实质就是在看似无序的市场中建立严格的交易秩序。运用江恩理论，可以发现股价何时会发生回调以及价格将回调到什么价位。

总之，股票和股票交易市场诞生之后，很多投资研究者都试图解释股价运行的规律，然而，直到20世纪初期，股市技术分析理论才开始逐渐成形。特别是道氏理论出现后，众多股市分析理论随之诞生，其后，股票价格趋势分析理论才算真正建立起来。

第二节　趋势交易技术的基本规则

市场永远是正确的，我们不能试图控制市场运行的方向，但可以追随市场运行的趋势，这就是我们研究股价运行趋势的原因所在。在趋势交易技术研究方面，需要遵循如下几个基本原则。

一、市场永远是正确的

市场永远是正确的，任何时候，试图在市场运行趋势出现之前进行预测都是徒劳的。能够清楚地了解市场走向的，只有市场自己。当然，这并不是说我们不应该提前做好准备，就像赌博一样随意建仓个股，然后祈求获得一个较好的收成。这句话的意思是让我们细心地观察市场的运动，准确了解市场所处的趋势。当下行趋势比较明显时，要坚决做空，不要因为市场外的各种小道消息而固执地认为股价可能会反弹；当上升趋势比较明显时，要积极地入场做多，不要因为股价的小幅回调而动摇持股的信心。其实，这也是道氏理论给投资者最好的一个礼物。

下面来看一下 2018 年上证指数的走势情况，如图 1-5 所示。

从图 1-5 可知，上证指数自 2018 年 1 月 26 日开始呈现逐级下跌态势。指数反弹的高点一个比一个低，这说明指数正处于下降趋势，投资者不宜进行大幅做多交易。尽管指数在下跌过程中出现了若干次反弹，但均未突破下降趋势线，说明指数运行的趋势从未改变。投资者需要跟随市场的步伐进行做空交易，不宜在指数小幅反弹时即大幅做多。

二、顺应趋势才能获利

强弱转化，顺势而为，是趋势交易技术的核心原则。走势越强的股票，继续走高的概率就越大，交易这类股票获利的可能性也就越高。这就如同一

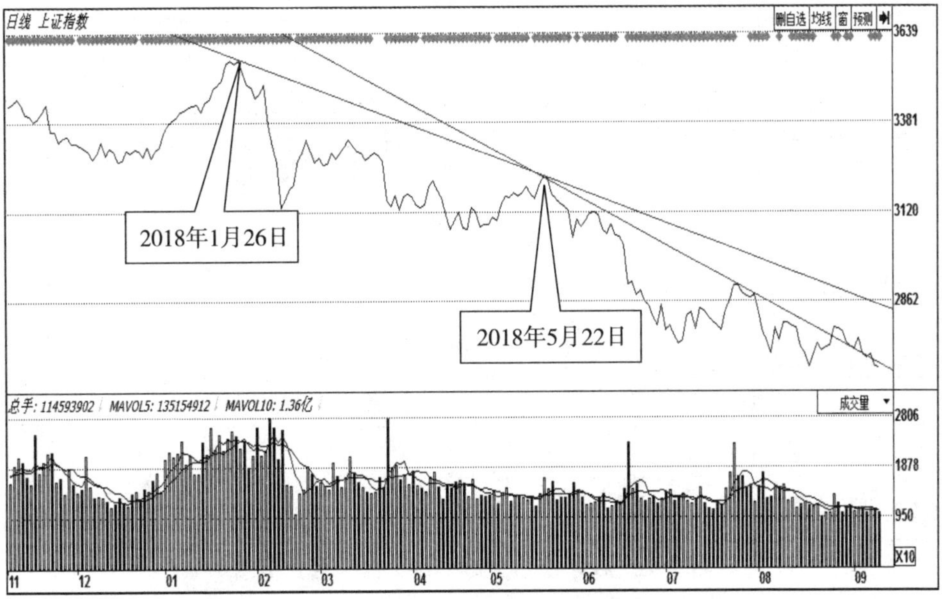

图 1–5　上证指数（000001）收盘价线走势图

辆汽车，当它高速行驶时，本身就具有相当大的惯性，即使你不再继续给油，汽车也会继续前行一段距离。因此，选择一只正处于强势上攻期的股票，可能会比其他股票更加安全、可靠。同理，当股价走势由强转弱，投资者应第一时间执行卖出操作，而非继续持股等待。

下面来看一下海立股份的走势图。

如图 1-6，海立股份从 2017 年 7 月 28 日起因股权转让事宜开始停牌。8 月 14 日，股权转让完成，复牌后直接以一字板封住涨停。其后，该股再度上升几个交易日后出现调整。从该股股价走势图可以看出，该股股价已经具备了较强的上升动能，只要股价能够重新突破前期高点，即可重拾升势。

2017 年 9 月 13 日，该股股价突破了前期高点，说明股价将会重新上升，投资者宜追涨买入该股。其后，该股经过一段时间的上升后，于 9 月 26 日出现触顶回落迹象。鉴于当时股价上升幅度较大，且成交量也出现了巨量现象，保守型投资者可考虑卖出或清仓操作，激进型投资者可观察股价短期内能否突破 9 月 26 日的高点。

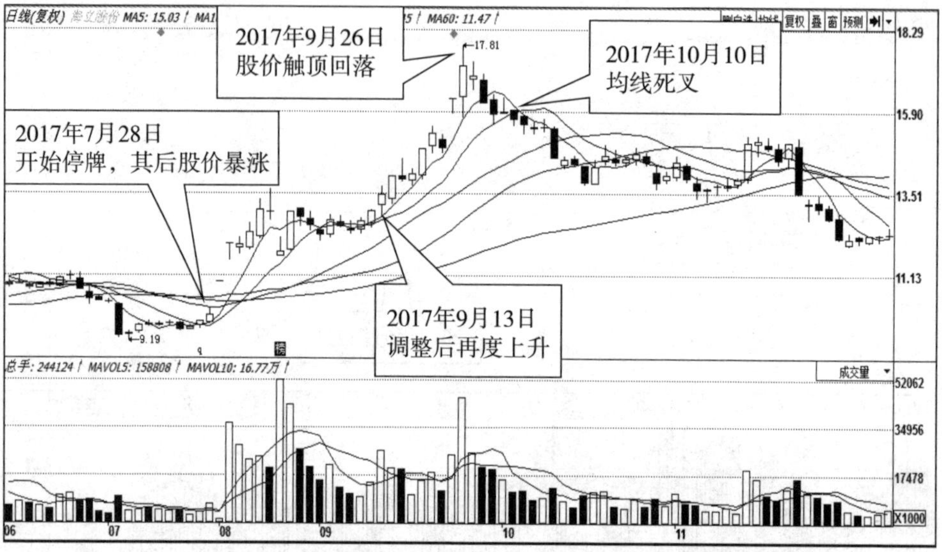

图 1-6　海立股份（600619）日 K 线走势图

其后，该股股价连续下跌。10 月 10 日，5 日均线向下跌破 10 日均线，形成了均线死叉形态，这说明该股有可能从上升趋势转为下跌趋势，投资者宜清仓该股。

三、图表是刻画股价的最佳工具

图表是什么？在股市中，图表就是以图形的形式展示股价的变化趋势。价格图表类型很多，包括 K 线图、柱线图、收盘价线等，但是都大同小异。目前最为普遍的价格图表是 K 线图。K 线又称日本线、蜡烛图、阴阳线等。从视觉效果来说，K 线图形态更加立体鲜明，令人振奋，它的白与黑或是红与绿的反差搭配，将股价的升降轨迹描绘得生动清晰，能够让投资者更快地感觉到价格的升降变化和律动，从而抢占先机。通过对 K 线图的分析，投资者可以确认趋势在什么情况下会反转，在什么情况下会持续。这样既可以预先判断股价掉头的时间，从而采取与原来相反的操作策略，也可以提前判断趋势是否会延续下去，从而采取买卖或观望的策略，增加自己的获利机会。

下面来看一下大华股份的日 K 线图，如图 1-7 所示。

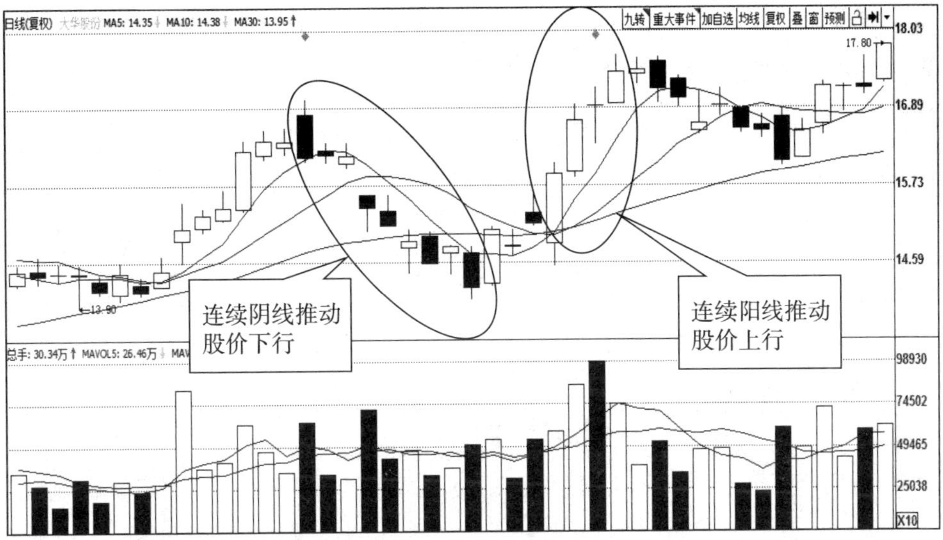

图 1–7 大华股份（002236）日 K 线走势图

从图 1-7 中可以看出，当该股 K 线走势图中连续出现阴线（或大多数交易日以阴线收盘）时，股价往往会呈现一种下行趋势；反之，若 K 线走势图中连续出现阳线（或大多数交易日以阳线收盘）时，股价就会呈现出明显的上涨趋势。

图表会直接、直观地反映出股票价格的走势，同时，通过多张图表连接，股票价格的运动趋势就会非常清晰地反映出来，这也是图表比单纯的数字价格更容易刻画股票价格走势的原因。

四、交易量佐证股价趋势

确认价格变化，是成交量指标最重要、最核心的作用。股价到达某一位置时，如果成交量出现放大态势，就意味着买卖双方在此位置分歧较大，如果随后大家对股价运行方向的观点趋于一致，股价很可能还会延续当前的运行态势。反之，如果成交量极度萎缩，说明买卖双方对股价走势达成了共识，没有人愿意买入或卖出股票，股价未来转向的可能较大。

如图 1-8 所示，名家汇的股价在 2016 年下半年出现了一波下跌走势。随着股价的不断走低，成交量也同步出现了萎缩。2016 年 9 月 28 日，该股成交量萎缩到了一个很低的水平，这说明买卖双方对股价走势看法相近，如果未来不再继续萎缩，则股价有企稳反弹的可能。

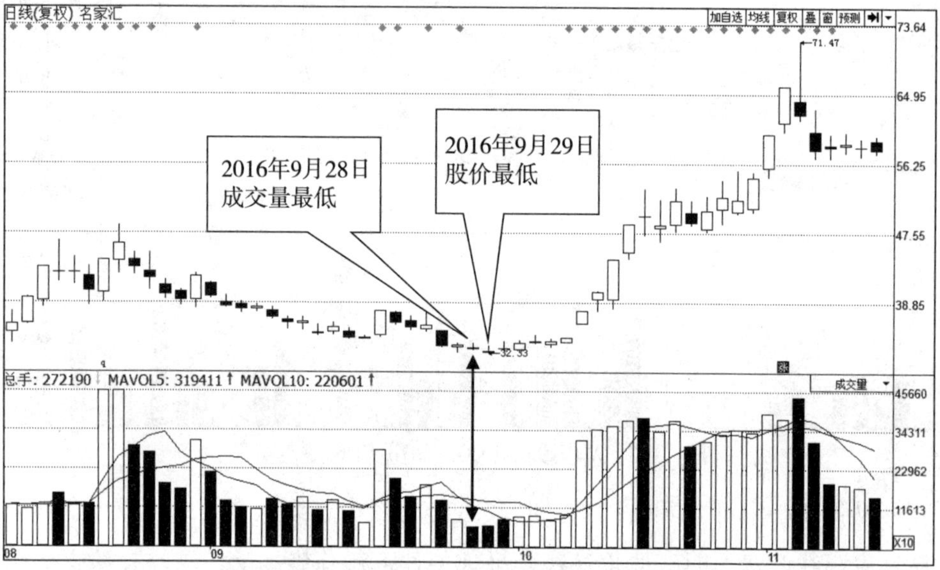

图 1–8 名家汇（300506）的量价走势图

9 月 29 日，该股股价创下阶段低点后，开始反弹，成交量也比前一交易日有所放大，这说明随着成交量的放大，入场交易者逐渐增多，未来股价有反弹向上的可能。

随后，该股经过几个交易日的盘整后，出现了快速上涨行情，成交量也同步出现大规模放大，这说明多空双方对股价上涨的分歧较大，如果形成股价上涨的一致预期，未来继续上涨的概率较高。

为什么人们总说图表不会说谎呢？主要是因为图表中的数据都是依据真实的成交信息绘制出来的。图表中股价 K 线、成交量指标的变化都是由于资金的流入与流出引起的，这是任何人都掩盖不了的事实。投资者在操作股票的过程中，经常会遇到这样的情况：某基金公司发布信息，表示非常看好某一只股票，将要买入这只股票。如果投资者无法判断这一信息的真伪，只要看看图表就可以了。如果该只股票出现了资金流入迹象，就说明该基金买入股票是真实的；如果该只股票在基金公司看好的同时出现了资金流出迹象，那只能说明基金公司说了假话。

五、技术指标佐证股价趋势

事实上，除了成交量指标外，投资者还可以通过各类技术指标来佐证自己对股价运行趋势的判断。

随着趋势交易理论的逐渐完善，越来越多的投资理论研究者开始尝试建立一套自动的、系统化的交易指示系统，以帮助投资者更好地判断股价的运行趋势、交易时机与点位等。于是，众多的技术分析指标被发明出来，并被广泛地应用于各类证券交易实战中。

目前，使用比较广泛的技术指标包括 MA 均线系统、MACD 指标、布林线指标以及 KDJ 指标等。其中，MA 均线的应用最为广泛，MACD 指标则被认为是辅助判断趋势最有效的指标，KDJ 指标则比较适合判断短期的股价趋势。

通常情况下，当股价 K 线出现突破动作时，若成交量系统、技术指标能够同步确认趋势转向，则可进一步确认突破的有效性。如图 1-9 所示。

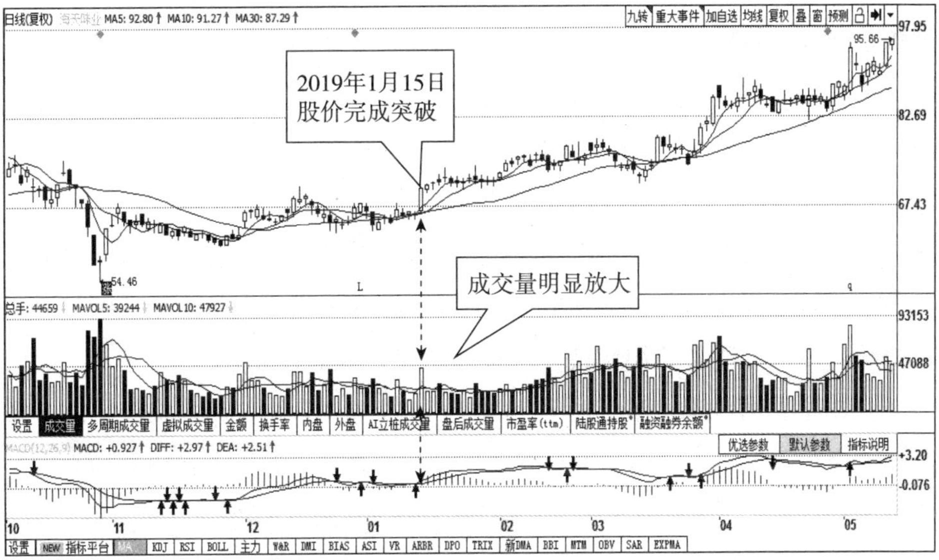

图 1-9　海天味业（603288）MACD 指标的趋势运动

如图 1-9 所示，海天味业的股价在 2019 年 1 月 15 日自底部启动上涨，成交量柱出现了明显的放大，这在一定程度上确认了股价突破的有效性。保守型投资者可以进一步观察 MACD 指标的形态。此时，MACD 指标也同步出现低位金叉形态。此后，MACD 指标回调的低点一个比一个高，且 MACD 指标中的快线始终位于慢线上方，说明此时股价处于上升趋势中，投资者只需持股待涨即可。

六、时间框架验证股价趋势

所谓时间框架，是指技术图表上不同时间周期的图形。通常情况下，K 线图可以设置多种分析周期，如 15 分钟 K 线、30 分钟 K 线、60 分钟 K 线、周 K 线、月 K 线等。当然，系统默认的也就是投资者最常使用的时间框架是日线图。

实际操作中，投资者可以通过切换时间框架来判断股价运行趋势，寻找股票具体的交易点位与时机等。

比如，某只股票在日线时间框架内呈现了显著的上攻迹象，那么，该股的中长期运行趋势是否真的已经进入上行趋势了，就需要投资者通过调整时间框架来分析。

先来看一下中科曙光的案例，如图 1-10 所示。

从图 1-10 中可以看出，中科曙光的股价日 K 线在 2019 年 12 月 14 日出现了明显的上攻迹象，整个日线级别的 K 线形成了初期的上涨形态，成交量与 MA 指标也同步给出了上升信号。此时，投资者若想确认中长期的股价运行趋势，则可将日 K 线图切换为周 K 线图，如图 1-11 所示。

从图 1-11 中可以看出，中科曙光自 2019 年 4 月初开始启动了一波下降趋势。股价在下降过程中，曾出现了明显的反弹，但并未超过原有的高点。将反弹高点与 4 月 4 日形成的阶段高点（以收盘价计，一般按 K 线实体计量）连接，就会得到一条下降趋势线。同时，2019 年 12 月 14 日的股价 K 线仍未突破这条下降趋势线，也就是说，此时该股股价仍未脱离下降趋势。投资者可继续保持对股价走势的观察，待股价 K 线完成对下降趋势线的突破后再入场。

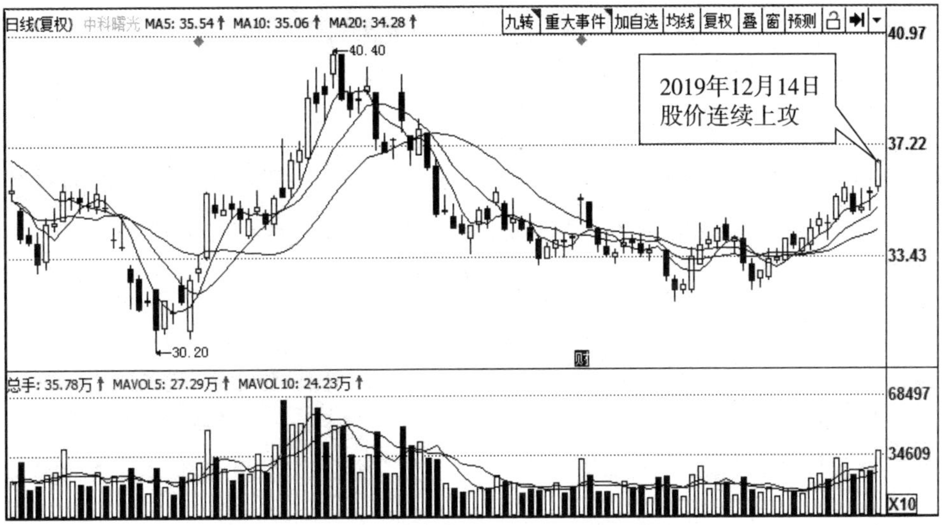

图 1–10　中科曙光（603019）日 K 线走势图

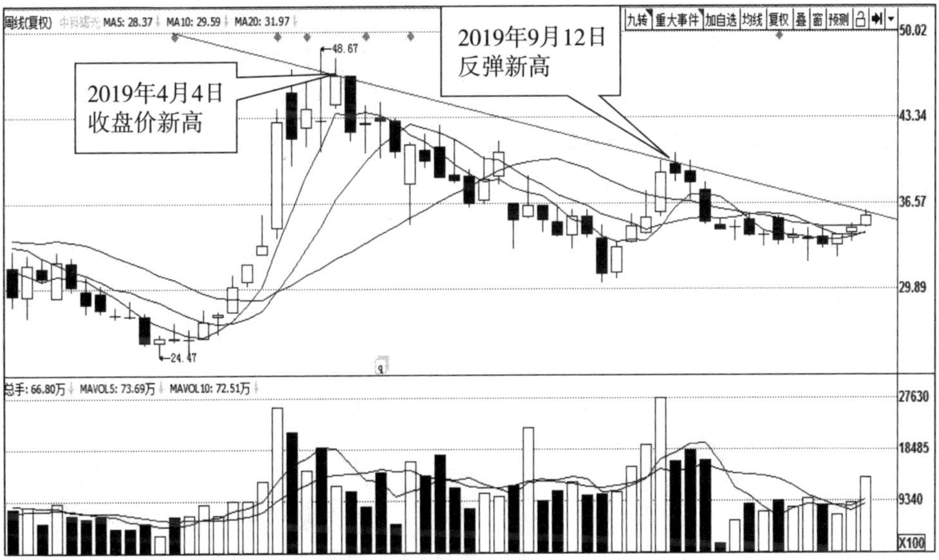

图 1–11　中科曙光（603019）周 K 线走势图

第三节　A股市场与趋势交易技术

股市趋势交易技术分析产生于欧美证券市场，A股市场与欧美市场在交易规则和交易制度方面存在一定的区别，因此，投资者在A股市场应用趋势交易技术时，需要充分考虑A股市场的特殊规则。

一、涨跌停板对图表的影响

所谓涨跌停板，是指股价只能在设定的最大上涨或下跌幅度内波动，如果下单价格超过该幅度的限制，将被视为无效下单。该制度源于国外早期的证券市场，是为了防止交易价格暴涨暴跌而设置的。我国股市自1996年12月26日正式实施此制度。

沪深A股市场中，正常交易股票的涨跌停限制为10%，即股价上涨10%就不会再上涨了。当然，由于股价的最小报价单位为0.01元，因而，10%的涨跌限制也会稍有不同。例如，有的股票可能上涨9.98%就停板了，有的则可能上涨到10.05%。

通常情况下，股价一旦到达涨停位置，再想买入股票就会非常困难；股价到达跌停位置，卖出则非常困难。

ST类股票的涨跌停限制为5%。

原则上，新股发行上市第一天是没有涨跌停限制的，但为了防止过度投机，目前为新股设置了涨跌停限制，其标准为44%。科创板上市的股票，首发上市5个交易日内没有涨跌停板限制，其后交易日的涨跌停限制为20%。也就是说，相对于主板，科创板股票的波动幅度更大，风险和收益也随之提升。

正是由于A股市场设置了涨跌停限制，这就使得股价在某个交易日上涨或下跌一定幅度后会出现停板现象，反映到K线图上，就形成了光头光脚K

线、T 字线、一字线等特殊形态。出现这些交易不充分的 K 线形态，往往预示股价在后市将延续前一交易日的走势，即前一交易日上涨到涨停板位置后，次一交易日继续上涨的可能性会很大。

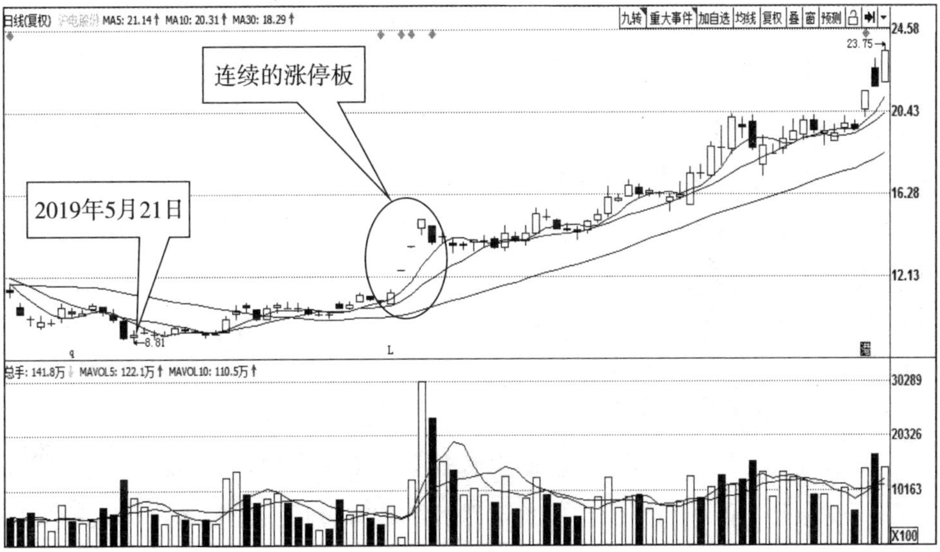

图 1-12　沪电股份（002463）日 K 线走势图

从图 1-12 中可以看出，沪电股份的股价 K 线自 2019 年 5 月 21 日触及阶段回调低点后，启动了一波震荡上升走势。该股股价 K 线在上攻期间曾经连续拉出多个涨停板。在 K 线图上，这些涨停板形成了多个缺口和不连续形态。事实上，若没有涨停板限制，这些交易时段的 K 线实体可能会很长，且成交量很大。由于涨停板的限制，形成了没有实体的一字线和很少的成交量。在分析股价运行趋势时，这部分成交量不应看成缩量形态。

二、T+1 交易制度的影响

T+1 交易制度中的 T 是指交易当天，T+1 则是指交易完成后的下一个交易日。T+1 交易制度是指投资者当天买入的股票，要到下一交易日才能卖出，但卖出股票收回的现金当天可以买入新的股票，不过，这部分资金不能在当天提现。

与 T+1 交易制度相对的是 T+0 交易制度。T+0 交易，是指当天买入的股票当天即可卖出。

由于我国股市目前仍执行 T+1 交易制度，这就在一定程度上限制了交易次数和交易量。很多投资者当天买入股票后，发现行情不对或者自己的买入决策完全是因为庄家诱多而造成的，也无法在当日卖出，这就使得很多 K 线形态因为庄家的人为原因出现了一些长长的上影线或下影线。同时，也因为 T+1 交易制度的制约，很多专业的投资者都喜欢在尾盘进行交易，这也是尾盘股价变动较大以及出现光头光脚 K 线的一个重要原因。

从这一点上来看，在 A 股市场，收盘价确实是一个值得特别重视的价格，毕竟很多基金和投资主力都在尾盘进行交易。有时候，投资者为了准确掌握股价运行趋势，使用收盘价线替代 K 线是一个不错的选择。

三、单向交易的影响

做空机制是指投资者手中即使没有股票，但若预期股价可能会继续下跌，可以从证券公司借入股票，待股价下跌到一定幅度后，投资者再买入股票将其还给证券公司，从而从中赚取差价。

在以前的 A 股市场，是不存在做空机制的，不过，近年来 A 股市场也在不断地引入做空机制，且做空的范围也在不断扩大。

欧美证券市场发展比较成熟，一直都存在做空机制。A 股市场由于起步较晚，做空机制还不完善，但正在逐渐引入并扩大。比如，具有融资融券权限的投资者，就可以通过融券交易完成对标的股的做空。目前，融资融券的额度和标的有一定的限制，并不是所有投资者都能进行融资融券交易，未来 A 股市场有望进一步放开做空交易。

由于 A 股市场做空机制并不完善，使得大部分交易者只能通过单向做多盈利。这就使得主力更容易操纵个别小盘股的股价，使得这些股票的运行趋势完全在主力的掌控之中。同时，由于无法做空，当股价进入下行通道后，投资者只能卖出股票逃离股市，这就使得 A 股市场进入熊市后交易清淡，很难恢复投资热情，熊市也被无情地拉长了。正因为如此，A 股牛市来临后，很多投资者的做多激情被激发起来，纷纷入场，导致市场疯狂上涨，原因就在于牛市实在等得太久了。也就是说，A 股市场的牛市和熊市所具有的情绪化倾向，与单向交易存在一定的关联。

投资者在进行趋势交易时，一定要考虑到这一点，随时做好资金安全的防范工作。A 股市场由牛市转向熊市的过渡时间可能会非常短暂，等趋势确立时，很多人手中的股票市值已经跌去一大半了。

四、由核准制向注册制过渡

证券发行注册制是指证券发行申请人依法将与证券发行有关的一切信息和资料公开，制成法律文件，送交主管机构审查，主管机构只负责审查发行申请人提供的信息和资料是否履行了信息披露义务的一种制度。其最重要的特征是：在注册制下，证券发行审核机构只对注册文件进行形式审查，不进行实质判断。

与注册制对应的是核准制。核准制是上市公司申请股票上市须经过核准的证券发行管理制度，发行人在申请发行股票时，不仅要充分公开企业的真实情况，而且必须符合有关法律和证券监管机构规定的必要条件，证券监管机构有权否决不符合规定条件的股票发行申请。证券监管机构要对申报文件的全面性、准确性、真实性和及时性作出审查，还要对发行人的营业性质、财务状况、经营能力、发展前景、发行数量和发行价格等条件进行实质性审查，并据此作出发行人是否符合发行条件的价值判断和是否核准申请的决定。

相比较而言，核准制更近似于一种事前控制，而注册制则属于事后控制。之前在 A 股市场上市的股票全部采用核准制，自 2019 年 7 月 22 日开始交易的科创板股票，则开始启用注册制。目前 A 股市场还只有在科创板上市的股票采用注册制，从证券市场改变发展的长远目标来看，注册制很有可能会逐渐全面替代核准制。

其实，由核准制向注册制转向最直接的一个信号，就是优秀的企业在 A 股市场上市将不再困难。也就是说，股票将不再是稀缺品。作为投资者，投资时需要选择优秀的股票，不能再像过去一样什么股都炒。一旦实行注册制，一波牛市过来，无论是绩优股还是垃圾股全部股价“升天”的情况可能就不会出现了。

第二章

刻画趋势的基本模式

很多对股价运行趋势进行研究的投资理论大师，都提出了各自的趋势运行模式，这些模式可以为投资者判断股价的涨跌提供一定的参考和借鉴。

第一节　趋势的基本形态

关于趋势，查尔斯·道曾经给出过这样一个定义，“只要平均指数的高点突破了距它最近的一个高点，随后回调的低点位于前一个低点的上方，它就处于牛市期间；当最低点跌破前一个低点，随后反弹的高低点又位于前一个高点的下方，它就处于熊市期间。通常很难判断前进的过程是否已经结束，因为只有基本趋势发生变化时，价格运动才会随之出现。当然这种变化也可能只是一次毫不起眼的折返运动所引发的。”

下面来看一下上证指数收盘价线走势图，如图 2-1 所示。

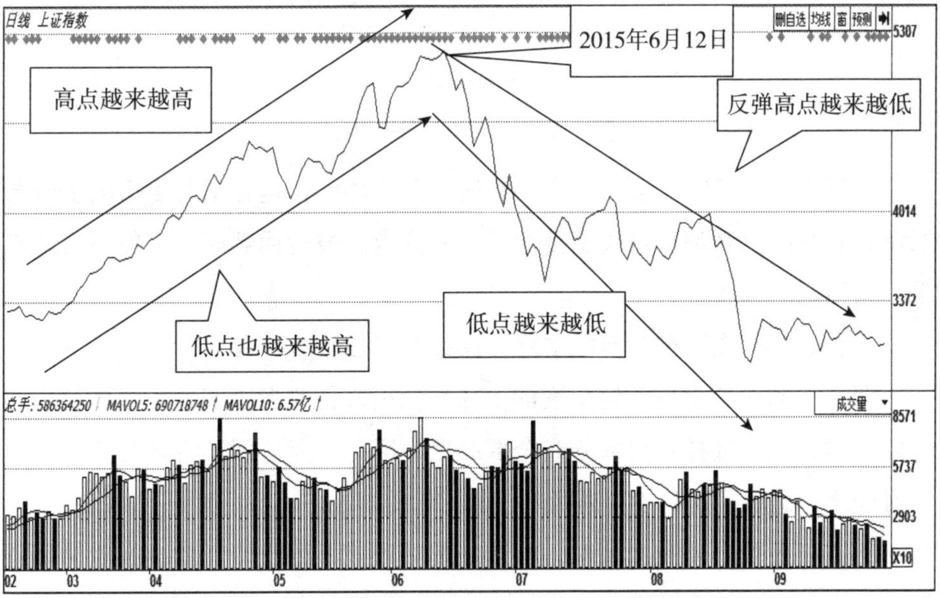

图 2-1　上证指数（000001）收盘价线走势图

从图 2-1 中可以看出，2015 年 6 月 12 日之前，上证指数呈现出了逐波上扬的态势。指数在震荡上扬过程中形成的高点一个比一个高，回调的低点也越来越高，这说明指数处于牛市期间。其后指数出现了下跌，且指数在下跌过程中形成的低点一个比一个低，反弹的高点也越来越低，这说明指数处于熊市期间。

一、上升趋势基本形态

按照查尔斯·道的理论，所谓的上升趋势，并不是说股价会一直上涨而没有下跌，而是其下跌的低点和上涨的高点逐渐抬升，从整体上呈现出明显的上升态势。因此，按照上升趋势的定义，可以将上升趋势简化为如下一个简单的模式，如图 2-2 所示。

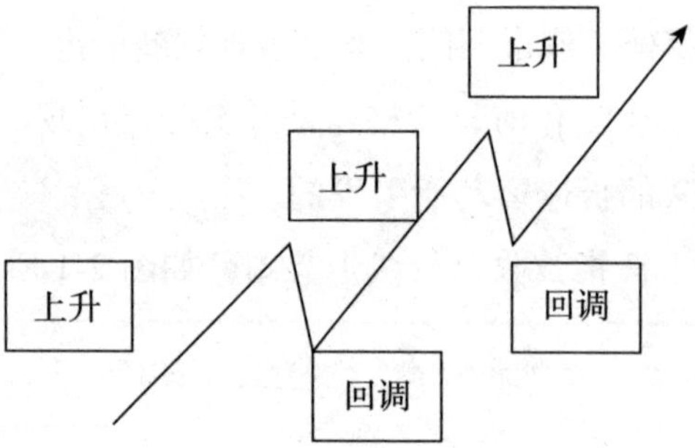

图 2-2　上升趋势简化模式

从图 2-2 中可以看出，一个完整的上升趋势中，包含了若干次的上升与回调，且每次上升都会将股价推向更高的高点，股价回调时，一般不会跌破上一次回调的低点。

上升趋势存在这种基本的结构，往往有其必然的原因。

第一，当股价出现一定幅度的上涨后，很多持股者由于急于兑现已经获得的利润，便会选择卖出部分或全部股票，因此，股价回调将在股价上涨一段时间之后出现，这是不可避免的。

第二，股价自高点回调时，很多之前错过该股的投资者就会在股价回调至一定点位后纷纷入场建仓，从而推动股价重新上涨。

第三，投资者的心理作用与股价运行趋势往往是相辅相成的。越来越多的投资者认可了股价处于上升趋势，那么，股价的上涨就会更快，回调则会更加短促，因为很多场外的投资者都会担心抢不到廉价的筹码。

第四，由于投资者的心理作用和先前很多未成交买盘的存在，使得处于上升趋势中的股价在回调至某一重要支撑位时，往往更容易因受支撑而重新上升。

图 2-2 所示的上升趋势结构只是一个示例，在具体的实战中，股价的上升趋势会比这个模式复杂得多。

下面来看一下海康威视的日 K 线走势图，如图 2-3 所示。

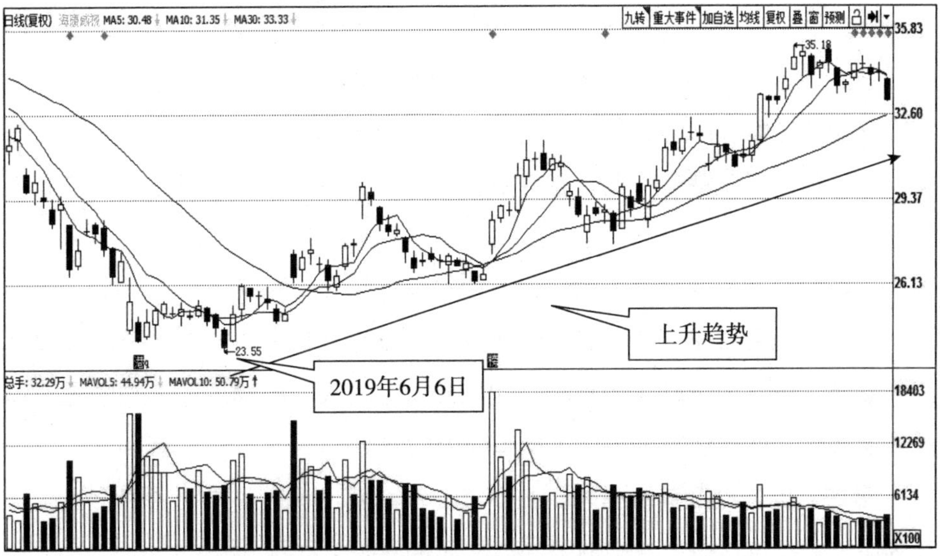

图 2–3　海康威视（002415）日 K 线走势图

如图 2-3 所示，海康威视的股价在 2019 年 6 月 6 日触及短期低点后开启了一波震荡上升走势。其后，该股股价每上升一段时间后就会出现回调，且股价回调的低点一个比一个高，同时，这些回调的低点大部分都在中期均线附近，由此可见，这些中期均线对股价具有较强的支撑作用。

二、下降趋势基本形态

与上升趋势相反，所谓的下降趋势，并不是说股价会一直下跌而没有上涨，而是其反弹的高点和下跌的低点逐渐降低，从整体上呈现出明显的下降态势。按照下降趋势的定义，可以将下降趋势简化为如下一个简单的模式，如图 2-4 所示。

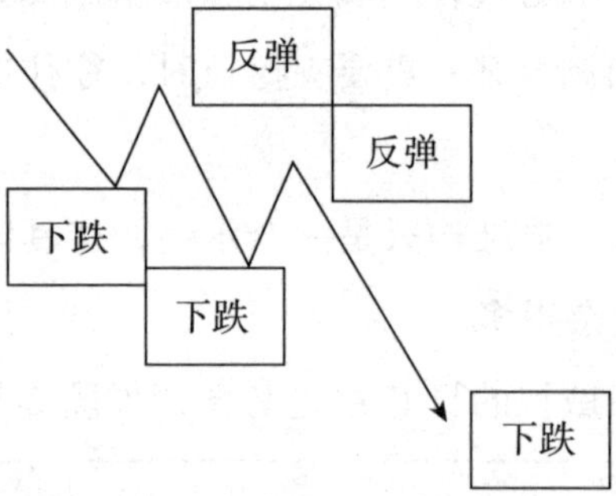

图 2–4　下降趋势简化模式

从图 2-4 中可以看出，一个完整的下降趋势中，包含了若干次的下跌与反弹，且每次下跌都会将股价推向更低的低点，股价在反弹时，一般不会突破上一次反弹的高点。

下降趋势存在这种基本的结构，往往也有其必然的原因。

第一，当股价出现一定幅度的下跌后，很多持币者将当前价位看成理想的入场点（毕竟与下跌起始点位相比已经有了较大的跌幅），于是纷纷入场买入股票，这就促使股价出现了反弹向上的走势。

第二，股价自低点反弹时，很多之前没有卖出该股的投资者就会在股价反弹至一定点位后抛出手中的筹码，从而推动股价重新下跌。

第三，投资者的心理作用与股价运行趋势往往是相辅相成的。越来越多的投资者认可了股价处于下跌趋势，那么，股价的下跌就会更快，反弹则会更加短促，因为很多场外的投资者担心股价难以形成反弹或上升而选择持币观望。其实，这也是熊市持续的时间往往要长于牛市的原因所在。

第四，由于投资者的心理作用和先前很多套牢盘的存在，使得处于下跌趋势中的股价在反弹至某一重要阻力位时，往往容易因受阻力而重新下跌。

图 2-4 所示的下降趋势结构只是一个示例，在具体的实战中，股价的下

降趋势会比这个模式复杂得多。

下面来看一下白云山的日 K 线走势情况，如图 2-5 所示。

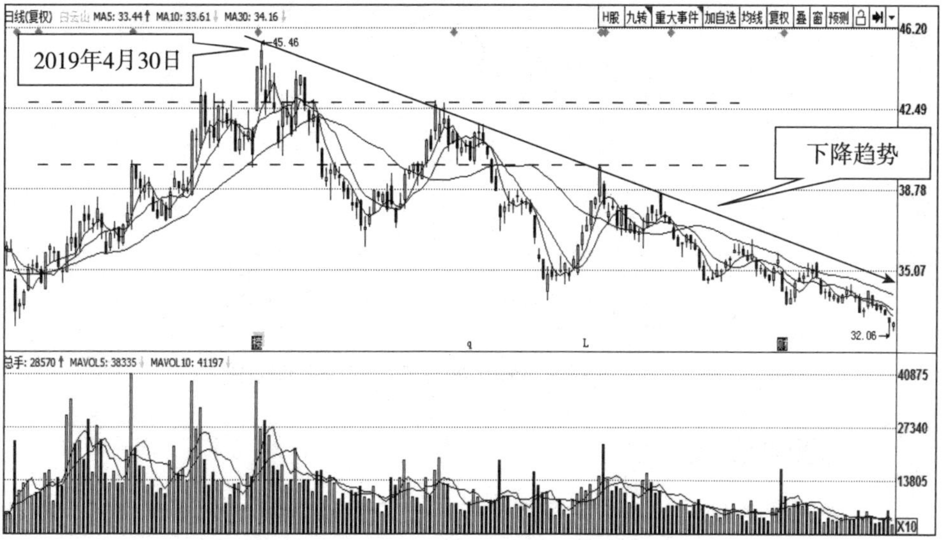

图 2–5　白云山（600332）日 K 线走势图

如图 2-5 所示，白云山的股价在 2019 年 4 月 30 日触及短期高点后开启了一波震荡下跌走势。其后，该股股价每下跌一段时间就会出现反弹，不过，股价反弹的高点一个比一个低，同时，这些反弹的高点往往与前期上升趋势形成的短期高点相一致，这说明前期高点位或低点位可能对股价产生了一定的阻力作用。

第二节　威科夫的市场周期理论

威科夫的市场周期理论更多地从量价的角度来分析股价的运行趋势。在威科夫的市场周期理论中，完整的股价运行周期既包括上升趋势，也包括下降趋势，如图 2-6 所示。

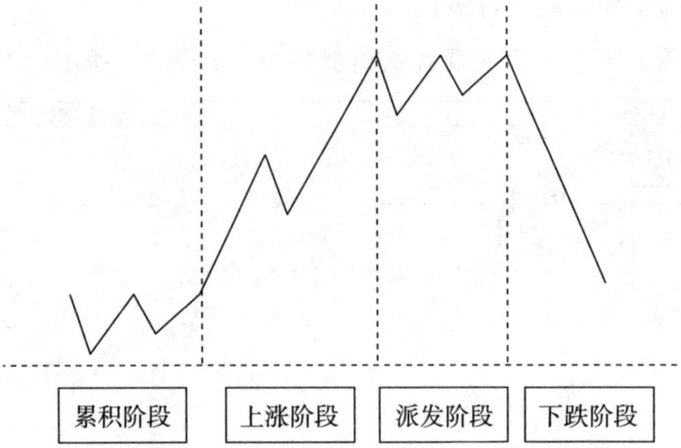

图 2–6 威科夫市场周期理论的四个典型阶段

一、累积阶段

上涨过后会迎来下跌，市场就在这种涨涨跌跌的波动中循环往复。在经历了上一轮下降趋势后，市场的恐慌气氛将会得到一定的缓解，不过，由于主力资金此时手中的筹码还不够多，因而，股价总会在底部横向震荡很长时间，之后才会重新开启上涨的道路。这段底部横向震荡时间，在威科夫市场周期理论中就属于典型的累积阶段。

作为普通投资者，是很难在累积阶段发现主力资金流入迹象的。当然，主力资金也会采用一定的方法和策略掩饰自己的行动。不过，无论主力如何掩饰，盘面上一定会留下一些主力操盘的蛛丝马迹。

通常情况下，在累积阶段，K 线图上会存在这样几个典型的迹象。

第一，K 线长时间内横向震荡运行。从整体上来看，K 线会围绕均线波动，即 K 线不会因为上涨或下跌偏离均线过远。

第二，底部震荡过程中，K 线可能会形成典型的底部形态，如 W 形底、三重底、头肩底等。

第三，在临近累积阶段的末尾，主力资金可能会采取大幅向上拉升或向下打压的行动，以判断支撑位情况和筹码锁定情况。也就是说，在这一阶段，带长上影线或长下影线的 K 线可能会频频出现。

第四，通常情况下，在累积阶段的末尾，成交量可能会持续萎缩。累积阶段即将结束时，成交量会反向出现放大的迹象，投资者可从这一点来捕捉股价即将启动的信号。

下面来看一下立讯精密的案例，如图 2-7 所示。

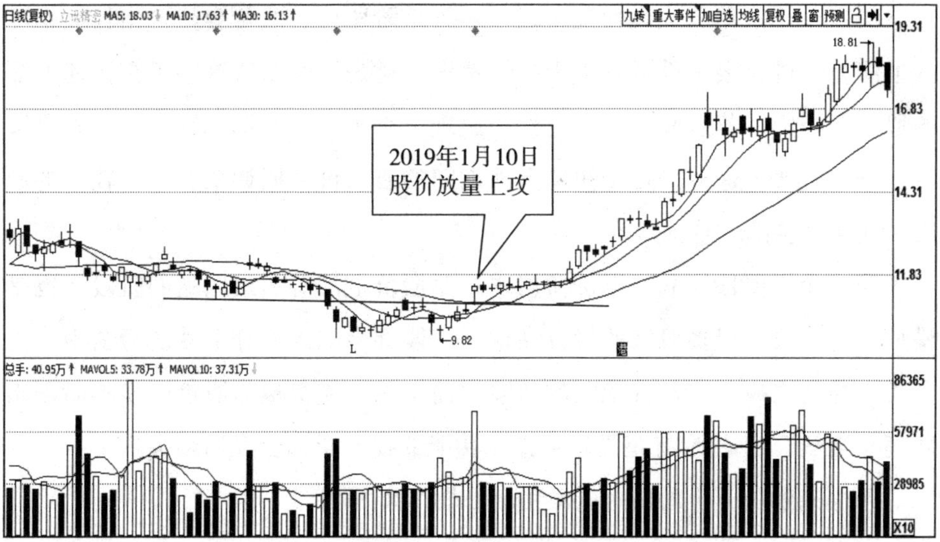

图 2-7　立讯精密（002475）日 K 线走势图

如图 2-7 所示，立讯精密的股价经过一段时间的震荡下跌后，2018 年年底开始了低位盘整行情。该股股价在盘整过程中形成了典型的 W 形底形态，成交量在一段时间的萎缩后又开始放大。2019 年 1 月 10 日，立讯精密的股价放量向上完成突破，该 K 线当日完成了对多条均线的突破、对 W 形底颈线位的突破，这标志着该股累积阶段完成，此后该股股价将进入上涨阶段。

二、上涨阶段

上涨阶段是股价获得上升的主要推动阶段。在累积阶段，股票价格并不一定真的出现上涨，但在上涨阶段，股价肯定会获得较大幅度的上升。在上涨阶段中，一般又可以细分为三个子阶段。

第一个子阶段，小幅慢涨阶段。该阶段与累积阶段相连，投资者有时很难分清股价是否已经完成了由累积阶段向上涨阶段的过渡。股价的上涨幅度通常较小，偶尔会伴有较大幅度的下跌，给人一种股价尚未完成累积的感觉。成交量会随着股价的小幅慢涨而温和放大。

第二个子阶段，大幅快涨阶段。步入该阶段后，股价会呈现出较大幅度的上涨，不过，很多投资者出于谨慎考虑，还是不愿意碰这些正在快速上涨的股票。当然，若这些股票在上涨中出现了小规模的回调，则会有一些投资者入场。其实，这也是处于快速上涨期间的股票价格回调幅度往往较小的原因。成交量会随之快速放大。

第三个子阶段，狂热暴涨阶段。这是股价上涨势头最凶猛的阶段，也是最危险的阶段。很多股票的股价在这一阶段都会陷入疯狂上涨的行情中，投资者也会随之疯狂，对其隐藏的风险视而不见。成交量与股价同步不断创出新高。当然，一些具有超买超卖指示功能的技术指标会发出超买指示。

下面来看一下上海医药的案例，如图 2-8 所示。

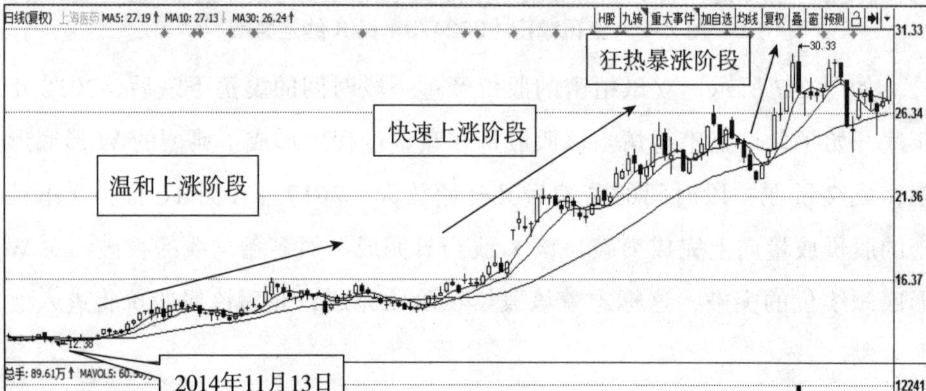

图 2-8 上海医药（601607）K 线走势图

如图 2-8 所示，上海医药的股价经过一段时间的震荡盘整之后，2014 年年底开始进入上涨行情。在刚刚启动上涨的阶段，该股股价上涨幅度较小，K 线多为小实体，成交量同步出现放大。进入快速上涨阶段后，该股股价上涨的幅度明显加大，K 线中大实体频繁出现，成交量出现了更为明显的放大。股价经过小幅调整后进入狂热暴涨阶段，股价短期内涨幅非常大，且成交量异常放大。

成交量异常放大的背后，往往是主力资金开始撤退的标志。

三、派发阶段

派发阶段是一波上升趋势的终结。当股价已经上涨至较高的位置后，主力资金尽管已经开始撤退，但由于其资金量过大，无法一次性撤出，所以不得不让股价在高位维持一段时间，缓慢地将手中的股票卖出。待主力筹码派发完毕，往往是股价开启下跌的时候。

相对而言，派发阶段的识别要比累积阶段更为容易。股价进入派发阶段后，成交量往往居高不下（因为主力需要将筹码派发出去），而股价却不会出现明显的上涨，有时甚至会下跌，也就是通常所说的放量滞涨形态。

通常情况下，在派发阶段，K 线图上会存在这样几个典型的迹象。

第一，K 线长时间横向震荡运行，K 线图上会留下很多长上影线和下影线，成交量维持在高位。

第二，在顶部震荡过程中，K 线可能会形成典型的顶部形态，如 M 形顶、三重顶、头肩顶等。

第三，在派发阶段，由于股价并未出现明显的大幅下跌，很多投资者会将其看成上涨途中的回调整理，因而，即使股价偶有下跌也不愿意抛出手中的筹码。

第四，在临近派发阶段的末尾，主力资金可能会采取大幅向下打压的方式完成最后的出货操作。

下面来看一下合力泰的案例，如图 2-9 所示。

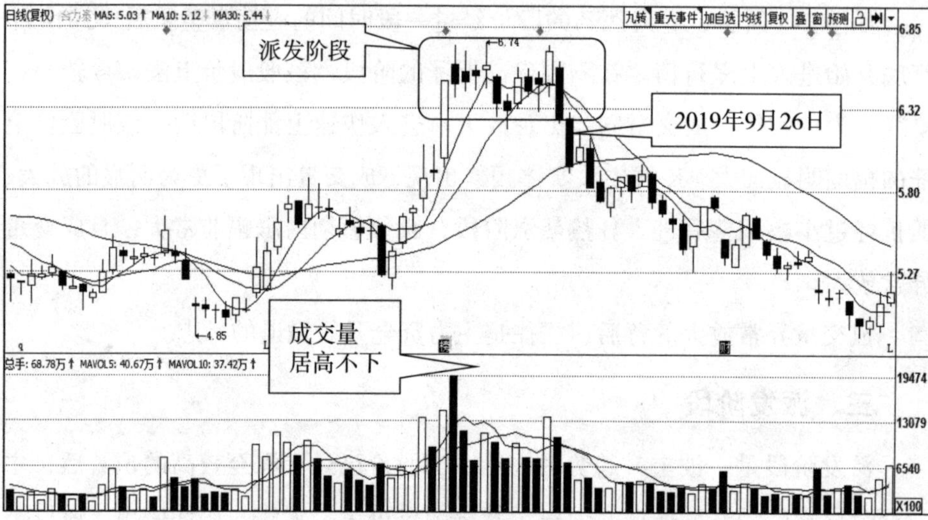

图 2–9 合力泰（002217）日 K 线走势图

如图 2-9 所示，合力泰的股价经过一段时间的上涨之后，在 2019 年年中开始进入顶部区域。股价在顶部震荡过程中，成交量居高不下，而股价并未明显上涨。该顶部区域形成近似 M 形顶形态。2019 年 9 月 26 日，该股股价大幅下跌，并跌破了多条均线，这标志着该股派发已经完成，未来将会进入下跌阶段。

四、下跌阶段

下跌阶段，从某种意义上来看，就是上涨阶段的反方向发展，股价筑顶的派发阶段则可看成是股价高位盘整。当然，在有做空机制的市场中，股价的派发阶段同样也可看成空头的蓄势阶段，而此时的下跌阶段，则正是空头的获利阶段。

不过，在 A 股市场上，绝大多数投资者还是要靠做多盈利的，因而，下跌阶段来到时，投资者要及时撤出战场，保存实力，以待未来。

在下跌阶段，K 线图上会存在这样几个典型的迹象。

第一，在下跌初始阶段，股价会出现连续的大幅下跌，成交量也会随之放大，因为主力需要快速将没有反应过来的投资者套在高位。K 线图上会留下几根典型的大阴线，且成交量也比较大。

第二，下跌开始后，股价 K 线会跌破均线系统，各类技术指标也会同步发出卖出信号。当然，在下跌初始阶段，还会有很多被套于顶部的投资者并不甘心将筹码出手。

第三，股价下跌一段时间后，可能会出现一些规模较大的反弹，很多有经验的投资者将其看成加仓的良机，而对于主力来说，则是出清手中筹码的最后机会。

第四，在下跌阶段的尾声，成交量通常会出现极度萎缩。有些主力为了让持仓的投资者绝望，往往会加大打压的力度。此时，很多仍旧持有该股的投资者会绝望地将手中的筹码交出，致使成交量出现放大的情况。

此后，随着成交量重新归于温和，标志着累积阶段将要到来。

下面来看一下海螺水泥的案例，如图 2-10 所示。

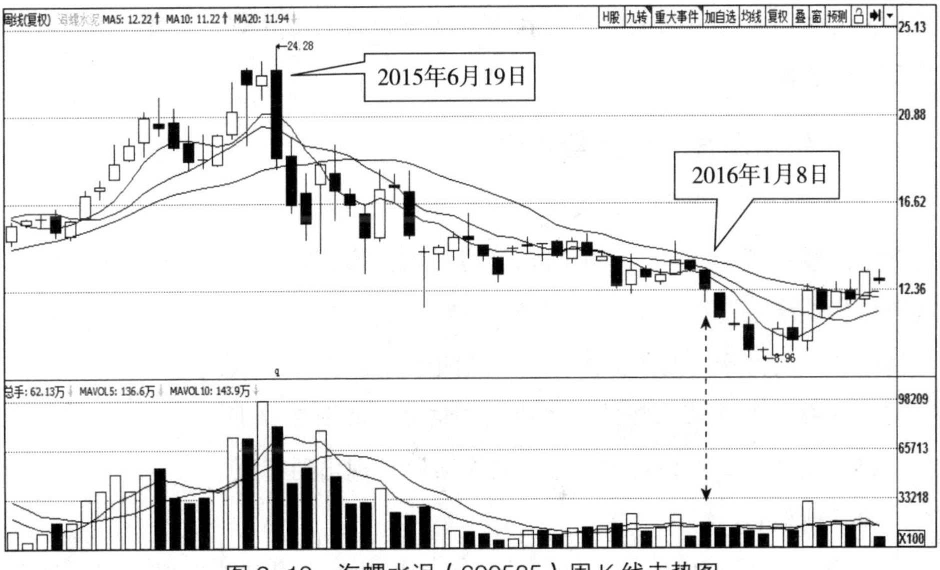

图 2-10　海螺水泥（600585）周 K 线走势图

如图 2-10 所示，海螺水泥的股价经过一段时间的高位震荡之后，2015 年 6 月 19 日出现了大幅下跌。该股股价 K 线在当日向下跌破了多条均线。此后，该股股价 K 线再也没有回到短期均线之上，而是一路震荡下行。随着股价的下跌，成交量开始萎缩。不过，到了下跌阶段的尾声，也就是2016年1月8日，该股股价K线再度大幅向下打压，成交量也同步出现了异常放大，这说明此时的下跌很可能是该股最后一次下跌动作了。不过，很多投资者已经对该股失去了信心，纷纷卖出股票。之后，随着卖出量的减少，成交量也随之萎缩。

此后，股价开始企稳，标志着一个新的累积阶段即将开始。

第三节　道氏理论刻画的趋势运动

道氏理论刻画的趋势运动更为具体，也更具有操作性。道氏理论将整个趋势分为牛市、熊市两类，又把趋势运动细分为主要运动、次级运动和日间波动三个层面。

一、牛市及其三个典型阶段

通常情况下，牛市从形成到发展到最后逐渐衰退，大致要经过三个比较显著的阶段：第一阶段，股价回归价值阶段；第二阶段，随着经济的向好，股票价格不断地进行调整，牛市处于持续发展阶段；第三，由于投资者做多热情高涨，股价开始偏离价值，这也是熊市开始孕育的阶段。

下面看一下A股市场的大牛市走势情况，如图2-11所示。

结合图2-11，可以看出牛市在各个阶段呈现出的特征。

第一阶段：

从图2-11中可以看出，这一阶段上证指数的上升势头非常缓慢，回调次数也较多，这种走势很容易给人一种熊市将重新到来的感觉。由于之前经过了漫长的熊市，很多股票的价格已经远远低于真实的内在价值，这就为后面的股价上升提供了一定的空间。不过，由于投资者刚刚经历了惶惶不安的

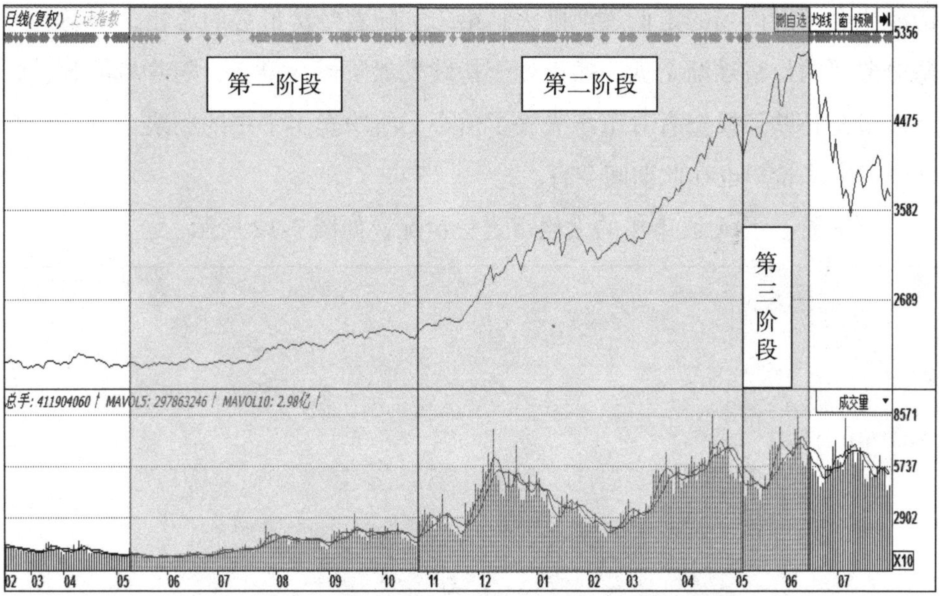

图 2–11　上证指数（000001）日收盘价线走势图

熊市，稍有风吹草动就会怀疑牛市能否到来，这也使得在这一阶段回调运动较多。整个股市就是在这种充满疑虑与恐慌中不断上升。

第二阶段：

这是整个牛市中最重要的上升阶段，通常属于持续时间最长、涨幅最大的阶段。这一阶段进行过程中，往往也是国民经济良性运行的一个黄金时期。市场上大多数投资者都认可股市将会继续上升，所以整个市场呈现一片欣欣向荣的景象。

第三阶段：

这个阶段是牛市的尾声，也是牛市中上涨最为疯狂的阶段。通常情况下，在很短的时间内，股市会有相当大的涨幅。但是由于股市的持续上升需要越来越多的资金推动，当资金无法继续增加时，也标志着牛市的终结。

二、熊市及其三个典型阶段

通常情况下，熊市从形成到发展到最后逐渐衰退，大致要经过三个比较显著的阶段：第一阶段，希望破灭阶段，很多将本次下跌看成回调的投资者的愿望会随着市场的走低逐渐破灭；第二，随着经济形势的恶化，市场上大部分股票的价格逐渐走低，熊市处于持续发展阶段；第三，随着绩优股、白马股纷纷补跌，投资者对市场失去了信心，纷纷卖出手中的股票，不过，市场新的上涨希望也在此期间孕育。

下面看一下 A 股市场的大熊市走势情况，如图 2-12 所示。

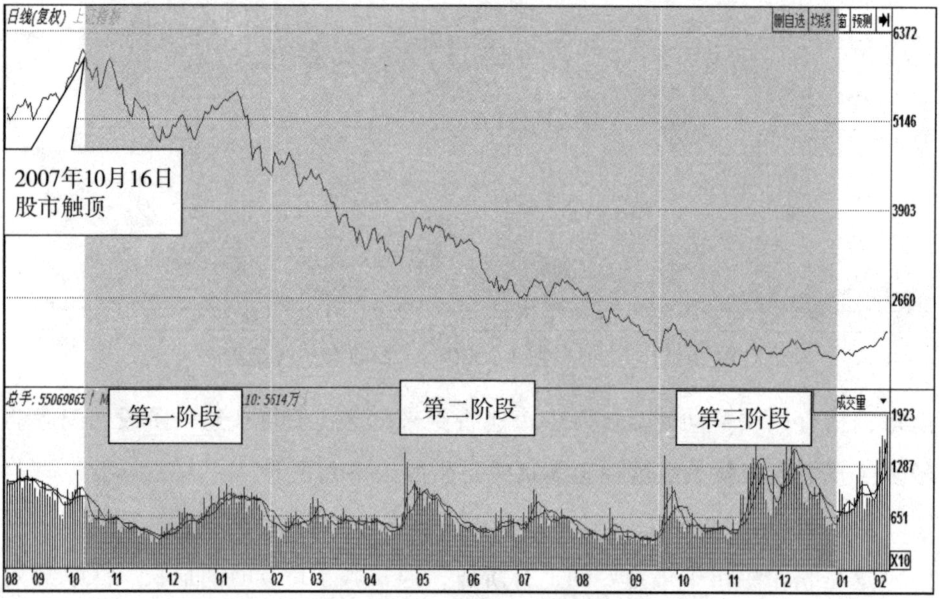

图 2–12　上证指数（000001）日收盘价线走势图

结合图 2-12 可以看出熊市在各个阶段所呈现出的特征。

第一阶段：

从图 2-12 中可以看出，这一阶段上证指数的下跌与反弹交替出现，而且反弹次数也较多，这种走势很容易给人一种牛市将重新到来的感觉。由于之前经过了激烈的牛市，很多股票价格已经远远高于真实的内在价值，这就为后面的股价下跌提供了一定的空间。不过，由于投资者刚刚经历了激情澎湃的牛市，稍有反弹就会怀疑熊市能否到来，这也使得在这一阶段回调运动较多。整个股市就是在这种充满疑虑与恐慌中走向下跌，主力也会趁此机会出清手中剩余的股票。

第二阶段：

这是整个熊市中最重要的下跌阶段，通常属于持续时间最长、跌幅最大的阶段。这一阶段进行过程中，往往也是国民经济下行的一个阶段。市场上大多数投资者都认可股市将会继续下跌，所以整个市场呈现一片衰败的景象。

第三阶段：

这个阶段是熊市的尾声，也是很多绩优股最后补跌的阶段。通常情况下，在很短的时间内，股市会有相当大的跌幅。但是由于股市持续下跌需要越来越多的卖盘，当卖盘无法继续增加时，也标志着熊市终结。

三、道氏理论三大基本运动：主要运动

股市的主要运动决定了市场上大多数股票价格的运动方向，而股市的主要运动又不可避免地与经济基本面相关联。当国民经济向好时，股市往往处于牛市期间，反之，则可能处于熊市期间。在牛市行情中，大部分股票都会有上佳的表现，反之，在熊市中，大部分股票都会出现下跌走势。换句话说，了解和掌握股市主要运动的方向和阶段，是投资者入场交易前的必修课。

前面讲述的牛市与熊市中所提及的图 2-11 和图 2-12 就是两次典型的主要运动，其中一次为牛市运动，另一次为熊市运动。

四、道氏理论三大基本运动：次级运动

从某种意义上来说，次级运动就是主要运动的一次反向运动。

次级运动有这样几个特点。

第一，它与主要运动的方向相反，即牛市期间的次级运动都是下跌运动，熊市期间的次级运动都是上升运动。关于这一点，汉密尔顿曾经在文章中写道，“20 多年讨论这个话题所得到的经验告诉我们，市场中的次级运动本身并不与牛市的主要运动规律一致。牛市中的次级运动仅与熊市在方向上相同，而本质上却大相径庭。”

第二，回调或反弹的幅度要小于主要运动运行的幅度。若其超出主要运动的幅度，那就不再是次级运动，而是主要运动了。

第三，持续时间相对较短，通常为三周到数月不等。

第四，次级运动不可能改变主要运动的方向。

通常情况下，在一个主要运动中，不可避免地会出现若干次次级运动，这些次级运动本身也是主要运动的组成部分。

下面来看一下上证指数的收盘价线走势图，如图 2-13 所示。

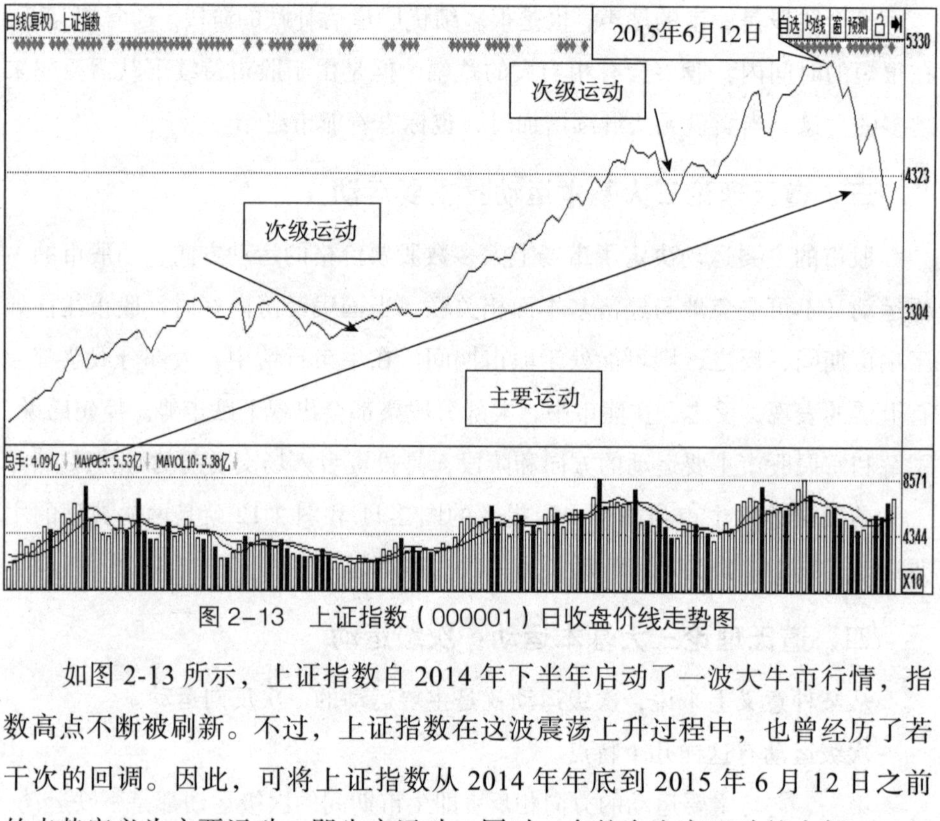

图 2–13　上证指数（000001）日收盘价线走势图

如图 2-13 所示，上证指数自 2014 年下半年启动了一波大牛市行情，指数高点不断被刷新。不过，上证指数在这波震荡上升过程中，也曾经历了若干次的回调。因此，可将上证指数从 2014 年年底到 2015 年 6 月 12 日之前的走势定义为主要运动，即牛市运动。同时，在整个牛市运动的内部，又包含了几次反向运动，即次级运动。

五、道氏理论三大基本运动：日间波动

股价不可避免地会被人为操纵，但其只能控制日间波动，很少能控制主要运动，从这一点上来说，人为操纵对股市的影响非常有限。道氏理论强调，仅根据一天的股票价格走势去判断股价运行趋势是不现实的，但是，即使再

大的行情或运动，也是由日复一日的日间波动组合而成的。

研究日间波动的本意是要找到人为操纵的痕迹，然后试图从中获利。日间波动以及由日间波动衍生出的小型趋势，尽管不能改变股市的整体运行趋势，但是却可以改变个股短期的运行态势。

下面来看一下双杰电气的案例，如图 2-14 所示。

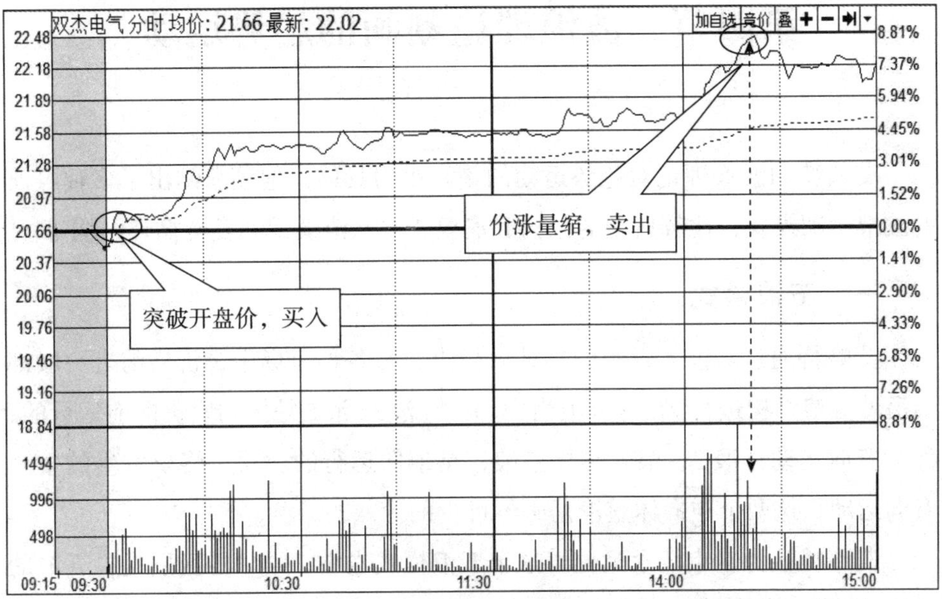

图 2-14　双杰电气（300444）分时走势图（2017.9.4）

从图 2-14 中可以看到，双杰电气的股价在 2017 年 9 月 4 日出现了一波较大幅度的波动。喜欢 T+0 交易的投资者可以借此机会完成一波顺向 T+0 操作（即手中有一部分该股股票，当日股价向上突破时买入部分股票；当日收盘前，将手中原有的该股股票卖出，即完成了日内的 T+0 操作）。

2017 年 9 月 4 日，早盘开盘后，股价线向上穿越开盘价，这属于一个典型的买入信号。其后，该股一路震荡上行，并始终位于均价线上方。进入尾盘阶段，该股股价与成交量线出现了背离形态，即随着股价的上攻，成交量并未随之上攻，投资者可在股价线出现回调时执行卖出操作。

站在日内的角度来看待分时走势图，确实可以发现股价的波动比较剧烈，很容易让人产生股价大趋势会发生改变的感觉。但将日内波动放到主要运动中就会发现，无论多么剧烈的日内波动，只是主要运动中的一个非常微小的组成部分，根本不足以改变主要运动的趋势方向。也正因如此，道氏理论一直强调，中长线投资者不应该关注股票价格的日内波动。

第四节 波浪理论刻画的趋势运动

艾略特的波浪理论对趋势运动的刻画更为具体，他还总结出了多种经典的波浪运动模式，比较典型的包括五浪模式、八浪模式和复合循环结构等。

一、五浪模式

艾略特通过对前人经验的总结后得出，在各种市场中，价格前进一般都会沿着五浪结构进行。在这五浪当中，浪 1、浪 3、浪 5 是推动股价向前运行的，称为有向运动；浪 2、浪 4 是休整浪，是逆向运行的。对于将要发生的整个有向运动，这两个逆向休整浪是必不可少的。

艾略特认为，市场永远处于这个五浪模式当中，唯一的区别是，五浪的位置及波浪的长短各不相同。如图 2-15 所示。

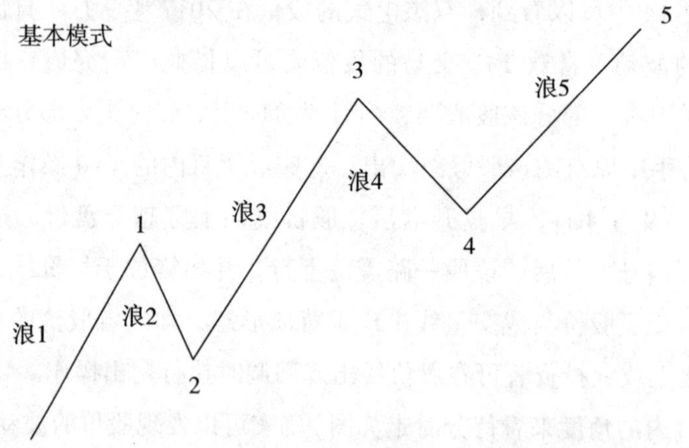

图 2-15 基本的五浪结构

在这个五浪结构中，有三浪即浪 1、浪 3、浪 5 是驱动价格向前运行的，其作用也被称为“驱动的”；浪 2、浪 4 是促使价格出现回调的，其作用被称为“调整的”。这个五浪模式反映了股价的一次前进过程，同时，这五个波浪也共同构成了更大一级波浪的某个波浪。也就是说，这五个波浪可能是牛市更大浪级中的第一浪、第三浪或第五浪，当然，也可能属于调整浪中的 B 浪，这一点后面会有更为详细的解读。

二、八浪循环

有驱动前进的，就会有调整的，也就是说，五浪模式不是最终的归宿，八浪循环才是一个完整的系统。在一个完整的八浪循环中，波浪共分为两个阶段：一是五浪驱动阶段，即前面所提的五浪结构，二是三浪调整阶段。如图 2-16 所示。

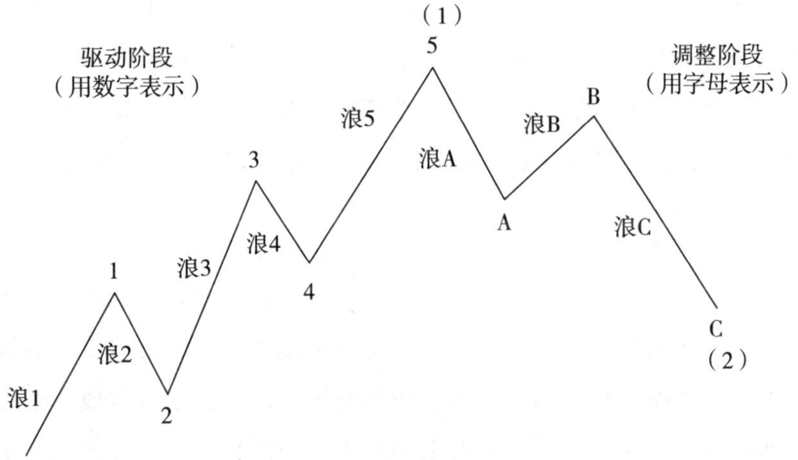

图 2-16　八浪循环结构

如图 2-16 所示，驱动阶段的五浪全部用数字表示，即浪 1、浪 2、浪 3、浪 4、浪 5；调整阶段的三浪全部用字母表示，即浪 A、浪 B、浪 C。

上面介绍的是表现上升阶段的八浪循环，在熊市中，也有表示下跌阶段的八浪循环。熊市中的八浪循环与图 2-16 中的八浪循环相反，如图 2-17 所示。

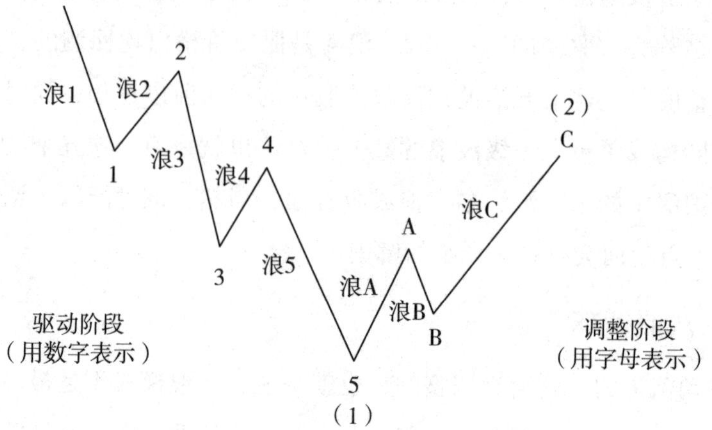

图 2-17 熊市中的八浪循环结构

从某种意义上来说，八浪循环的完成才标志着股价的一个波动完成。不过，一个完整的八浪循环也可能构成更大一级波浪的 1 浪和 2 浪，例如在图 2-16 和图 2-17 中所标示的浪（1）和浪（2）。当然，八浪循环中的每一个波浪也可以细分为五浪驱动结构或三浪调整结构。总之，波浪循环其实是无止境的，只要股市还继续存在，那么，更大规模的浪级就一直在发展和延续。

三、复合结构

一个完整的八浪循环运行完毕后，一个相似的循环还会发生，这个循环后面又跟着一个五浪运行。同时，在这个八浪循环中，驱动阶段的五浪又构成了一个更大规模波浪结构的子浪，而调整阶段的三浪也会构成一个更大规模波浪结构的子浪。这样，一个波浪循环不断构成另一个更大规模波浪的子浪，整个股市就这样被一个个波浪分割成若干个子浪。

如图 2-18 所示，一个驱动浪中又包含了一组驱动浪，如浪（1）中包含了浪 1、浪 2、浪 3、浪 4、浪 5，而浪（1）+ 浪（2），则包含了一个完整的八浪循环。也就是说，在图 2-18 中，浪（1）、浪（3）、浪（5）均被细化为五浪的驱动浪，而浪（2）、浪（4）则被细化为三浪调整浪。同时，浪（1）到浪（5）的驱动浪又构成更大范围驱动浪①的组成部分。

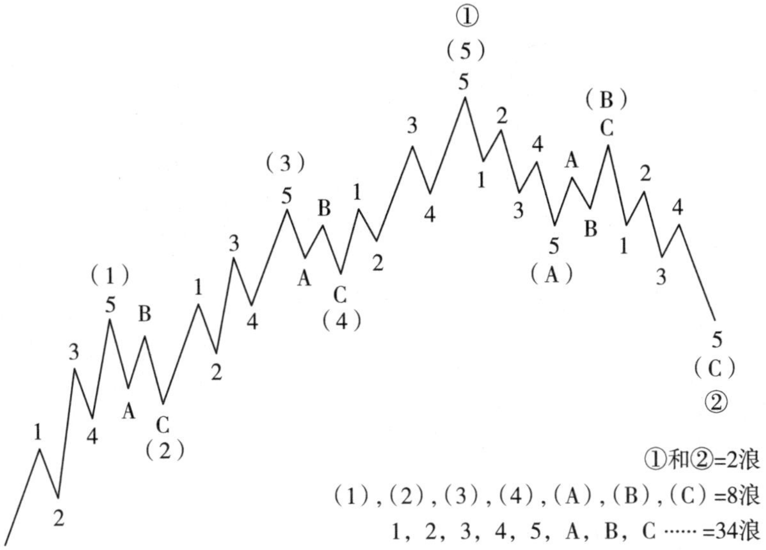

图 2-18　复合结构循环关系图

在图 2-18 中，共有三个浪级，最高级的浪有 2 个浪，其次为 8 个浪，最小的为 34 个浪。这些浪数天然地和斐波那契数列存在关联。

通过对上面波浪走势的分析，可以得出以下结论。

第一，一个运动之后，必有相反的运动发生，驱动浪与调整浪永远存在交替运行的关系。

第二，一个驱动浪和一个调整浪可以合并为一个更高级的浪，也可以分割为一个更低级的子浪循环。一般都是驱动浪分割为五个低一级的子浪，调整浪分割为三个低一级的子浪。

第三，在市场实战过程中，每一个波浪并不是相等的，它可以压缩，可以延长，可以简单，也可以复杂。正因如此，投资者需要掌握波浪的基本研判规则，准确区分各个浪级，这样才能避免数浪错误。

第三章

技术指标与趋势的形成、终结

作为普通投资者，有时很难从具体的股价 K 线走势情况判断出具体的趋势走向，因此，一些辅助 K 线判断趋势走向的技术指标便应运而生了。在诸多技术指标中，成交量、均线、MACD 指标和布林线是相对较为经典的。

第一节　成交量辅助识别趋势

成交量是市场供需关系的量化表现，是指在单位时间内达成交易的总量。在股市中，成交量主要使用成交金额和成交手数（1 手 =100 股）来计量。成交量可在分时图、K 线图中与股价线同步呈现（如图 3-1、图 3-2 所示）。

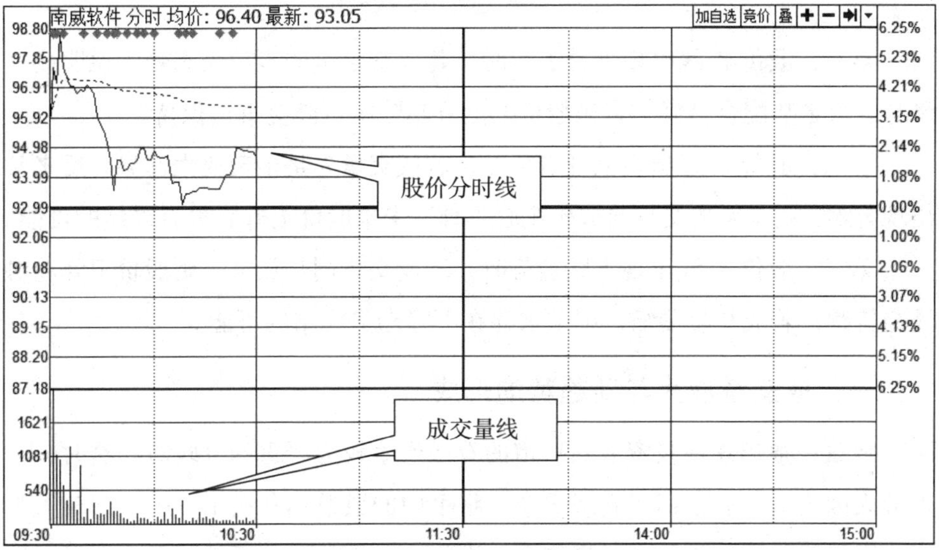

图 3-1　分时图中的成交量

成交量的大小直接表明了市场上买卖双方对某一时刻股价的最终认同程度。从成交量的变化中，投资者可以发现市场趋势的发展方向。通常情况下，成交量与股价 K 线存在以下几种关系。

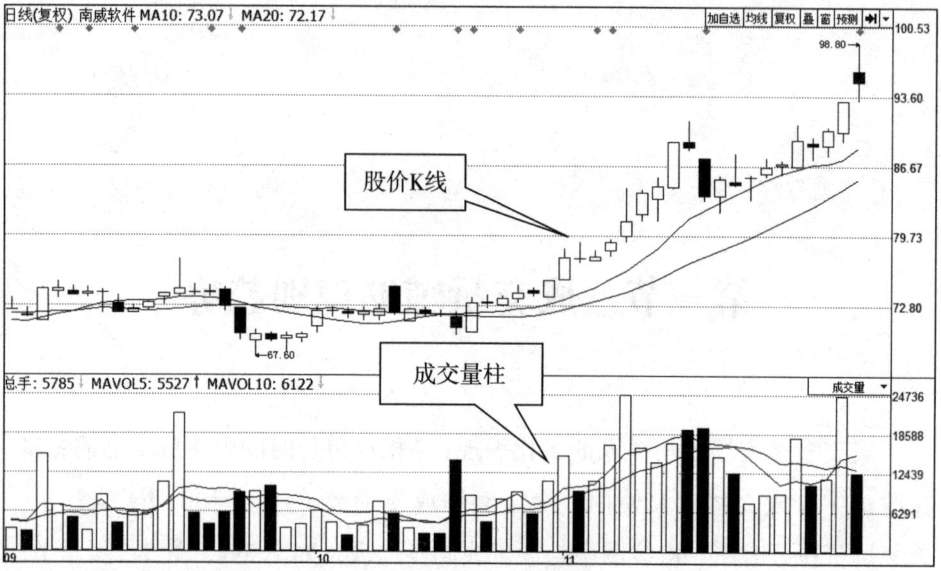

图 3–2 K 线图中的成交量

第一，股价 K 线出现上升走势时，若成交量呈同步放大态势，说明成交量与股价走势配合良好，未来股价的上升趋势很可能会继续保持。

第二，股价 K 线出现上升走势时，若成交量先是出现放大态势，后来又出现萎缩，则说明成交量与股价配合不佳，未来股价上升趋势有终结的可能。

第三，股价 K 线出现下跌走势时，若成交量同步放大，则股价下降趋势还会持续；若成交量萎缩，则未来存在下降趋势终结的可能。

一、成交量放大与新趋势的形成

放量一般出现在投资者对后市的看法产生较为严重的分歧时，这时，一部分人因为看空后市而减仓或平仓，将手中的股票不断抛出；另一部分人却因为看好后市而纷纷建仓或者加仓，进行大手笔的吸筹活动。股票放量与新趋势的形成存在一定的关系，其操盘要点如下。

第一，当股价上涨时，成交量同步出现放大，投资者可继续持有股票。当成交量无法继续放大时，即可卖出股票。

第二，当股价下跌时，成交量出现同步放大态势，投资者要迅速卖出股票离场。

第三，成交量如果放出巨量，则表示市场趋势发生反转的概率很大。通常，在高价区放巨量是卖出信号，在低价区放巨量是买进信号。

第四，通常情况下，在一波趋势的尾声，成交量往往会趋向于萎缩，而另一波趋势启动时，成交量则会出现放大，以确认新趋势的产生。自底部区域启动上升趋势时，这一点会表现得非常明显。相对而言，自顶部区域启动下降趋势时，表现得可能不会那么明显。

下面来看一下乐普医疗的日 K 线走势图，如图 3-3 所示。

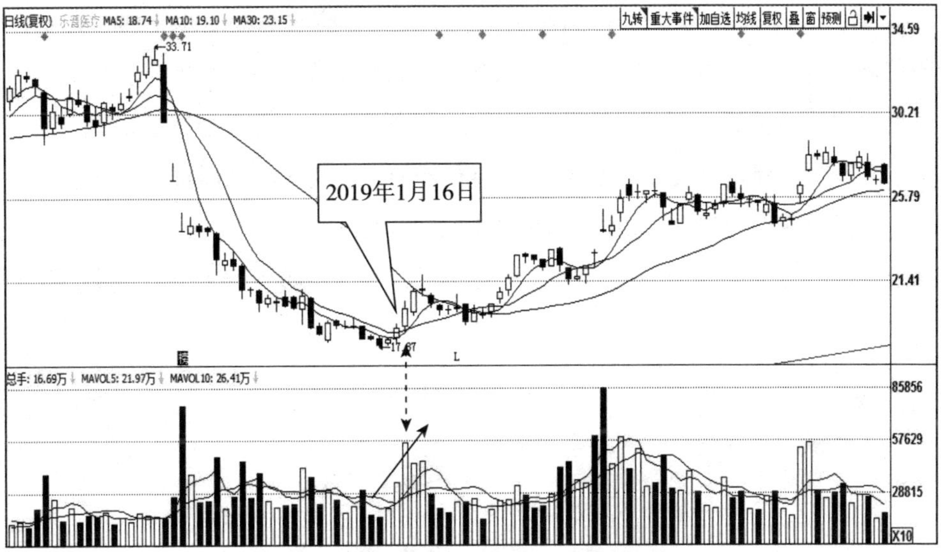

图 3–3　乐普医疗（300003）日 K 线走势图

如图 3-3 所示，2019 年 1 月中旬，乐普医疗从底部回升时出现了量增价涨走势，表明多方已经逐渐占据了主导地位，投资者可以考虑买入。之后该股进入了短暂的盘整期，盘整结束后，该股重新呈现量增价涨的态势。

成交量放大，在某种程度上来说是对股价上涨趋势形成的一种确认。反之，股价下跌过程中形成的反弹，则不会有明显的成交量放大相支撑。

二、成交量萎缩与趋势的尾声

缩量一般出现在趋势的前期和中期，表明大部分人都对市场的当前走势和后市行情有相同的看法，意见十分一致。

第一，在下跌行情中出现缩量，说明投资者都看淡后市，因而卖的人多，买的人少，造成成交量缩减。遇到这种情况，投资者最好马上出局，等成交量萎缩到一定程度开始放量上涨时再买入。

第二，在上涨趋势中出现缩量，说明投资者都看好后市，因而买的人多，卖的人少，使得成交量有所下滑。遇到这种情况，投资者可以适量买入，等股价上冲到高点有巨量放出时再卖出。此时，高位的巨量则有趋势终结的含义，但并不能确认新的趋势将会形成。

第三，通常情况下，在下降趋势中，成交量萎缩至极点水平时，往往是股价新趋势即将展开的时刻。其实，这也是大家通常所说的物极必反的道理。比如，当股价持续走低时，进场买入的人就会减少，成交量会持续走低。若股价下跌至大家都能接受的位置时，就会有新的资金介入，从而推动股价上行。

下面来看一下东土科技的案例，如图 3-4 所示。

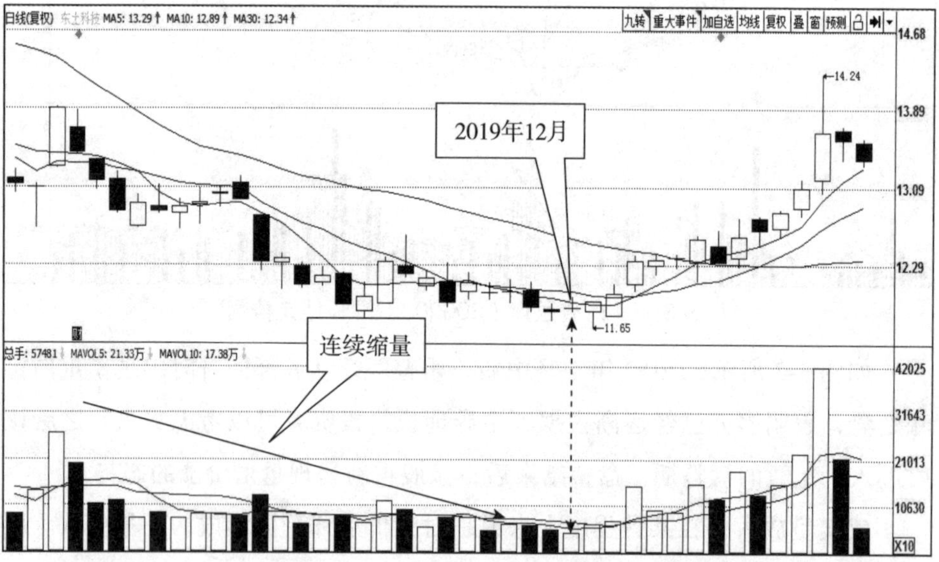

图 3-4　东土科技（300353）缩量上升走势图

如图 3-4 所示，2019 年下半年，东土科技的股价自顶部区域开启了一波下降趋势。在股价震荡下跌过程中，该股成交量持续萎缩。2019 年 12 月初，该股股价的跌势趋于缓和，而成交量却创出了阶段新低。此后的一个交易日，该股股价创出新低，成交量开始反向放大，说明该股下降趋势有结束的可能，未来有出现新的上升趋势的可能。

三、成交量极值与趋势拐点

在成交量领域，极值包括天量与地量两种。通常情况下，成交量出现极值，往往与股价运行趋势拐点同步。当然，这里的同步并不意味着成交量出现极值的当日，股价也会在当天出现拐点，只是可能在该日附近出现。

1. 天量与上升趋势的终结

天量是指大盘或个股在某个交易日内的成交量创下了这轮上涨行情的最大成交量。上升趋势中，出现天量通常预示着本轮上升趋势终结，其操作要点如下。

第一，在持续的上涨行情中，成交量持续放大，甚至出现了井喷行情，表示股价处于上升趋势的高位，投资者要预防股价上升趋势的终结。

第二，当股价的上升趋势已经持续了一段时间，某一交易日成交量出现异常放大，远远超过了平日的成交量水平，往往意味着股价有见顶的可能。倘若其后股价与成交量同步回调，则意味着本轮上升趋势可能已经终结。

第三，当股价处于低位时，某一交易日突然放出巨量，如果没有特别的利空消息，则表明该股将发动一波上涨。当然，投资者还要防止主力的诱多行为。上升趋势不是一天确立的，也不是一天能走完的，因而，投资者不能见到低位放量就认为上升趋势确立，而要继续观察其后股票价格的走势后再做判断。

下面来看一下林海股份的案例。

如图 3-5 所示，林海股份的股价在 2015 年下半年出现了一波上涨行情。随着股价的上涨，该股成交量逐渐放大，特别是在 2015 年 12 月 31 日，该股成交量出现了“天量”形态。“天量”形态的出现，说明该股的上涨动能可能被透支。如果未来成交量不能再创新高，则预示着股价上升趋势可能终结，未来股价将会走低。

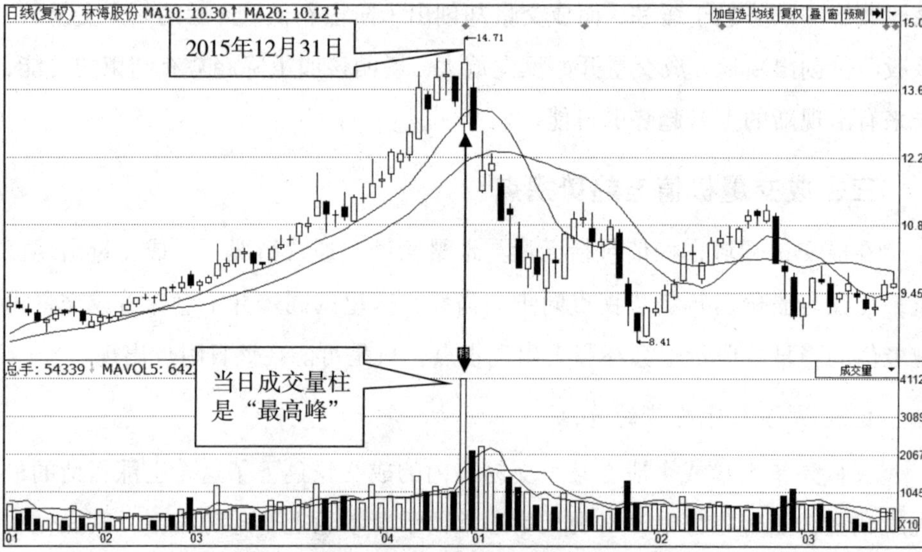

图 3-5　林海股份（600099）日 K 线走势图

其后，该股出现了一波震荡下跌走势。

2. 地量与下降趋势的终结

地量是指大盘或个股在某个交易日内的成交量创下了这轮下跌行情的最小成交量。下降趋势中，出现地量通常预示着本轮下降趋势终结，其操作要点如下。

第一，在持续的下跌行情中，成交量持续萎缩，表示股价处于下跌趋势的低位，投资者要提前为股价下降趋势的终结做些准备。

第二，当股价的下降趋势已经持续了一段时间，某一交易日成交量出现异常萎缩，远远低于平日的成交量水平，往往意味着股价有见底的可能。倘若其后股价与成交量同步回升，则意味着本轮下降趋势可能已经终结。

第三，当股价处于高位时，某一交易日股价出现回调，且成交量同步出现极低值，则很可能仅仅属于上升趋势的调整，投资者仍可放心持股。

下面来看一下兴蓉环境的案例。

如图 3-6 所示，兴蓉环境的股价从 2014 年 11 月开始一路上涨，走出一波上涨行情。2015 年 2 月期间，该股股价出现回调，与此同时，该股的成交量也出现显著下降，一度达到一段时间以来的最低值。2015 年 2 月 11 日，该股成交量创下一段时间内的极低值，这预示着该股股价的下降趋势有可能终结。此后，该股股价和成交量同步回升，投资者可以逐步跟进买入股票，以博取未来股价上涨带来的收益。

图 3-6　兴蓉环境（000598）日 K 线走势图

第二节　均线指标捕捉趋势拐点

移动平均线简称“均线”，大致代表了一段时间的市场平均成本，因此，均线往往对股价有重要的支撑或阻碍作用。在大多数交易软件中，均线系统是与 K 线图相伴始终的技术指标，也就是说，均线与 K 线一起构筑了最基础的股价趋势分析系统，如图 3-7 所示。

图 3–7　鲁抗医药（600789）的均线与 K 线走势

均线的计算非常简单，某一时段的均线就是该时段内所有交易日的收盘价之和与总的交易天数的算术平均值，即均价，然后将这些均价用曲线连接起来就构成了均线。例如，30 日均线就是由连续 30 个交易日收盘价之和除以 30 后得到的算术平均值连接而成的。

一、均线方向与股价运行趋势

均线能够代表趋势，趋势方向是均线的第一要素。均线通常有两种方向，一种是向上，另一种是向下。均线的方向与历史数据有关，如果均线的当前值比前一阶段的均值大，那么均线的方向是向上的；如果均线的当前值比前一阶段的均值小，那么均线的方向是向下的。当中长期均线向上运行时，表示中长期趋势以上涨行情为主，此间出现的股价下跌通常是短期回调。当中长期均线向下运行时，表示中长期趋势以下跌行情为主，此间出现的股价上涨通常是短期反弹。

也就是说，均线的倾斜方向与股价运行的大趋势是相吻合的，即短期均线方向向上，则股价短期处于或即将进入上涨趋势；短期均线方向向下，则股价短期处于或即将进入下降趋势，如图 3-8 所示。

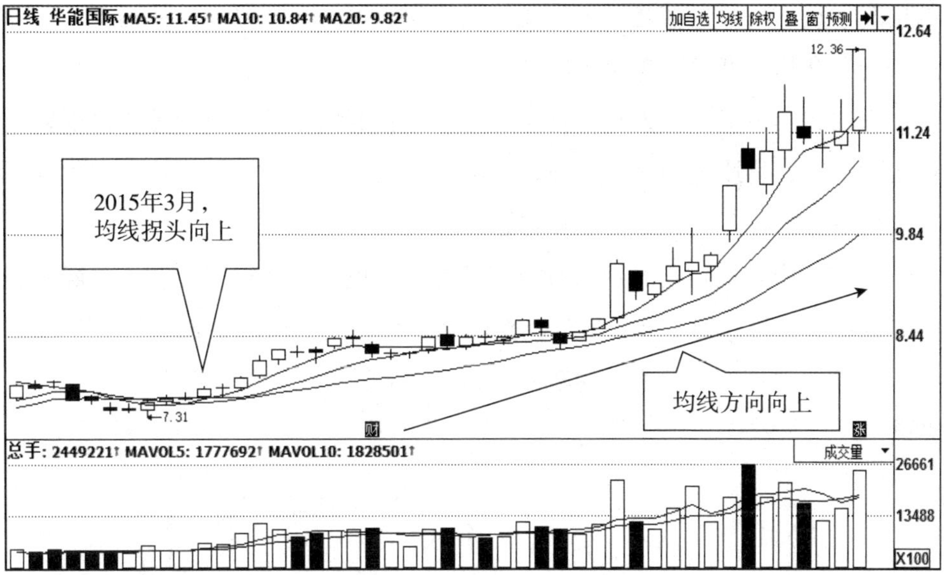

图 3–8　均线的方向：华能国际（600011）日 K 线走势图

如图 3-8 所示，华能国际的 5 日均线、10 日均线和 20 日均线在 2015 年 3 月出现拐头向上的走势，且股价 K 线一直位于均线上方，这预示着股价将在中短期出现一波上涨走势。

运用均线方向判断股价运行趋势时，有两点需要注意。

第一，均线的选择。短期均线的走势能够对股价短期内的趋势进行预判，同样，中长期均线能够对股价中长期趋势进行预判。使用何种均线，主要取决于投资者选择的投资策略。

第二，通常情况下，均线方向向右上方倾斜，说明股价正运行于上升趋势当中；反之，若均线方向向右下方倾斜，则预示着股价将进入下降趋势，此时投资者应尽量避免入场交易。

二、均线拐点与趋势转向

均线拐点是指在该点前后均线的运行方向发生了相反的变化。均线拐点在很大程度上可能会影响股价的运行趋势。

第一，当一条中长期均线向上运行了很长时间之后，股价无力再创新高而出现下跌，均线也随之向下移动，从而形成了一个波峰，这种拐点预示着原来的上升趋势可能转变为下降趋势。

第二，当一条中长期均线向下运行了很长时间之后，股价无法再创新低而出现上涨，均线也随之向上移动，进而形成了一个波谷，这种拐点预示着原来的下降趋势可能转变为上升趋势。

第三，中长期均线的拐点有较高的参考价值，可使投资者有效掌握股票买卖的最佳时机。而短期均线的拐点较多，可信度也相对较低。

下面来看一下天润曲轴的案例，如图 3-9 所示。

图 3-9　均线的拐点：天润曲轴（002283）的日 K 线图

如图 3-9 所示，从 2015 年 9 月中旬开始，天润曲轴的 30 日均线开始拐头向上运行，且股价运行于 30 日均线上方，这说明股价处于良性上升区间。2016 年 1 月 4 日，天润曲轴跳空下跌并收出一根大阴线，30 日均线也随之下降，拐点出现。这是行情反转的信号，之前的上涨行情下一步可能演变为下跌行情。

当然，均线拐头并不都是在某个交易日因股价大幅上涨或下跌而引起的，还可能是由于股价连续小幅上涨或下跌引发的。这个时候，投资者需要注意两个关键节点：其一，股价对均线的穿越，意味着股价运行趋势可能会发生反转；其二，均线拐头完成，则可对趋势反转进行确认。

下面来看一下河池化工的案例，如图 3-10 所示。

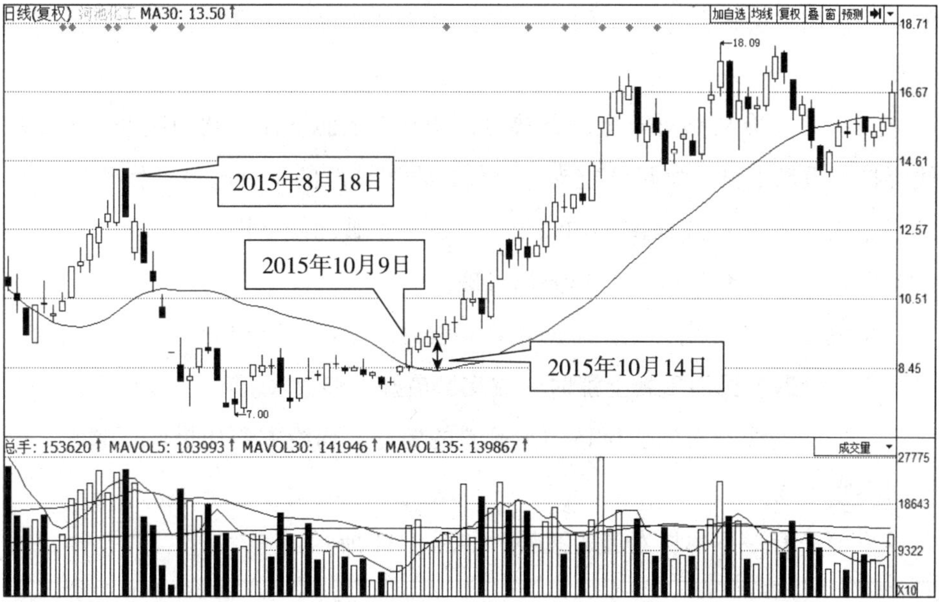

图 3-10　均线的拐点：河池化工（000953）的日 K 线图

如图 3-10 所示，从 2015 年 8 月 18 日开始，河池化工进入下跌行情。经过底部的震荡整理之后，2015 年 10 月 9 日，河池化工连续第三天收阳，且股价成功向上穿越 30 日均线。不过，此时 30 日均线仍旧向右下方倾斜，此时投资者只需保持观望，不宜入场。

随后该股继续上攻。2015 年 10 月 14 日，该股股价收出一根小阳十字线，且 30 日均线开始拐头向上，这说明该股已经探底回升，并可能引发一波上涨行情。投资者如能在该点买入，就能把握未来股价上涨带来的可观利润。

三、趋势的延续：均线的支撑与阻力

均线与股价 K 线之间一直存在着密切的关联，且当股价来到均线附近时，还会受到均线的支撑或阻力作用。

1. 均线的支撑作用

均线在某种程度上反映了市场上投资者的平均持仓成本，因而，当股价自上而下回落至均线附近时，很多持币投资者就会将其看成较佳的入场时机，于是纷纷买入股票。受此影响，该股股价就会反向上涨。此后，均线对股价的支撑作用将会得到进一步强化。在实际操盘过程中，投资者还需注意这样几点。

第一，股价 K 线处于上升趋势时，若其自上而下回调到均线处，因受均线支撑而重新上升，则可认定支撑有效，表明该股的上升趋势还将延续。

第二，股价 K 线回调至均线附近或偶尔跌破均线立即反向向上，则可认定支撑有效，股价 K 线上升趋势仍可确认。

第三，股价 K 线自上而下回调到均线处时，成交量要同步出现萎缩的态势。当股价遇支撑而重新上涨时，成交量最好能够放大。

第四，均线的方向要保持向上倾斜的姿态。均线方向如果向下倾斜，则暂时不宜入场。

下面来看一下廊坊发展的案例，如图 3-11 所示。

图 3-11　廊坊发展（600149）的日 K 线图

如图3-11所示，2016年3月21日，廊坊发展的股价向上突破了20日均线。此后，该股股价沿20日均线震荡上涨。由于前期买入的投资者都处于获利状态，所以中途出现了短线获利盘卖出的缩量回调现象。不过，当股价于3月29日、7月26日两次回落至20日均线附近时，却获得了强力支撑，表明股价上升趋势仍将持续，投资者可以在股价重新启动上涨时加仓买入。

2. 均线的阻力作用

当股价自下方上涨到某条均线处时，如果遇到阻力开始回落，就意味着该均线对股价K线具有较强的阻力作用。

当股价处于下降趋势时，其处于均线下方，市场上很多持仓者都处于亏损状态。当股价反弹至均线附近时，这些亏损者会将其看成是较佳的出手时机，因而纷纷卖出手中的股票，导致股价重新开启下跌走势。当然，从股价运行趋势来看，由于其并未完成对均线的突破，因而一直处于下降趋势当中。

投资者利用均线的阻力作用卖出股票时，需注意以下几点。

第一，股价K线上涨到均线处时，没有突破均线，或者突破均线后立即回到了均线下方，则仍可认定均线对股价的阻力有效。

第二，股价K线上涨到均线处时，成交量如果同步出现放大的态势，投资者需保持观望，因量价齐升时，有成功突破均线的可能。

第三，均线的方向如果是向下倾斜的，那么均线对股价的阻力作用会更强。

下面来看一下韶钢松山的案例。

如图3-12所示，韶钢松山的股价自2017年上半年开始启动了一波下跌走势，股价一直运行于均线系统的下方，这说明股价正处于下降趋势当中。该股股价下跌一段时间后出现了反弹，并在2017年5月17日上涨至30日均线附近，不过，股价受30日均线的压力重新下跌，由此可见，均线对股价具有很强的阻力作用。

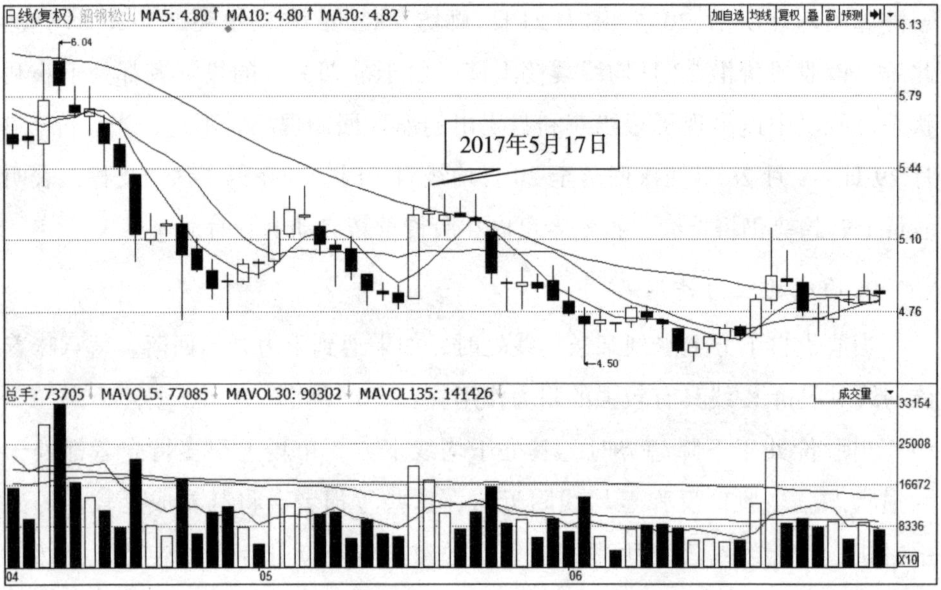

图 3-12　韶钢松山（000717）日 K 线走势图

四、均线的突破与趋势的转向

突破是指股价自上而下或自下而上突破均线后，在若干交易日内仍能保持突破后的形态。通常情况下，股价自下而上突破均线，意味着股价 K 线有可能会由下降趋势转为上涨趋势；股价自上而下突破均线，意味着股价 K 线有可能会由上升趋转为下降趋势，如图 3-13 所示。

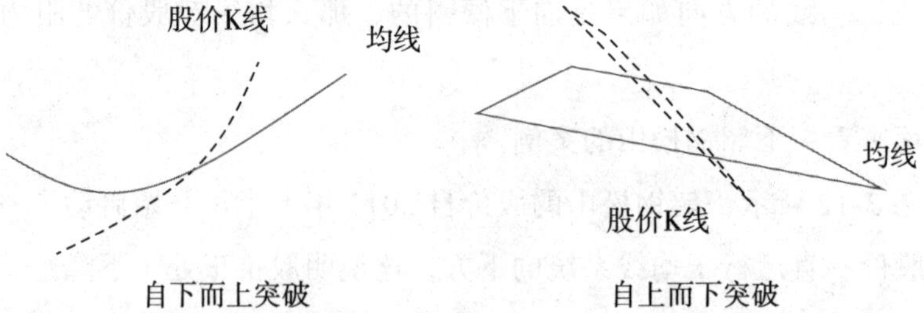

图 3-13　股价 K 线对均线的突破

1. 自下而上突破

股价 K 线经过一段时间的震荡整理后，若能自下而上完成对均线的突破，且成交量同步放大，则意味着股价可能会展开一波上升趋势。股价 K 线完成对均线的突破之前，若在低位震荡过程中形成了某些经典的底部形态，如 W 形底、头肩底、三重底等，则可增强股价对均线突破的有效性。

下面来看一下海能达的案例，如图 3-14 所示。

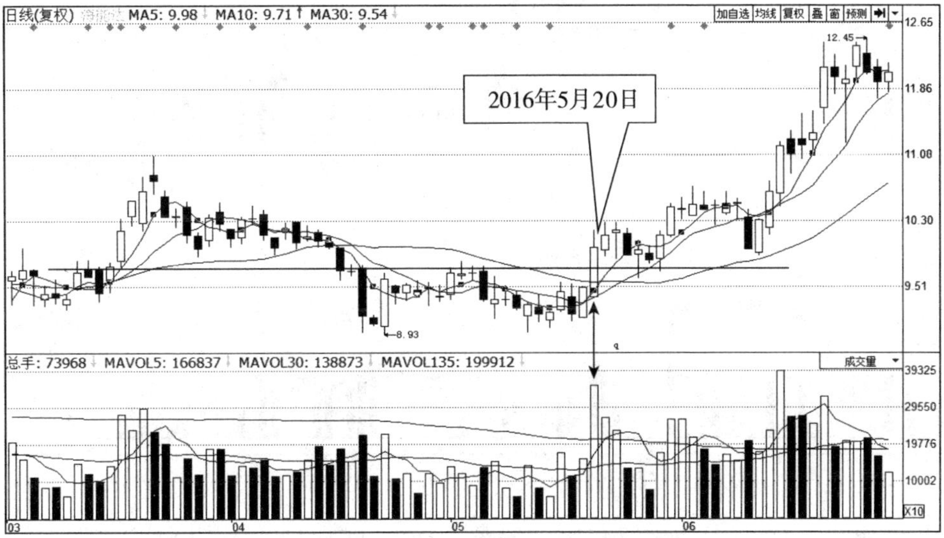

图 3–14　海能达（002583）日 K 线走势图

如图 3-14 所示，海能达的股价在 2016 年 4 月到 5 月期间出现了震荡筑底走势，且形成了典型的双底形态。2016 年 5 月 20 日，该股股价放量向上突破了双底形态的颈线位，且同时突破了 10 日均线，这说明该股的上涨趋势已经确立，该突破为真突破的可能性较大。未来，该股股价 K 线的运行趋势有可能由下降趋势转为上升趋势。

激进型投资者可在当日买入该股，保守型投资者可在第三个交易日股价未回到均线下方即真突破得到最终确认后买入该股。

2. 自上而下突破

股价 K 线在顶部区域经过一段时间的震荡整理后，若能自上而下完成对均线的突破，则意味着股价 K 线可能会展开一波下降趋势。若股价 K 线完成对均线（中长期均线为佳）的突破之前，在高位震荡过程中形成了某些经典的顶部形态，如 M 形顶、头肩顶、三重顶等，则可增强股价对均线突破的有效性。

下面来看一下健民集团的案例，如图 3-15 所示。

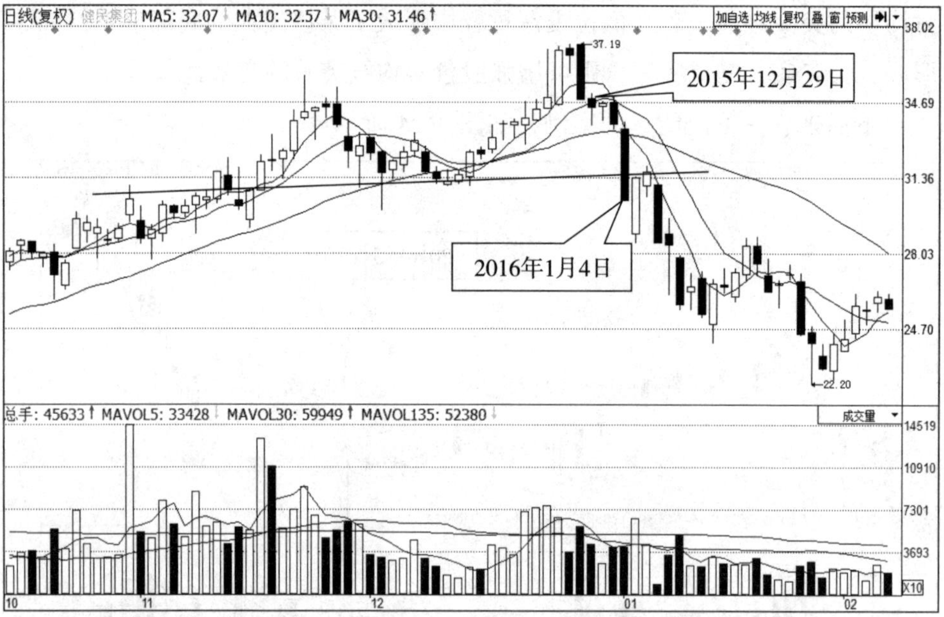

图 3-15　健民集团（600976）日 K 线走势图

如图 3-15 所示，健民集团的股价在 2015 年底到 2016 年初出现了震荡筑顶走势，且形成了典型的双顶形态。2015 年 12 月 29 日，该股股价向下跌破了 10 日均线，说明股价有下行的可能，不过投资者仍可等待更为明确的突破信号出现。2016 年 1 月 4 日，该股股价向下跌破了双顶形态的颈线位，且同时突破了 30 日均线，这说明该股的下跌趋势已经确立，该突破有效的可能性较大。

第三节　MACD 指标：趋势之王

MACD 指标的英文全称是 Moving Average Convergence and Divergence，中文全称为指数平滑异同移动平均线，是由杰拉尔德 • 阿佩尔（Gerald

Appel）在移动平均线的基础上发展出来的一种技术指标。

在众多技术指标中，MACD 指标被公认为是追踪趋势最理想的指标。同时，在大多数炒股交易软件中，MACD 指标都是默认的首选指标，如图 3-16 所示。

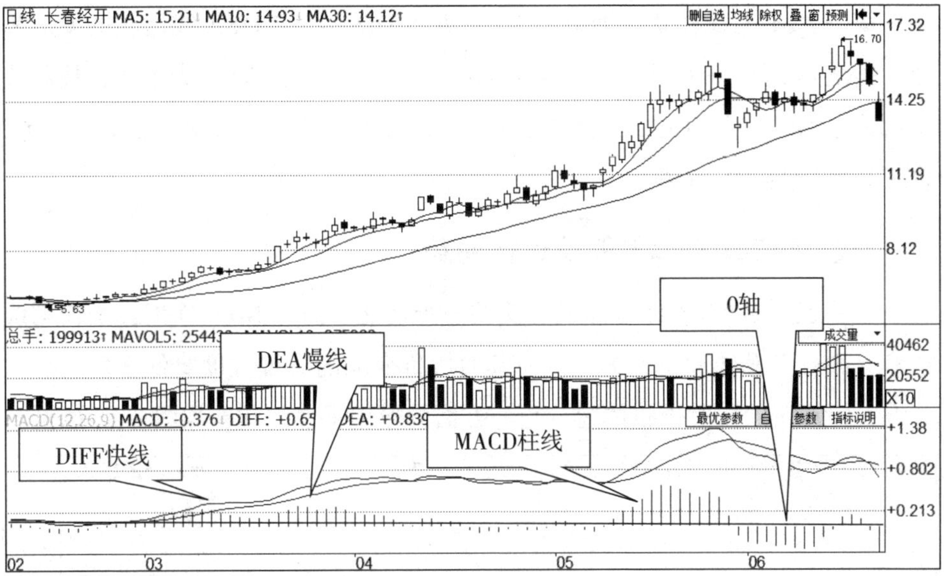

图 3–16　MACD 指标示意图

MACD 指标主要由 DIFF 快线、DEA 慢线、MACD 柱线、0 轴等四部分构成。

DIFF 是快速平滑移动平均线（EMA1）与慢速平滑移动平均线（EMA2）之间的差值，快慢只是时间参数不同，快速是短期的，慢速则是长期的。DEA 是 DIFF 的移动平均，也就是连续一段时间内 DIFF 的算术平均值，因此，DEA 有自己的时间参数，即平滑天数（M）。

根据经验，一般将快速移动平均线的时间参数（短期参数）设为 12 天，将慢速移动平均线的时间参数（长期参数）设为 26 天，而将平滑的天数（M）设为 9 天。这三个参数也是大多数炒股软件中 MACD 指标的默认参数。

概括起来，MACD 指标具体以下几项特性。

第一，DIFF 线的变动较为灵敏，是快速平滑移动平均线；DEA 线则较为平缓，是慢速平滑移动平均线，两条线都围绕 0 轴上下波动。

第二，MACD 指标显示的两条曲线都不是市场价格的移动平均线，而是两条移动平均线差距的平滑移动平均线。它能克服移动平均线假信号频繁的缺点，又保留了均线的诸多优点。

第三，MACD 柱状线即 BAR 线，表示 DIFF 线与 DEA 线之间的偏离程度，BAR 线越长，说明 DIF 线距离 DEA 线距离越远。BAR 为正值，柱状线显示为红色，表示 DIFF 线在 DEA 线之上；BAR 为负值，柱状线显示为绿色，表示 DIFF 线在 DEA 线之下。

一、MACD 指标与股价运行趋势

趋势识别是 MACD 指标最主要的一个功能。由于 MACD 指标是在均线技术上进行平滑处理得到的，因而其对股价变动的灵敏程度要低于均线。这一点又使其在判断股价整体运行趋势方面的作用得以强化，如图 3-17 所示。

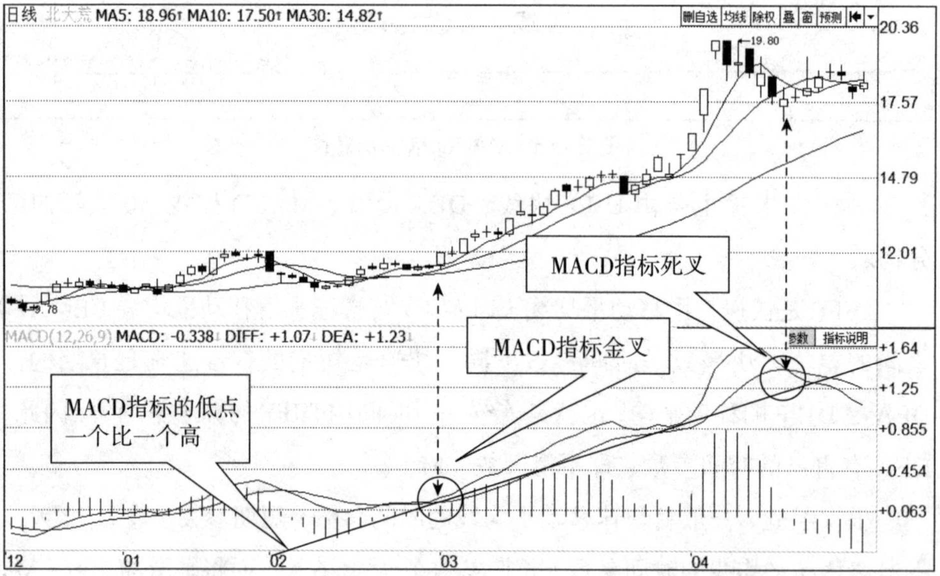

图 3–17　北大荒（600598）MACD 指标趋势运动

如图 3-17 所示，北大荒的股价在 2015 年 2 月 11 日自底部启动上涨，MACD 指标也随着股价的震荡上涨而逐步走高。股价回调过程中，MACD

指标回调的低点一个比一个高，且 MACD 指标中的快线始终位于慢线上方，说明此时股价处于上升趋势中，投资者只需持股待涨即可。

顺势操作是所有投资者的共识，因而，认清股价运行所处的趋势并准确地把握趋势，是每位投资者都应该具备的重要能力。MACD 指标中两条曲线每次交叉与位置互换，MACD 指标与股价、指数的背离，都可能形成股价运行趋势的转向，即由上涨趋势转为下跌趋势或由下跌趋势转为上涨趋势。不过，这种趋势有时属于短线运行趋势的转向，有些则属于中长线运行趋势的变化。

通常情况下，出现下列情形，意味着股价处于或即将进入上涨趋势。

第一，MACD 指标在 0 轴上方出现黄金交叉，其后 DIFF 快线一直位于 DEA 慢线上方。

第二，MACD 指标低位出现底背离，即股价连续创出新低，而 MACD 指标的低点却一个比一个高。

第三，MACD 指标的两条曲线向右上方倾斜，且 MACD 柱线越来越长，回调时低点一个比一个高。

当股价处于下跌趋势中，MACD 指标表现出的特征与上述情形刚好相反。

二、趋势启动：MACD 指标的金叉与死叉

通常情况下，MACD 指标中的 DIFF 线对股价变动的反应更为灵敏，DEA 线就相对滞后，不过，DEA 线比 DIFF 线更稳定，也更能反映股价运行的趋势，因而，其发出的信号更为准确。正因如此，MACD 指标中 DIFF 快线与 DEA 慢线的交叉，是 MACD 指标研判中最核心的内容，也是投资者追踪趋势变化的一个重要信号。

1. MACD 指标金叉

MACD 指标中，若 DIFF 快线自下而上穿越 DEA 慢线，说明 MACD 指标形成了黄金交叉形态，未来股价上升的可能性非常大。不过，MACD 指标出现金叉的位置直接决定了金叉的成色。也就是说，只有成色较高的金叉，

股价未来上涨的概率才会大；反之，若金叉成色较低，股价可能只是短暂的反弹而已。

其具体分析要点如下。

第一，当 DIFF 和 DEA 均为正值，DIFF 线向上突破 DEA 线，在 0 轴上方形成金叉，表示市场上买盘非常踊跃，上涨行情仍将持续，此时投资者可以追涨买入。

第二，当 DIFF 和 DEA 均为负值，DIFF 线向上突破 DEA 线，在 0 轴下方形成金叉，表示市场上的做空气氛有所缓解，持币者有低位吸纳的意愿，股价可能止跌反弹，此时投资者需要借助其他技术指标来分析是否可以买入。

总而言之，MACD 指标在 0 轴上方附近位置形成金叉才是可靠的买入信号。

下面来看一下维维股份的案例，如图 3-18 所示。

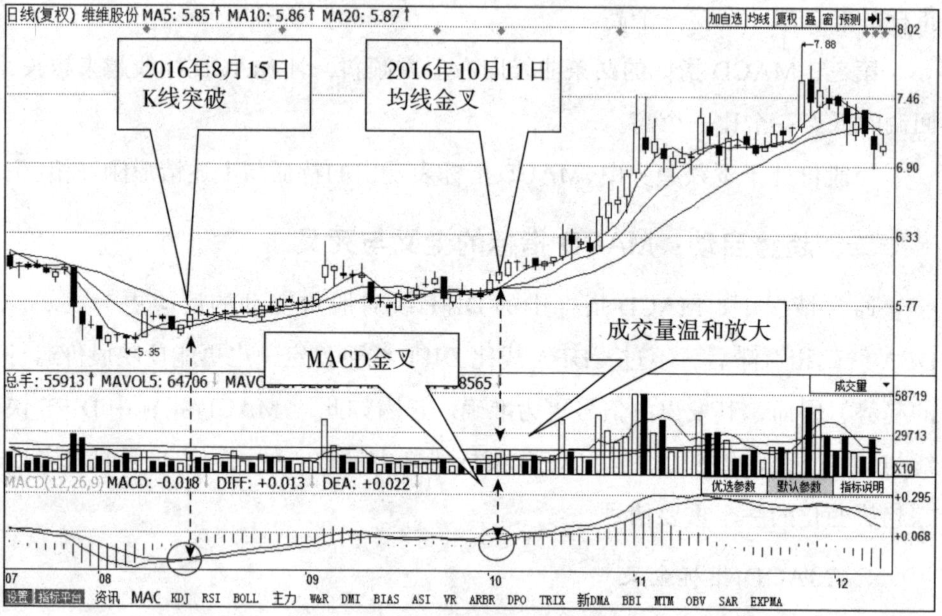

图 3-18　维维股份（600300）MACD 黄金交叉示意图

如图 3-18 所示，2016 年 8 月，随着大盘趋势向好，维维股份的股价也同步出现了上涨态势。MACD 指标自底部反弹向上，在 8 月到 10 月期间，

DIFF 快线曾经两次向上穿越 DEA 慢线形成交叉，其中第一次交叉点位于 0 轴下方，第二次交叉点位于 0 轴上方。由于第一次交叉点位于 0 轴下方，并不属于理想的位置，因而投资者可保持观望或少量买入该股。2016 年 10 月 11 日，维维股份 MACD 指标第二次出现交叉，此时，该股股价刚刚完成对均线的突破，并位于均线上方，且均线也同步出现金叉，成交量同步放大，这说明股价有企稳走好的迹象。这些信息都可以强化黄金交叉信号的准确性，投资者此时可放心买入或加仓该股。

通过上述案例可以看出，在股价 K 线趋势转向初期，投资者识别趋势的转变非常困难，也面临较大的风险，而股价上行趋势确立是一个相对较佳的入场点：一方面，股价上涨幅度不大，追涨还有可观的获利空间；另一方面，股价上升趋势已经确立，少了一些风险因素。正因如此，MACD 指标 0 轴附近的二次金叉往往可以作为投资者介入上升趋势股票的较佳时机。

2. MACD 指标死叉

MACD 指标中，若 DIFF 快线自上而下穿越 DEA 慢线，说明 MACD 指标形成了死亡交叉形态，未来股价下跌的可能性非常大。当然，相对而言，一些特殊位置的死叉发出的卖出信号更为强烈。

其具体分析要点如下。

第一，当 DIFF 和 DEA 均为负值，DIFF 线向下跌破 DEA 线，在 0 轴下方形成死叉，表示市场上做空力量非常强大，下跌行情仍将持续，此时投资者应该杀跌卖出。

第二，当 DIFF 和 DEA 均为正值，DIFF 线向下跌破 DEA 线，在 0 轴上方形成死叉，表示市场上的做多氛围有所松懈，持股者有高位回吐的想法，股价可能滞涨回落，此时投资者需要借助其他技术指标来分析是否应该卖出。此时往往属于股价 K 线运行趋势从上升趋势转为下降趋势的拐点，投资者需要特别留意那些涨幅较大的股票。

第三，MACD 指标在 0 轴下方形成死叉属于强烈的卖出信号，通常情况下，此时股价 K 线的下降趋势已经确立并得到强化。

下面来看一下中航电子的案例，如图 3-19 所示。

图 3-19 中航电子（600372）MACD 指标走势图

如图 3-19 所示，中航电子的股价在 2017 年下半年走出了一波上涨行情，MACD 指标中的 DIFF 快线和 DEA 慢线也同步上升。2017 年 8 月 23 日，该股股价在连续几个交易日出现回调的基础上，DIFF 快线自上而下穿越 DEA 慢线，形成了高位死亡交叉形态，这意味着股价后市下跌的概率很大，股价 K 线很可能由上涨趋势转为下降趋势。由于此时 DIFF 快线和 DEA 慢线仍位于 0 轴上方，说明多方仍具有一定的优势，投资者可执行减仓操作，留少许筹码。

此后，中航电子的股价经过一段时间的震荡反弹，逐渐走出低谷。2017 年 10 月 19 日，一根大阴线将股价直接打压到很低的水平，DIFF 快线拐头向下与 DEA 慢线形成死亡交叉，至此，该股的下降趋势得到确认和强化，投资者宜清空手中的股票。

三、趋势强化：MACD 指标对 0 轴的突破

在 MACD 指标中，0 轴被认为是多空双方力量对比的分界线。当

MACD 指标线处于 0 轴上方时，表示多方实力占据优势地位；反之，则是空方实力占优势。MACD 指标对 0 轴的穿越意味着多空力量的转换，也是对股价 K 线运行趋势的一种确认和强化。

MACD 指标对 0 轴的穿越包括两种：其一，自上而下穿越，其二，自下而上穿越。

1. 自上而下穿越 0 轴

股价 K 线经过一段时间的上涨后，多方实力会因损耗严重而出现力量不足的情况，此时，MACD 指标的两条指标线会出现拐头向下的态势。当然，此时股价 K 线可能已经完成了对均线系统的穿越，这意味着股价 K 线可能已经由上升趋势转为下降趋势了。随着股价的不断走低，MACD 指标也会不断走低，并在某一交易日向下穿越 0 轴。至此，市场由多方主导变为由空方主导，股价 K 线的下降趋势得到进一步的确认和强化，表明未来股价还将继续走低。

下面来看一下万通地产的案例，如图 3-20 所示。

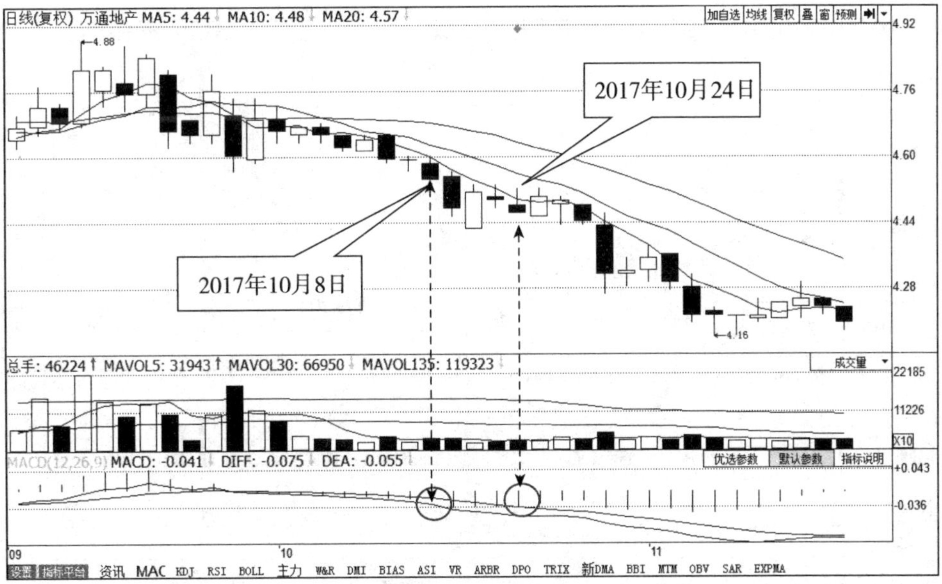

图 3-20　万通地产（600246）MACD 走势图

如图 3-20 所示，万通地产的股价在 2017 年 9 月中旬后出现了一波快速下跌行情，MACD 指标也随之不断走低，DIFF 快线自高位向下运行，并于 2017 年 10 月 8 日率先跌破了 0 轴，说明市场已经完全由空头主导。此后的 10 月 24 日，DEA 慢线也跌破了 0 轴，这更加说明市场的弱势，表明万通地产的股价下降趋势得到确认和强化，未来股价还将进一步走低，手中仍持有筹码的投资者宜清空仓位。

2. 自下而上穿越 0 轴

股价 K 线经过一段时间的下跌后，空方实力会因损耗严重而出现力量不足的情况，此时，MACD 指标的两条指标线会出现拐头向上态势。当然，此时股价 K 线可能已经完成了对均线系统的穿越，这意味着股价 K 线可能已经由下降趋势转为上升趋势了。随着股价的不断走高，MACD 指标也会不断走高，并在某一交易日向上穿越 0 轴。至此，市场由空方主导变为由多方主导，股价 K 线的上升趋势得到进一步的确认和强化，未来股价还将继续走高。

下面来看一下北京城建的案例，如图 3-21 所示。

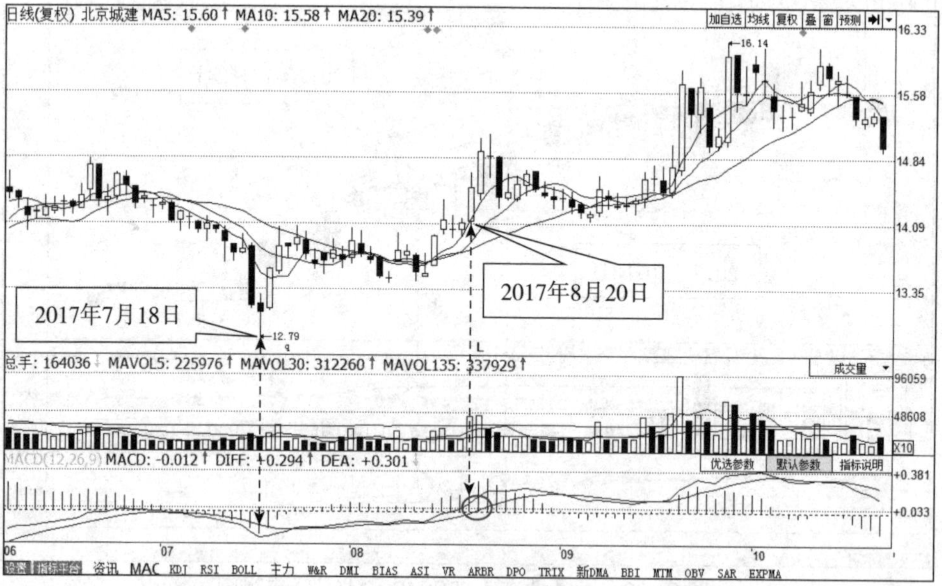

图 3-21　北京城建（600266）MACD 走势图

如图 3-21 所示，北京城建的股价在 2017 年 7 月中旬后随着大盘指数的回暖而出现了一波快速震荡上涨行情，MACD 指标也随着股价 K 线的反弹而出现了拐头向上迹象。此后，股价 K 线又突破了多条均线，意味着该股的运行趋势已经从下降趋势转为上升趋势。

2017 年 8 月 20 日，MACD 指标的两条指标线完成了对 0 轴的穿越，这意味着该股股价 K 线的上升趋势得以确认和强化，投资者可考虑加仓该股。

四、趋势衰竭：MACD 指标的背离

通常情况下，股价的走向会与 MACD 指标保持一致，即当股价不断创出新高时，MACD 指标也会随之走高；当股价不断走低时，MACD 指标也会随之走低。当 MACD 指标与股价走势不一致时，就说明 MACD 指标与股价存在背离，意味着未来股价原有的运行趋势难以继续维持，即存在趋势反转的可能。

MACD 指标与股价的背离包括顶背离与底背离两种。

1. MACD 指标顶背离

当股价创出新高时，MACD 指标中的 DIFF 线和 DEA 线却未能同时创出新高，就形成了顶背离现象，这说明股价 K 线的上升趋势很难继续维持，投资者可考虑减仓操作。

其操作要点如下。

第一，出现顶背离，说明股价未来存在反向下跌的可能，但并不意味着股价会立即下跌。出现顶背离时，投资者需要特别留意其他卖出信号。

第二，有些股票顶背离出现一次后，股价就会立即转为下降趋势，而有些股票则可能会出现两三次顶背离后才开启下降趋势。

第三，出于投资安全的考虑，投资者可在 MACD 指标与股价出现顶背离后，股价已经出现下降趋势时进行减仓操作。此后，若股价继续走低，且下降趋势确认并得到强化再清仓。

下面来看一下三一重工的案例，如图 3-22 所示。

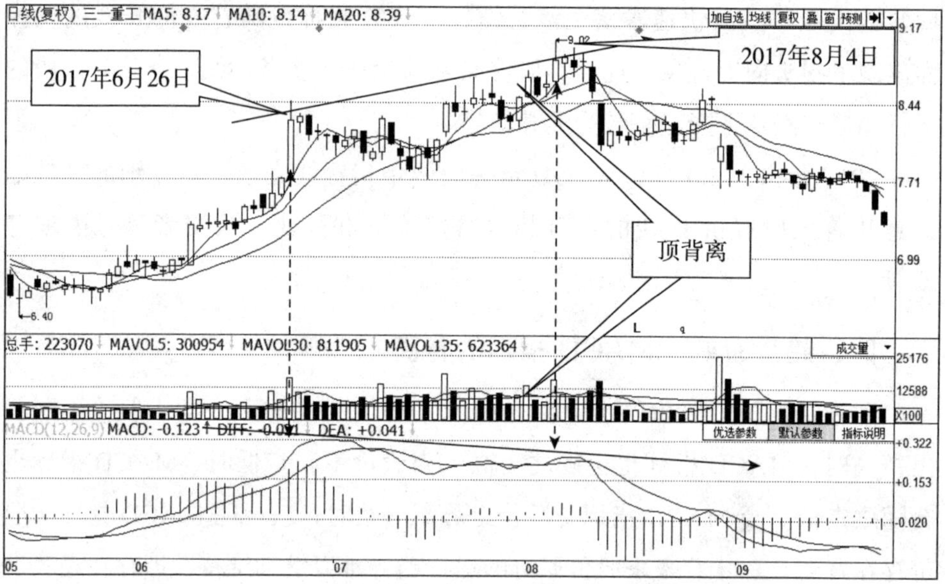

图 3–22　三一重工（600031）MACD 指标顶背离示意图

如图 3-22 所示，三一重工的股价在 2017 年上半年走出了一波震荡上涨行情。该股股价在 6 月 26 日和 8 月 4 日分别创下了两个短期高点，且后一个高点远远高于前一个。与此同时，DIFF 快线创下的两个高点却没有形成一个比一个高的态势，这说明股价与 MACD 指标出现了顶背离，未来股价步入下降趋势的概率很高，投资者宜采取逐步减仓的操作。

2. MACD 指标底背离

当股价创出新低时，MACD 指标中的 DIFF 线和 DEA 线却未能同时创出新低，就形成了底背离现象，这说明股价 K 线的下降趋势很难继续维持，投资者可考虑建仓操作。

其操作要点如下。

第一，出现底背离，说明股价在未来存在反弹向上的可能，但并不意味着股价会立即上涨。出现底背离时，投资者需要特别留意其他买入信号。

第二，有些股票底背离出现一次后，股价的下降趋势就会终结并出现上涨走势，有些股票则可能会出现两三次底背离后才会终结下降趋势。

第三，出于投资安全考虑，投资者可在MACD指标与股价出现底背离后，股价已经出现明显反弹迹象（如股价向上突破重要阻力位、K线走出底部形态等）时再入场建仓。

下面来看一下美尔雅的案例，如图3-23所示。

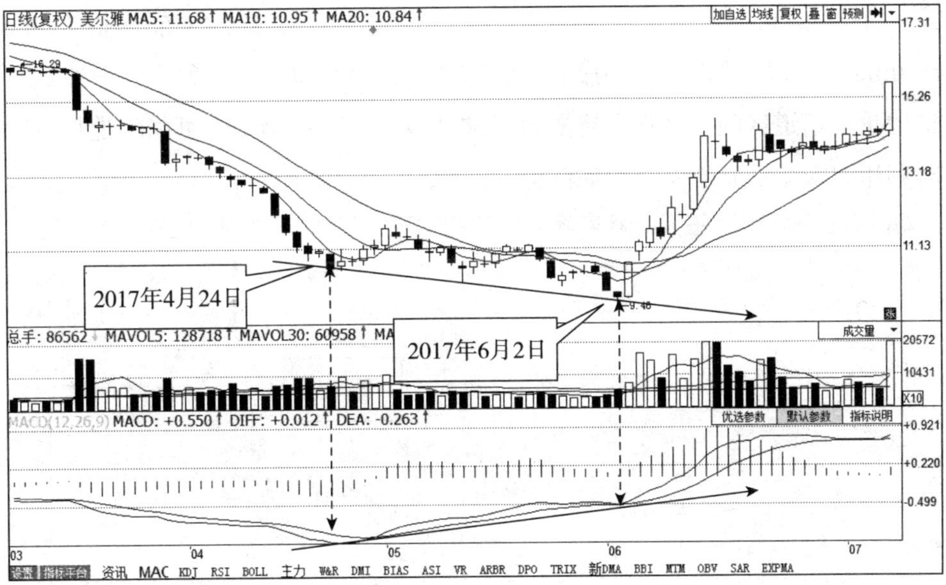

图3-23 美尔雅（600107）MACD指标底背离示意图

如图3-23所示，美尔雅的股价在2017年4月到6月期间走出了一波震荡下跌行情。该股股价在4月24日和6月2日分别创下了两个短期低点，且后一个低点远远低于前一个。与此同时，DIFF快线创下的两个低点却没有形成一个比一个低的态势，这说明股价与MACD指标出现了底背离，未来股价的下降趋势有望终结。

此后，该股迅速触底反弹向上，开启了一波上升走势，投资者可积极入场建仓。

第四节　用布林线指标把握趋势变化

布林线又称布林带，英文简称为BOLL，是由约翰·布林格（John Bollinger）发明并以其名字命名的。该指标是根据统计学中的标准差原理求出股价的信道区间，从而划定股价的波动范围，并预测未来可能的走势，同时利用波带显示股价安全的高低价位。如图3-24所示。

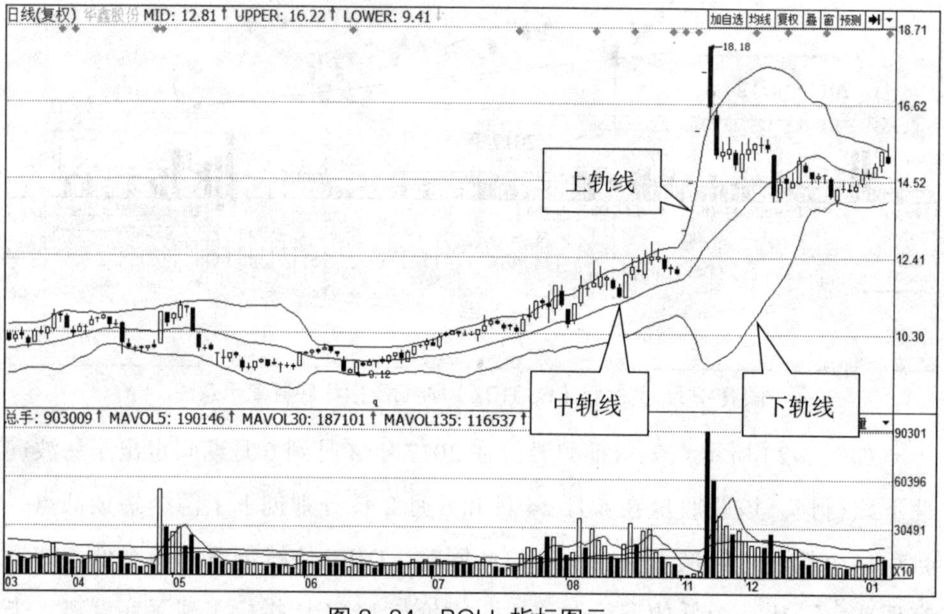

图3–24　BOLL指标图示

布林线由三条曲线组成，分别是上轨线、中轨线和下轨线。其中上轨线和下轨线之间的区域构成了BOLL指标的价格通道，即布林通道，而中轨线为股价波动的中轴线。

布林线指标独特的带状设计为投资者判断股价运行空间提供了重要的参考，同时，布林线喇叭口的收缩和扩张也为股价运行趋势的改变提供了交易指示。

布林线的研判要点包括它的三条轨道线以及由上下两条轨道线所勾画出的喇叭口形态。

第一，布林线轨道线的研判。

布林线的三条轨道线中，中轨线是构成布林线的基础，这条中轨线是以 20 日均线为核心构建的。也就是说，布林线的三条轨道线本质上都具有与均线相似的支撑与阻力作用，当然，相对而言，布林线上轨的阻力作用更强一些，而布林线的下轨支撑作用更强一些。一旦股价的运行脱离了布林线喇叭口区域，则说明股价处于一种非常态运行区间，未来肯定是要回归布林线内部的。

第二，布林线喇叭口的研判。

布林线的喇叭口为股价描述了一个正常的波动区域，当喇叭口的开口越来越大时，意味着股价波动的范围越来越大，当然，这可能是股价上涨引起的，也可能是股价下跌引起的。当喇叭口越来越小时，说明股价波动的范围越来越小，这说明股价可能在重新选择突破的空间，投资者宜密切关注股价运行趋势可能发生的变化。

一、上升趋势确认：K 线上穿中轨线

股价 K 线经过一段时间的调整后启动上升，当股价 K 线放量向上突破布林线中轨，意味着股价将由下降趋势转为上升趋势。若股价 K 线向上突破中轨线时，布林线的喇叭口同步向右上方倾斜且呈放大态势，则可强化趋势转变的有效性。

如图 3-25 所示，蓝晓科技的股价自 2017 年 7 月 10 日出现回调走势，成交量随之出现萎缩态势，布林线喇叭口出现收缩状态。2017 年 8 月 16 日，蓝晓科技的股价向上突破中轨线，喇叭口同步出现放大态势且向右上方倾斜，成交量同步出现放大态势，属于典型的买入信号，标志着股价 K 线的运行趋势将由下降趋势转为上升趋势。

图 3-25　蓝晓科技（300487）日 K 线走势图

二、支撑确认：K 线遇下轨反弹

股价 K 线经过一段时间下跌后遇到布林线下轨获得支撑，此时布林线的喇叭口同步开始由放大转为收缩，则可认为布林线下轨对股价支撑有效，未来有反弹向上的可能。当然，股价 K 线的下行既可能属于股价上升趋势中的回调，也可能属于股价的下降趋势。

若股价 K 线下跌至下轨线位置时，偶尔跌破下轨线后立即回归到下轨线上方，则仍可认定下轨线对股价的支撑有效，此后股价将进入上升趋势。

如图 3-26 所示，万东医疗的股价自 2017 年 7 月 6 日出现回调走势，成交量随之出现萎缩态势，布林线喇叭口出现放大状态，这说明该股股价正处于下行趋势，此时不利于入场操作。此后，万东医疗的股价在一段时间里沿下轨线下行。2017 年 8 月 8 日，该股股价脚踩下轨线反弹向上，成交量开始出现温和放大，布林线喇叭口开始收缩，这说明股价有可能结束下跌态势，激进型投资者可考虑少量建仓。2017 年 8 月 17 日，该股股价放量向上突破中轨线，说明股价K线将重回上升趋势，投资者可考虑加仓入场。

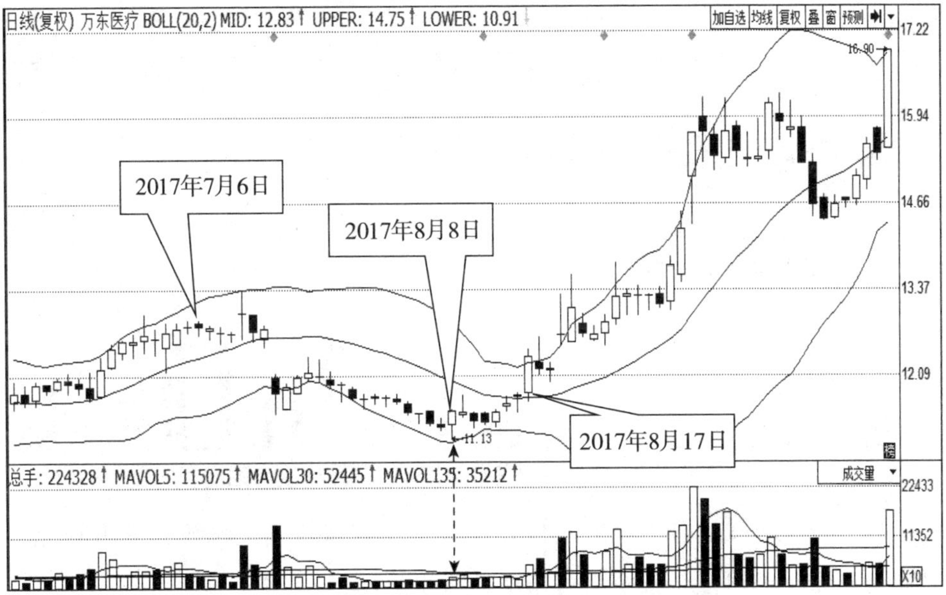

图3-26 万东医疗（600055）日K线走势图

三、趋势加速：K线脚踩上轨

股价K线经过一段时间的上升后，向上突破布林线上轨，脚踩上轨线上升，说明该股股价有加速上升的态势，也就是说原有的上升趋势将获得加速。此段时间可能是股价上升势头最猛烈的时段，也是最危险的时段，一旦股价回到布林线上轨线下方，则意味着股价上升趋势有结束的可能。

下面来看一下中船科技的案例。

如图3-27所示，中船科技的股价自2019年1月31日触及布林线下轨后反弹向上，成交量随之出现放大态势，布林线喇叭口出现放大状态，这说明该股股价结束下跌，开始反弹向上。此后，中船科技的股价经过一段时间的上升后，连续突破了中轨线和上轨线。2019年3月4日，股价K线脚踩布林线上轨线上行，这说明股价上升趋势已经开始加速，投资者可考虑追涨买入。

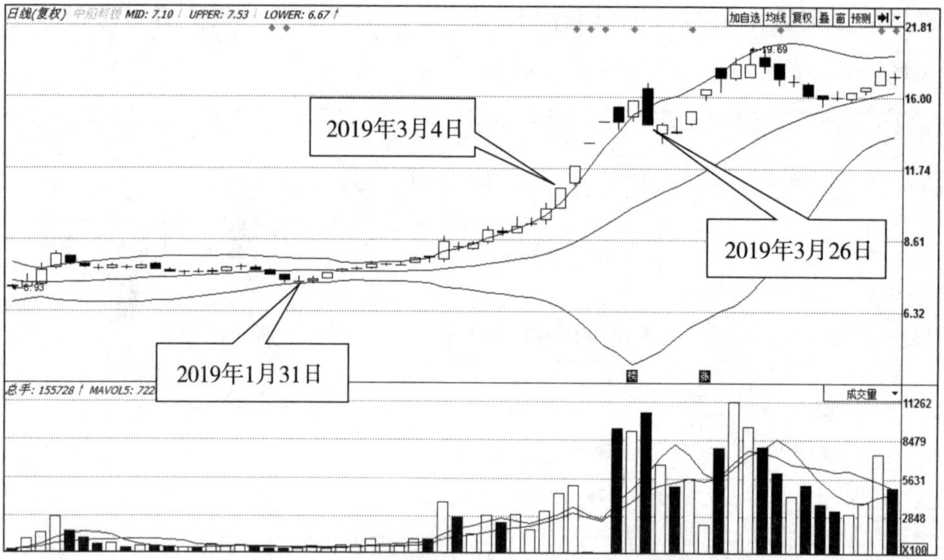

图 3-27　中船科技（600072）日 K 线走势图

2019 年 3 月 26 日，该股股价连续多日跌破布林线上轨线，说明股价上升趋势有结束的可能，投资者可考虑执行卖出操作。

四、趋势确认：布林通道喇叭口放大

布林通道喇叭口出现放大迹象，说明股价波动幅度将会加大，不过，股价 K 线会进入上升趋势还是下降趋势，还需要投资者结合实际情况进行分析。

1. 喇叭口放大与股价上攻

股价经过一段时间的调整或下跌后，布林通道会出现逐步收缩状态。当布林通道的喇叭口开始放大时，股价同步上攻，则意味着股价可能会进入上升趋势。不过，投资者还需要注意这样几点。

第一，股价上攻时，若成交量同步呈现放大态势，则可增强股价突破的有效性。

第二，布林通道喇叭口放大时，若股价同步向上穿越布林线中轨，则未来上攻的概率更大。

第三，布林通道喇叭口放大时，若布林线中轨出现向右上方倾斜态势，也可增强股价上行的概率。如图 3-28 所示。

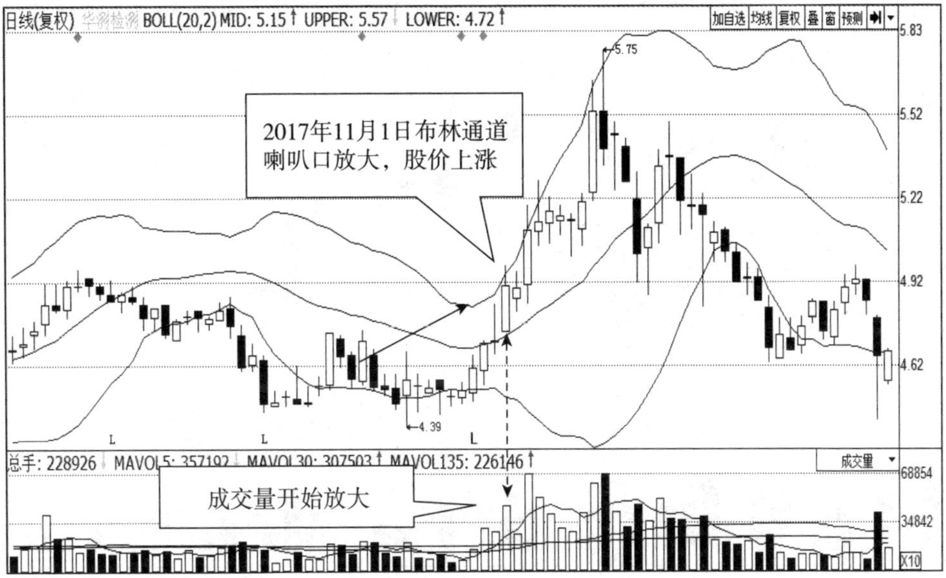

图 3-28　华测检测（300012）布林线指标走势图

如图 3-28 所示，华测检测的股价在 2017 年 10 月出现了由下跌转为上涨的反转走势。该股的布林通道逐渐由放大转为收缩后，又由收缩变为放大。

2017 年 11 月 1 日，该股股价自中轨线位置启动上涨，成交量同步放大，同时，中轨线也开始拐头向上运行，这说明股价有上涨的可能。此时，布林通道喇叭口开始放大，股价波动幅度开始加大。鉴于股价已经启动上涨，可以预判未来股价上涨的概率非常高，投资者可考虑追涨买入股票。

2. 喇叭口放大与股价下跌

股价经过一段时间的调整或下跌后，布林通道会出现逐步收缩的状态。当布林通道的喇叭口开始放大时，股价同步下跌，则意味着股价可能会进入下降趋势。不过，投资者还需要注意这样几点。

第一，布林通道喇叭口放大时，若股价同步向下穿越布林线中轨，则未来下跌的概率更大。

第二，布林通道喇叭口放大时，若布林线中轨出现向右下方倾斜的态势，也可增强股价下跌的概率。如图 3-29 所示。

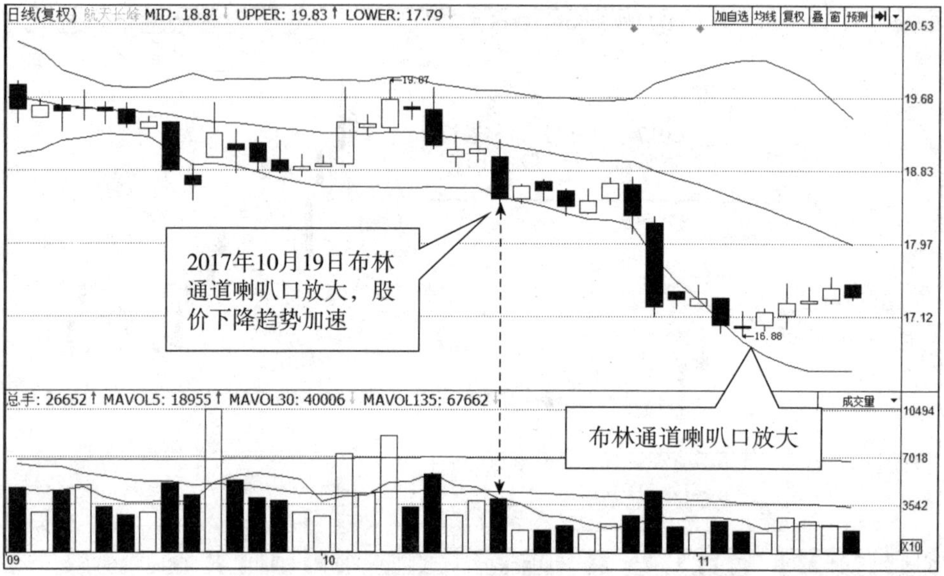

图 3-29 航天长峰（600855）布林线指标走势图

如图 3-29 所示，航天长峰的股价在 2017 年 10 月出现了由盘整转为下跌的趋势，该股的布林通道逐渐由收缩转为放大。

2017 年 10 月中旬，该股股价从上轨位置一路下跌，并直接跌破了中轨。10 月 19 日，该股股价跌至下轨位置，与此同时，布林线喇叭口逐渐放大，这说明股价的下降趋势将要加速，同时，中轨也开始拐头向下运行，投资者最好清仓观望。

五、趋势衰竭：布林通道喇叭口收缩

当布林线逐渐收缩，即布林线指标的上轨向下移动、下轨向上移动，呈现缩口喇叭形态，表示股价的波动幅度正在缩小，原有的趋势将会逐渐衰竭。如果这种缩口现象出现在股价大幅上涨之后的高位，则属于典型的上升趋势衰竭信号，股价有结束上升趋势的可能。如果这种缩口现象出现在股价大幅下跌之后的低位，股价的下降趋势也将出现衰竭，可等待行情转势时适量买入，如图 3-30 所示。

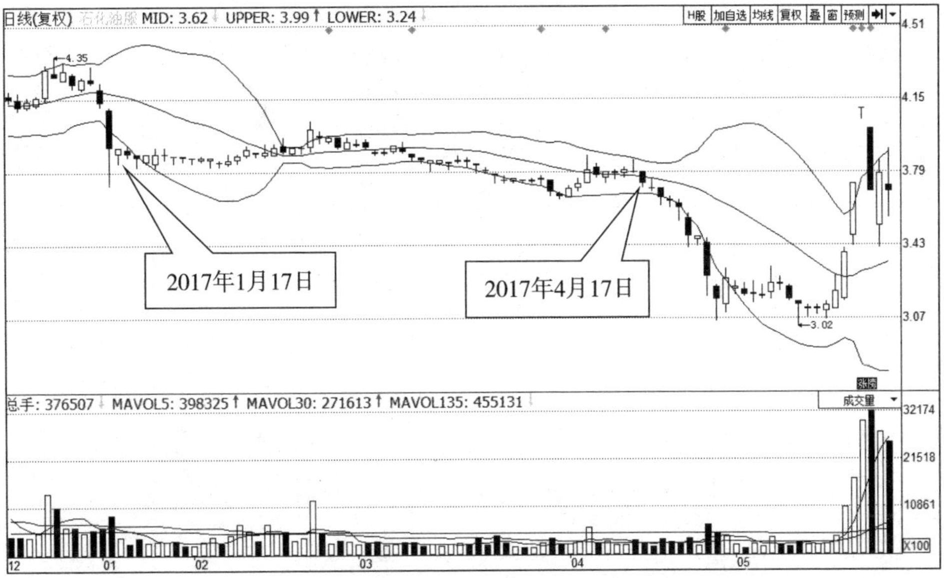

图 3-30　石化油服（601166）布林线指标走势图

如图 3-30 所示，石化油服的股价在 2017 年 1 月中旬启动一波下跌行情。在下跌过程中，布林线的喇叭口越开越大，这说明股价波动幅度逐渐拉大。鉴于股价处于下跌途中，投资者可判断股价下降趋势将会加速。

2017 年 1 月 17 日，该股股价触底反弹，投资者可继续观察该股其后的走势。与此同时，布林线喇叭口越来越小，这说明股价波动幅度开始萎缩，未来股价有结束下降趋势的可能。

此后，该股一直横盘调整，股价波动范围极为有限，投资者可保持观望，静待股价选择突破方向后再入场。

2017 年 4 月 17 日，该股股价开始启动下跌，且股价 K 线跌破中轨线。此后，布林线喇叭口重新开始放大，这说明股价将启动下跌行情，持有该股的投资者宜立即清仓。

布林线喇叭口收缩，说明股价波动幅度减少，进入了盘整阶段。不过，股价在盘整过程中并不一定会以横盘形式出现，也许会出现向右上方倾斜式的横盘调整，即股价单边小幅上涨，或者出现向右下方倾斜式横盘，即股价单边小幅下跌。

第四章

画线技术与趋势识别

在股票交易实战中，画线技术拥有特殊的地位。通过使用画线技法，投资者可以相对准确地捕捉股价运行趋势以及股价的支撑位、阻力位等。

第一节　趋势线基本画法

趋势线是以道氏理论为基础演化而来的，是由交易者根据当前股价运行状态画出的一条能够对未来股价运行趋势作出预判的直线。毫无疑问，在所有画线技术中，趋势线是最重要的。

趋势线通过股价的上涨、下跌、回调、反弹等运动的力道反映了其基本的运行方向。不过，趋势线的作用大小，与投资者所画的趋势线质量密切相关。也就是说，趋势线画得越精确，通过观察股价与趋势线关系获得的判断就越准确。

在趋势线中，上升趋势线和下降趋势线又是其中最为关键的两条。

一、上升趋势线画法及交易意义

上升趋势线是指在股价上涨趋势中，连接明显的支撑区域（最低点）的直线。从本质上来看，上升趋势线就是一条描述股价上升趋势的走势线。大部分时间内，上升趋势线位于股价 K 线的下方，对处于上升趋势中的股价具有较强的支撑作用。

1. 上升趋势线的基本画法

画上升趋势线时，需要掌握以下几个要领。

第一，上升趋势线是以两个回调低点为关键点位所画的直线，因而，投资者所选的第二个低点必须高于第一个。通常情况下，这两个下跌低点应该是股价两次回调后重新上涨的转折点。

第二，两个下跌低点之间必须有一定的距离，不能是两个紧紧相邻的低点。

第三，通过两个上升的低点连线所画的上升趋势线，必须以阳线的开盘价或阴线的收盘价为基点且经过第三个低点方可确认。

第四，画上升趋势线时，必须以K线实体为出发点，即以收盘价为基点。

下面以青岛啤酒为例进行说明，如图4-1所示。

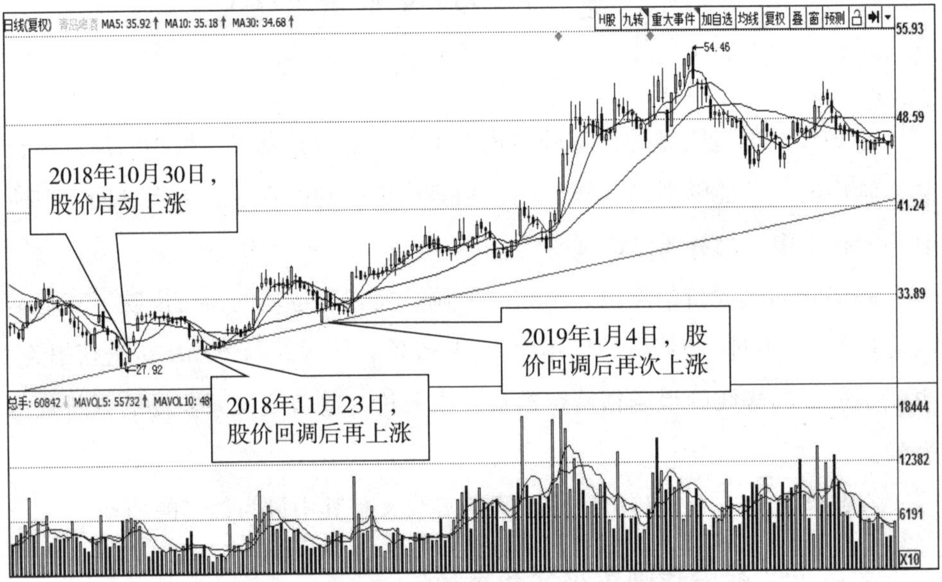

图4-1 青岛啤酒（600600）日K线走势图

如图4-1所示，青岛啤酒的股价自2018年下半年出现震荡下跌走势，说明股价已经进入下降趋势。该股在2018年10月30日触底反弹启动上涨，11月23日又创下了一段时间内的回调低点。同时，11月23日形成的低点要高于10月30日形成的低点，这说明该股处于上升趋势中。此时，投资者可以用11月23日的低点与10月30日形成的低点画出一条上升趋势线。2019年1月4日，股价回调几日后到达趋势线位置，因受趋势线支撑而重新上涨，说明此趋势线具有一定的支撑作用。

2. 画上升趋势线的注意要点

画上升趋势线时，还需要注意以下几个要点。

第一，上升趋势线画好后，可能会穿越一根或多根 K 线实体，但只要该 K 线实体没有完整地位于趋势线以下，就可以认定该趋势线是有效的。事实上，股价在回调过程中形成的短期底部，往往相邻的几根K线价格趋近，这时选择其中的最低价与其他低点相连时，不可避免地会穿越某根 K 线实体。图 4-1 中，选择了 11 月 23 日的 K 线收盘价（该价格为临近的几根 K 线实体的最低价）为基点，而趋势线事实上已经穿越了后两个交易日的 K 线实体。

第二，绘制上升趋势线时，还要考虑股价的除权、除息等问题。如果一只股票近期（即绘制趋势线所跨越的周期）出现除权或除息时，投资者在绘制股价上升趋势线前，应该将其复权，然后再绘制上升趋势线。

第三，为了保险起见，针对一波上涨行情，投资者可画多条上升趋势线，之后随着股价的变动而修正、取舍，直至确认趋势线对股价确有支撑作用为止。

第四，绘制技术指标的上升趋势线时，可以直接以技术指标线两次回调后上涨的转折点为关键点位。同时，第二个转折点必须高于第一个，否则不能称其为上升趋势线。

3. 上升趋势线的交易指导意义

一条上升趋势线可以告诉投资者以下几项内容。

第一，股价处于上涨趋势中，投资者可以选择一直持股操作，也可以选择波段操作，即股价出现回调时卖出，股价回调至上升趋势线位置后反弹向上时买入。

第二，股价沿趋势线上升的末端往往会有一段加速上涨行情，即股价回调低点要远远高于上升趋势线预设的价位，此时投资者可持股待涨，避免操作。

第三，股价沿趋势线上升时，如果波动范围不大，投资者应耐心持股，避免频繁交易。

第四，股价沿趋势线上升时，如果有效跌破趋势线，必须及时卖出。

二、下降趋势线画法及交易意义

下降趋势线是指在股价下跌趋势中，连接明显的阻力区域（最高点）的直线。从本质上来看，下降趋势线就是一条描述股价下降趋势的走势线。大部分时间内，下降趋势线位于股价 K 线的上方，对处于下降趋势中的股价具有较强的阻力作用。

1. 下降趋势线的基本画法

画下降趋势线时，需要掌握以下几个要领。

第一，下降趋势线是以两个反弹高点为关键点位所画的直线，因而，投资者选择的第二个高点必须低于第一个。通常情况下，这两个反弹高点应该是股价两次反弹后重新下跌的转折点。

第二，两个反弹高点之间必须有一定的距离，不能是两个紧紧相邻的高点。

第三，通过两个下跌高点连线所画的下降趋势线，必须经过第三个低点方可确认。

第四，画下降趋势线时，必须以 K 线实体为出发点，即以阳线的收盘价或阴线的开盘价为基点。

下面以西部建设为例进行说明。如图 4-2 所示，西部建设在 2017 年 7 月 25 日收出阶段最高价后出现了下跌走势，这说明该股股价很可能会开启一波下降趋势。

2017 年 12 月 14 日，该股经历了几个交易日的反弹后形成一个高点，其后，该股股价再度收出一根中阴线，之后股价重新进入下降趋势。此时，投资者可以用这一高点与前一个股价启动前形成的高点画出一条下降趋势线。股价盘整几日后，2018 年 1 月 10 日到达趋势线位置，因受趋势线阻力而重新下跌，说明此趋势线具有一定的阻力作用。

此后，该股一路沿着趋势线下跌，股价回调到趋势线附近时，都因受趋势线的阻力而重新下跌。

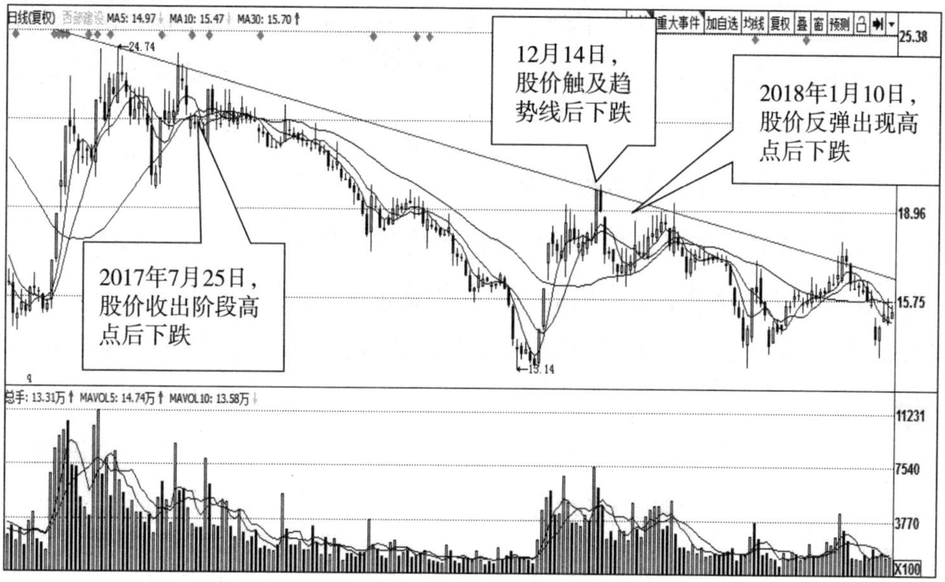

图 4-2 西部建设（002302）日 K 线走势图

2. 画下降趋势线的注意要点

画下降趋势线时，还需要注意以下几个要点。

第一，与上升趋势线相似，下降趋势线画好后，可能会穿越一根或多根 K 线实体，但只要该 K 线实体没有完整地位于趋势线以上，就可以认定该趋势线是有效的。事实上，股价在反弹过程中形成的短期顶部，往往相邻的几根 K 线价格趋近，这时选择其中的最高价与其他高点相连时，不可避免地会穿越某根 K 线实体。图 4-2 中，选择了 12 月 14 日的 K 线收盘价（该价格为临近几根 K 线实体的最高价）为基点，而趋势线事实上已经穿越了后一个交易日的 K 线实体。

第二，绘制下降趋势线时，还要考虑股价的除权、除息等问题。如果一只股票近期（即绘制趋势线所跨越的周期）出现除权或除息时，投资者在绘制股价下降趋势线前，应该将其复权，然后再绘制下降趋势线。

第三，为了保险起见，针对一波下降行情，投资者可以画出多条下降趋势线，而后随着股价的变动不断修正、取舍，直至确认趋势线对股价确有阻力作用为止。

第四，绘制技术指标的下降趋势线时，可以直接以技术指标线两次反弹后下跌的转折点为关键点位。同时，第二个转折点必须低于第一个，否则不能称之为下降趋势线。

3. 下降趋势线的交易指导意义

一条下降趋势线可以告诉投资者以下几项内容。

第一，股价处于下降趋势中，投资者最好空仓观望。如果股价波动范围较大，投资者可考虑轻仓超短线交易，并设置好止损位，持仓时间不可过久，以免被套。

第二，股价沿趋势线下降的末端往往会有一段加速下跌行情，即股价反弹高点要远远低于下降趋势线预设的价位，此时投资者可保持观望，股价即将到底。

第三，股价沿趋势线下跌时，如果没有特别强大的外力作用，股价下跌将会非常容易，而且还会有加速的迹象。投资者必须学会耐心等待，不能见到股价偏离趋势线距离较大，便盲目进场交易，博取短期收益，因为这可能仅仅是股价加速下跌的信号。

第四，股价沿趋势线下跌时，如果放量突破趋势线压制，则可以认定股价有改变运行趋势的可能。投资者宜密切关注股价动向，在合适的时机买入股票。

第二节　通道线画法

通道线，又称平行线或平行通道线，是在达韦斯·尼古拉创立的股票箱理论基础上演变而来的。通道线是以趋势线为核心，由相互平行的阻力线和支撑线组成的一组直线。股价在运行过程中，下跌的低点总是在支撑线上，上涨的高点也总是在阻力线上，且支撑线和阻力线大致呈平行状态，这说明股价运行于一个特定的通道内。

一、上升通道线画法及交易意义

上升通道由处于上升趋势中的阻力线和支撑线组成，是一组以支撑线为核心的向右上方倾斜的平行线。股价在上涨过程中，遇到通道线上轨后下跌，跌至通道线下轨时反弹向上，如此反复。同时，整个股价运行于上升趋势中，投资者可积极交易。

上升通道线的绘制与上升趋势线的画法相似，主要包括以下两个步骤。

第一，选择上升趋势中的两个关键低点画一条直线，这条直线是上升通道线的下轨，也就是股价的上升趋势线。

第二，以股价上升的关键高点为基点，画一条与上升趋势线平行的直线，这条直线就是上升通道线的上轨。

这组平行线，就构成了一个上升通道，如图 4-3 所示。

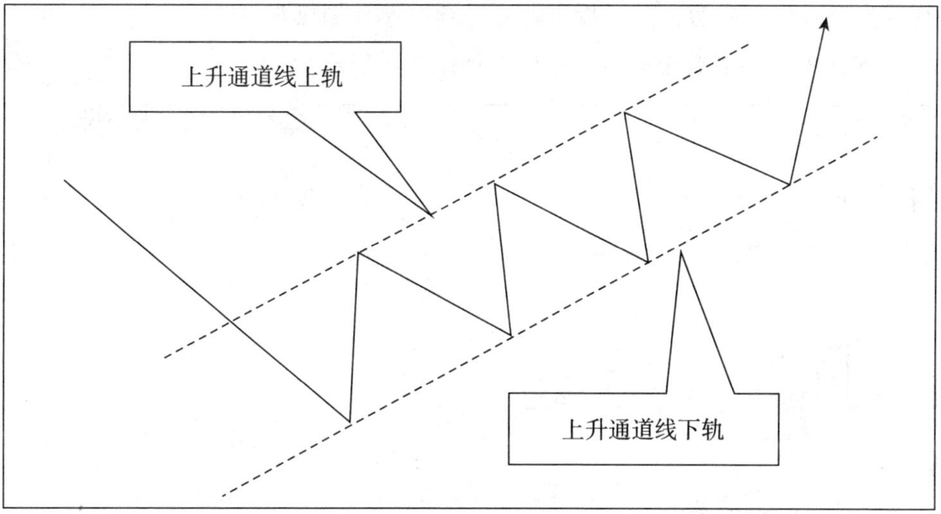

图 4–3　上升通道线

1. 绘制上升通道线时应注意的问题

第一，上升通道线的下轨必须严格按照上升趋势线的画法绘制。

第二，上升通道线的上轨需要选择已经出现的比较具有代表性的高点，且选择此高点所画的与下轨平行的直线能够恰好通过已经形成的其他高点。

第三，新绘制的上升通道线上轨与下轨，理论上应该是平行的，但在实际应用中，允许出现一定的误差。

2. 上升通道线的交易指导意义

投资者利用上升通道线进行股票投资交易时，应注意观察以下几点。

第一，股价K线是否能够与通道线契合。也就是说，只有股价上涨时遇到通道线上轨后出现回落，股价下跌时遇到下轨线支撑而上涨，才能认定该通道线具有显著的支撑与阻力作用。

第二，向上突破通道线。股价向上突破通道线，说明股价有加速上涨的可能，投资者可以考虑加仓。

第三，向下突破通道线。如果股价向下跌破通道线，说明股价有偏离上升通道的可能，但并不意味着股价一定会下跌。

第四，防范假突破。股价突破通道线后，如果迅速返回通道线区域内，则视为突破失败或假突破，投资者可继续按原计划操盘。

下面来看一下海康威视的案例，如图4-4所示。

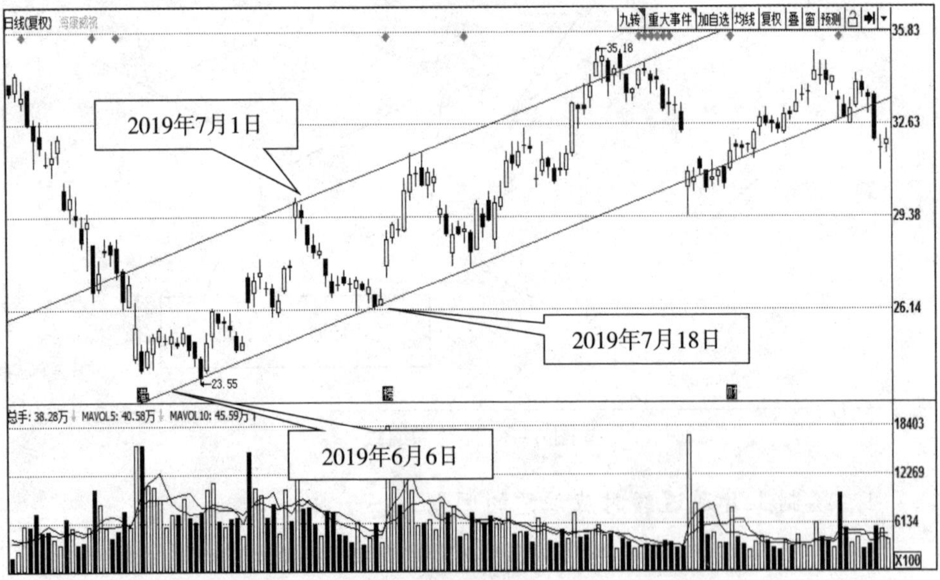

图4-4 海康威视（002415）日K线走势图

如图4-4所示，海康威视的股价自2019年6月6日启动一波上涨行情。

随后，该股股价一直处于震荡上涨状态，股价上涨的高点一个比一个高，股价下跌的低点一个比一个高。按照上升通道线的画法，可以将该股回落的低点（2019 年 6 月 6 日和 7 月 18 日）连接成一条上升趋势线，完成上升通道的下轨绘制。接着，按照平行线的画法，绘制上升通道的上轨线。投资者可将 2019 年 7 月 1 日形成的高点作为基点绘制上升通道的上轨（以该点为基点画平行线，能够通过尽可能多的高点）。

至此，上升通道线全部绘制完成，投资者可利用此通道准确地把握股价运行趋势，并找准股价的买卖点。

二、下降通道线画法及交易意义

下降通道由处于下降趋势中的阻力线和支撑线组成，是一组以阻力线为核心的向右下方倾斜的平行线。股价在下跌过程中，跌至通道线下轨时反弹向上，遇到通道线上轨后再度下跌，如此反复。同时，整个股价运行于下降趋势中，投资者宜避免交易，保持观望。

下降通道线的绘制与下降趋势线的画法相似，主要包括以下两个步骤。

第一，选择下降趋势中的两个关键反弹高点画一条直线，这条直线是下降通道线的上轨，也就是股价的下降趋势线。

第二，以股价下跌的关键低点为基点，画一条与下降趋势线平行的直线，这条直线就是下降通道线的下轨。

这组平行线，就构成了一个下降通道，如图 4-5 所示。

1. 绘制下降通道线时应注意的问题

第一，下降通道线的上轨必须严格按照下降趋势线的画法绘制。

第二，画下降通道线的下轨，需要选择已经出现的比较具有代表性的低点，且选择此低点所画的与上轨平行的直线能够恰好通过已经形成的其他低点。

第三，新绘制的下降通道线上轨与下轨理论上应该是平行的，但在实际应用中，允许出现一定的误差。

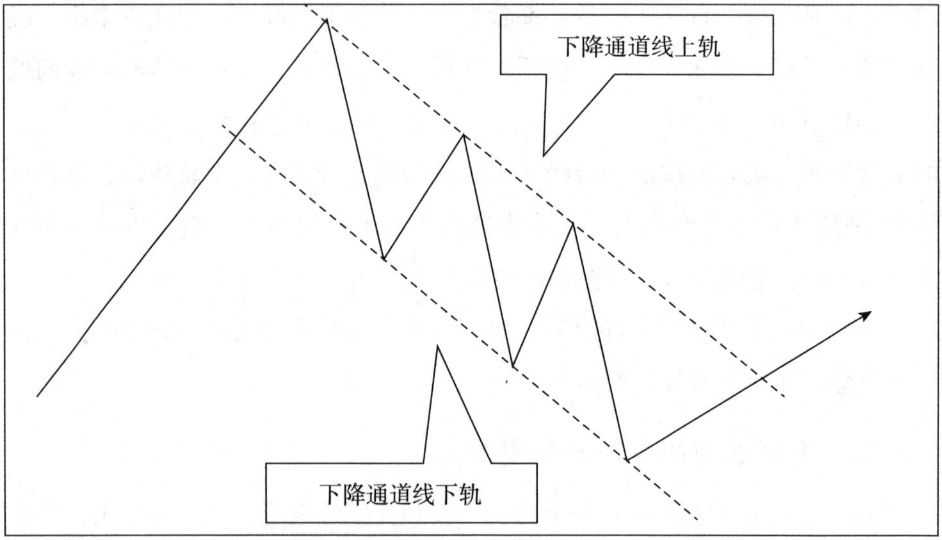

图 4–5　下降通道线

2. 下降通道线的交易指导意义

投资者利用下降通道线进行股票投资交易时，应注意观察以下几点。

第一，理论上，当股价处于下降趋势时，应避免买入股票。即使逆势交易可能存在一定的利润也应如此，毕竟这种操作的风险和收益是不成比例的。

第二，向上突破通道线。股价向上突破通道线，说明股价有结束下降趋势的可能，投资者宜保持关注。

第三，向下突破下降通道线。如果股价向下跌破下降通道线，说明股价有加速下跌的可能。

第四，防范假突破。股价突破下跌通道线后，如果迅速返回通道线区域内，则视为突破失败或假突破，投资者可继续保持观望。

下面来看一下三七互娱的案例。

如图 4-6 所示，三七互娱的股价在 2017 年 6 月 13 日收于阶段高点。随后，该股股价一直处于震荡下行状态，股价下跌的低点一个比一个低，股价下跌时反弹的高点也一个比一个低。按照下降通道线的画法，可以将该股下跌时反弹的高点（2017 年 6 月 13 日和 10 月 20 日）连接成一条下降趋势线。接着，按照平行线的画法绘制下降通道线的下轨。以 2017 年 8 月 24 日的低点为基点绘制下降通道的下轨。这样，一条下降通道线的绘制大功告成。投资者可利用此通道，准确地把握股价运行的趋势。

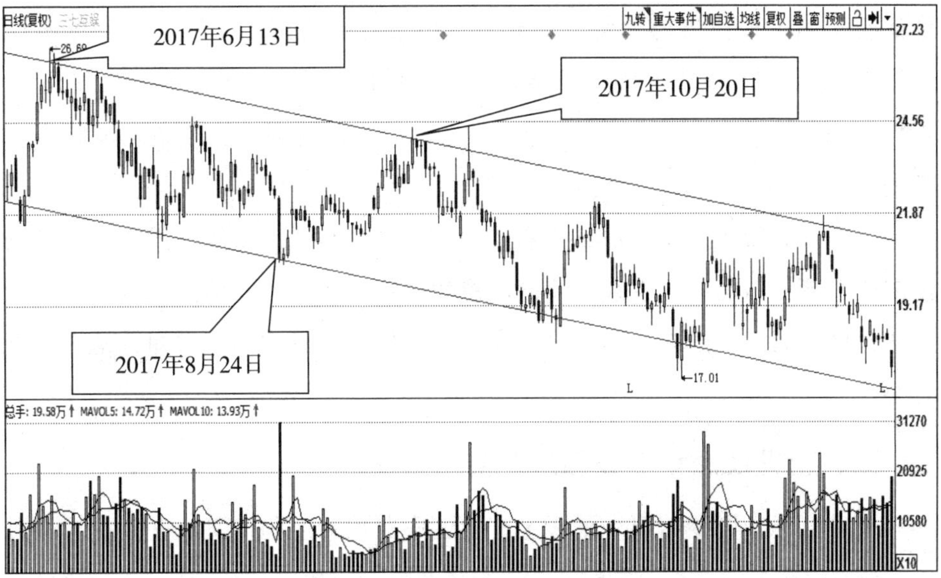

图 4-6 三七互娱（002555）日 K 线走势图

第三节 江恩角度线

江恩认为，股票和期货市场里也存在着宇宙中的自然规则，市场价格的运行趋势不是杂乱的，而是可以通过数学的方法预测的，它的实质就是在看似无序的市场中建立严格的交易秩序。

江恩角度线又称作甘氏线，是江恩理论的重要组成部分，是最能直观反映股价与时间、空间关系的工具之一。投资者利用江恩角度线提供的趋势线，能够作出明确的趋势判断，同时，投资者还可以预判股价运行过程中可能会在哪些价位受到支撑或阻力。

一、江恩角度线的基本构造

江恩角度线是通过时间单位和价格单位定义价格运动的，它以股价的重要高低点作为起点和终点，然后按照不同角度绘制出 8 根角度线，当股价运行至角度线位置时，将会遇到重大的支撑或者阻力。江恩线的基本比例为 1 ∶ 1，即每单位时间内价格运行一个单位。另外，还有 2 ∶ 1、3 ∶ 1、4 ∶ 1、8 ∶ 1、1 ∶ 2、1 ∶ 3、1 ∶ 4、1 ∶ 8 等比例。这 8 条角度线中，最重要的是 2 ∶ 1 和 3 ∶ 1 这两条线。

上升江恩线是从市场底部向右上方向延伸的直线，下降江恩线是从市场顶部向右下方向延伸的直线。绘制江恩角度线要尽可能简洁。正确的开始点应从价格方面入手选取，而相对的高低点价格产生时的那个时间也是十分重要的。

二、上升江恩角度线画法及交易意义

上升江恩角度线给出了处于上涨行情中股票的一些重要的支撑位与阻力位，当股价运行到这些位置时，江恩角度线就会对股价运行产生一定的影响。

当股价自底部向上震荡上涨时，投资者可以选择炒股软件“画线工具”中的“江恩角度线”，先用鼠标确定一个低点，然后沿着股价运动方向向右上方拖动鼠标，系统就会自动画出江恩角度线。

如图 4-7 所示，浪潮信息的股价自 2019 年 8 月 15 日启动了一波震荡上涨行情。为了准确判断股价上涨过程中可能遇到的支撑与阻力，投资者可以绘制一组江恩角度线。在绘制江恩角度线时需要注意两点：第一，起始点位的选择，从图中股价走势可以看出，该股股价是从 8 月 15 日开始上涨的，因而可以选择 8 月 15 日开盘价作为起始点位；第二，江恩角度线包含了数条比率线，其中又以 1:1 线最为重要，投资者选定起始点后，向右上方拖动时，留在 K 线图上的就是此线。投资者在拖动鼠标绘制此线时，要尽量使其经过已经形成的重要支撑位或阻力位，图 4-7 中的 1:1 线就经过了两个短期高点位，即阻力位。

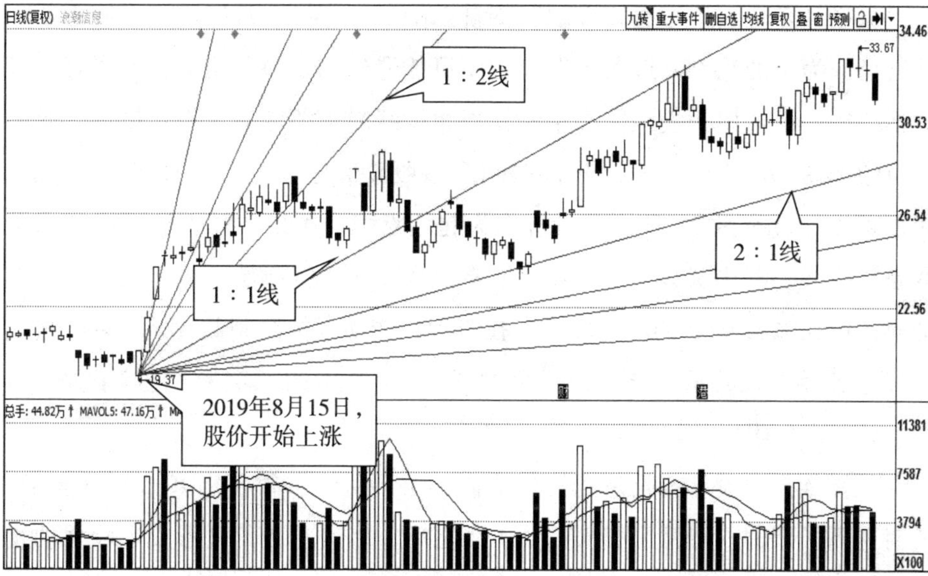

图 4-7 浪潮信息（000977）日 K 线走势图

从图 4-7 中股价与江恩角度线之间的关系可见，股价 K 线回调至 2:1 线时遇到了支撑，其后股价开始震荡上升，1:1 线和 2:1 线之间的区域就成为股价 K 线震荡上升的波动区间，投资者可在此期间内择机操作。

投资者在画上升江恩角度线时，下面两种情况需要注意。

第一，画上升江恩角度线时，应该注意波段低点的选择。如果选择的最低点被新的低点代替，投资者就需要重新画江恩角度线了。

第二，画上升江恩角度线时，股价的低点或高点触及江恩角度线的次数越多，那么，江恩角度线未来对股价走势的影响也就越大。

三、下降江恩角度线画法及交易意义

下降江恩角度线给出了处于下跌行情中股票的一些重要的支撑位与阻力位，当股价运行到这些位置时，江恩角度线就会对股价运行产生一定的影响。

当股价自顶部震荡下跌时，投资者可以选择炒股软件“画线工具”中的“江恩角度线”，先用鼠标确定一个高点，然后沿着股价运动方向向右下方拖动鼠标，系统就会自动画出下降江恩角度线。

如图 4-8 所示，海通证券的股价自 2019 年 9 月 17 日启动了一波震荡下跌行情。为了准确判断股价下跌过程中可能遇到的支撑与阻力，投资者可以选择绘制一组江恩角度线。在绘制江恩角度线时需要注意两点：第一，起始点位的选择，从图中股价走势可以看出，该股股价是从 9 月 17 日开始下跌的，因而可以选择 9 月 17 日的开盘价作为起始点位；第二，江恩角度线包含了数条比率线，其中又以 1:1 线最为重要，投资者选定起始点后，向右下方拖动时，留在 K 线图上的就是此线。投资者在拖动鼠标绘制此线时，要尽量使其经过已经形成的重要支撑位或阻力位，图 4-8 中的 1:1 线就经过了数个短期反弹高点即阻力位。

从图 4-8 中股价与江恩角度线之间的关系可见，很多次 K 线反弹至 1:1 线时遇到了阻力。该股股价突破 1:1 线之后，该线对股价又形成了较强的支撑作用。

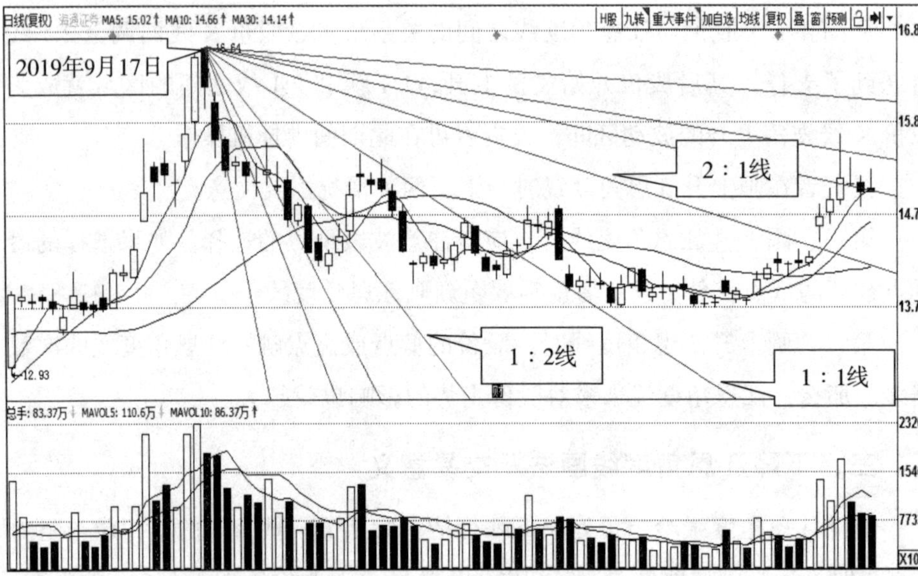

图 4–8　海通证券（600837）日 K 线走势图

投资者在画下降江恩角度线时，下面两种情况需要注意。

第一，画下降江恩角度线时，应该注意波段高点的选择。如果选择的最高点被新的高点代替，投资者就需要重新画江恩角度线了。

第二，画下降江恩角度线时，股价的低点或高点触及江恩角度线的次数越多，那么江恩角度线对未来股价走势的影响也就越大。

第五章

趋势的基本结构

与其他运动相同，股价运动趋势也包括了趋势的启动、调整、终结等部分。在股价调整时，不可避免地会遇到支撑或阻力，同时，有些趋势波动的幅度非常大，会创下一些极致点位，如天价、地价等。

第一节　趋势的终结与新趋势启动

一波趋势的开始与上一波反向趋势的终结相连。由于两者紧密相连，致使投资者很难区分。不过，投资者还是可以通过 K 线、成交量等指标发现新趋势形成的蛛丝马迹。

通常情况下，原有趋势持续下去总会比新趋势启动更为容易，这就如同大家都喜欢在自己熟悉的环境中工作和生活，本能地对新的环境有所抗拒一样。在市场上，某一趋势持续运行一段时间后，继续延续当前的趋势总是容易的，而变换股价运行趋势总是需要一些外力的作用。

一、上升趋势启动与下降趋势的终结

市场是由主力资金主导的，但这些主力资金也并不是可以毫无顾忌地拉升或打压，也需要结合当时的市场环境借势而动。

在下降趋势中，很多被套牢的投资者寄希望于股价可能出现反弹，因而不愿意卖出手中的筹码，特别是当股价持续走低后，这些投资者的卖出意愿越来越低。与此同时，场外的持币投资者看到股价下降趋势已经明显，也不愿意入场买入股票，这就造成了股票的成交量越来越清淡。

市场信心的恢复通常需要很长的时间，因而，股价 K 线在下降趋势的尾声总要震荡运行很长时间。一方面，主力资金希望尽可能多地获得廉价筹码，另一方面，很多散户被套牢后，不愿意卖出股票，但若在底部持续横盘一段时间，散户的耐心就会被消磨殆尽。当最后一批散户愿意将手中的筹码交出去的时候，也是主力即将开始运作新一波趋势的时刻。当然，有时候，在下降趋势末尾，主力为了让散户快速放弃手中的筹码，会刻意制造股价向下突破的假象，即股价短期内快速下跌，很多散户会出于恐惧而纷纷卖出手中的筹码。正因如此，在新的趋势开始前，由于K线在底部横向震荡时间比较长，就会呈现出典型的底部形态，如V形底、W形底、头肩底、三重底等。

由于长时间的筑底，很多投资者已经将当前的股价看成是一个较为正常的价位。其后，当主力引导股价展开上升趋势时，很多散户将股价上升看成是一个较佳的卖出机会，纷纷卖出手中的股票，就造成了成交量较为明显的放大。其实，这也是检验股价拉升成色的一个重要指标。当股价大幅拉升时，成交量快速放大，若主力仍能继续拉升，则说明其已做好了拉升股价的准备，未来股价很有可能会进入上升趋势；反之，若主力准备不充分或无意继续拉升，可能股价只是象征性地向上突起，而后伴随着成交量的放大而逐渐回落。

下面来看一下东吴证券的日K线走势情况，如图5-1所示。

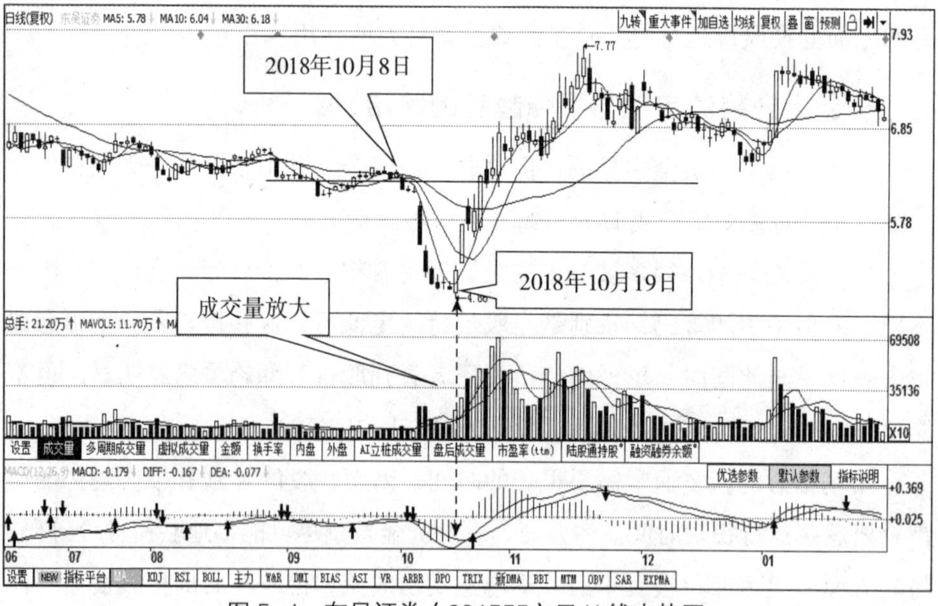

图5–1　东吴证券（601555）日K线走势图

图 5-1 为东吴证券在 2018 年年底前后的股价日 K 线走势图。从图中可以看出，该股在前一波下降趋势结束之后，直接启动了反向上攻走势，并进入了上升趋势。

观察该股上升趋势的启动，可以发现这样几个特征。

第一，启动前，即该股由下跌转为上攻的过程中，从 K 线形态上来看，该股的日 K 线可能会走出经典底部形态，东吴证券走出的就是 V 形底形态。当然，上升趋势还需要其他技术指标的印证。V 形底形态是底部形态中最经典，也是最直接的一种方式，表明主力资金不愿意在底部停留太长时间，因而直接采取快速向下打压的方式，逼散户交出手中的筹码。

第二，上升趋势启动后，股价 K 线会向上穿越各条均线，且各条均线会逐渐呈现多头发散排列，这也是所有股票即将启动上升时的一个共同特征。

第三，上升趋势启动后，随着股价的上升，成交量会呈现剧烈的放大现象。由于之前没有底部盘整，被套牢的筹码并未割肉出货，因此，当股价启动上攻时，必然会有人因为损失减少而选择出货。相对而言，V 形底形态之后的股价上攻，成交量放大的程度会高于其他底部形态，主要还是因为股价在底部停留时间短，筹码并未进行充分的换手。

第四，上升趋势启动时，MACD 指标可能会出现黄金交叉形态，且这一金叉的位置应该出现在 0 轴下方，说明空方实力仍然很强，股价上升面临的阻力很大，入场投资者必须做好相应的准备。

通常情况下，上升趋势启动后会面临非常大的困难。由于前一波下降趋势行情结束之后未经过调整与整固，因而，股价未来上攻的幅度可能有限，之后还会面临深度调整。

二、下降趋势启动与上升趋势的终结

下降趋势往往是在上升趋势走向疯狂的尾声逐渐开始形成的。在之前的上升趋势中，很多投资者都被每天的赚钱效应所吸引，无论每日股价如何上升，总是认为还会有更高的股价在等着自己，因而对市场的回调或下跌信号也会选择性地忽视。

特别是在上升趋势的尾声，很多散户和资金匆匆进入股市，股价也被资金推动逐渐走向高位。这个时候，市场会有很多声音在高喊更高的目标点位，主力资金则趁机悄悄地撤退。不过，由于很多散户的盲目追涨，股价可能还会继续走高，但因为没有更大资金的进入，股价下跌只是迟早的事情。

同时，由于主力资金量较大，资金撤出并不会像散户那样容易，因而，主力在撤退过程中会刻意制造股价即将上升的假象，以引诱更多的散户入场接盘。当然，在这一阶段，股价的涨幅有限，同时资金放量并不明显，这也就是大家通常所说的“放量滞涨”。

若当时的市场环境尚可，主力当然不会介意在更高的位置减持手中的股票，他们用小量的资金继续拉升股价，然后再分批次减持，如此循环地降低自己的仓位。在K线图上就会形成一种股价一波比一波高，而成交量却持续走低的现象，这也就是常说的“量价背离”形态。

当然，有时候在上涨趋势末尾，主力为了让散户套牢在高位，会采取快速向下打压股价的方式，使刚买入股票的投资者立刻出现大幅亏损。很多投资者不愿意这么快认输，就会选择继续坚守仓位，这样就会被越套越深。在新的下降趋势开始前，由于股价在顶部横向震荡的时间较长，就会呈现出比较典型的顶部形态，如倒V形顶、M形顶、头肩顶、三重顶等。

下面来看一下伊利股份的案例。

图5-2为伊利股份在2019年年中前后的股价日K线走势图。从图中可以看出，该股在前一波上升趋势结束之后，又进入了一波下降趋势。

观察该股下降趋势的启动，可以发现这样几个特征。

第一，启动前，即该股由上升趋势转为下降趋势的过程中，从K线形态来看，该股的日K线可能会走出经典顶部形态，伊利股份走出的就是小M形顶形态。当然，判断趋势转为下跌还需要其他技术指标的印证。M形顶形态是顶部形态中最经典的一种形式，主力资金在顶部构筑小双顶，目的是为了能够获得更多的出货时间。

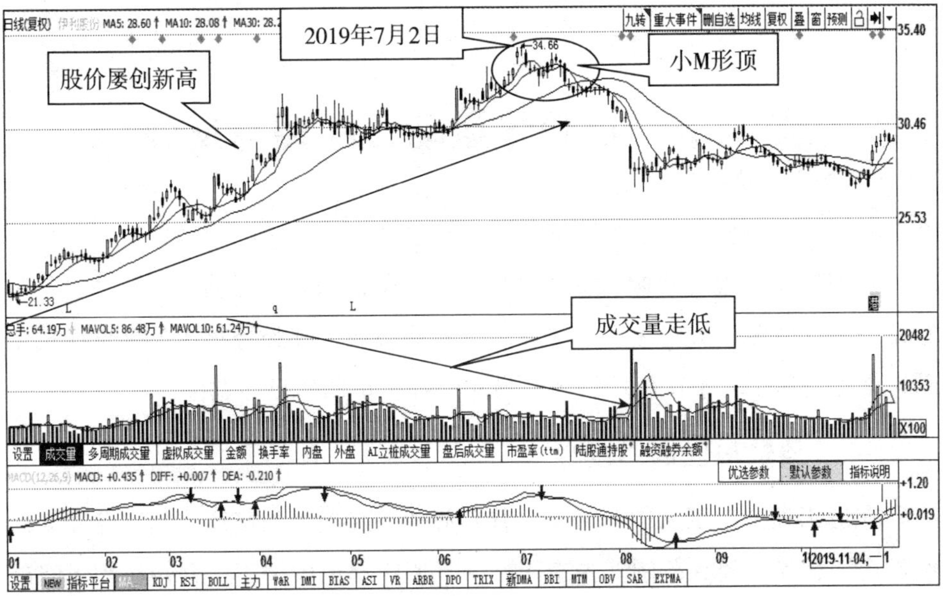

图 5-2 伊利股份（601555）日 K 线走势图

第二，下降趋势启动后，股价 K 线会向下穿越各条均线，且各条均线会逐渐呈现空头发散排列，这也是所有股票启动下跌时的一个共同特征。

第三，下降趋势启动后，在下降趋势初期，成交量会呈现一定的放大。主力出货的同时，为了将更多的投资者套牢于高位，会大量向外抛售筹码。通常情况下，股价上升趋势之后的回调动作和主力出货动作会让散户难以识别，很多散户就是将主力的出货看成了回调，才会选择在高位“站岗”。顶部出现放量形态，往往是一种比较可靠的下降趋势来临的信号。不过，并不是所有的下降趋势来临时，都会有放量相配合，而且股价下跌也不需要放量相配合。

第四，下降趋势启动时，MACD 指标可能会出现死亡交叉形态，且这一死叉的位置通常会在 0 轴上方较远的位置，这也是令投资者比较迷惑的地方，毕竟当时多方仍占据优势。若其后在 0 轴附近或 0 轴下方出现死叉，则下降趋势已经确信无疑。由此可以看出，在 MACD 指标高位死叉时减仓而不清仓，是一个较佳的选择。

第二节　反趋势运动：回调与反弹

从本质上来说，回调与反弹也是组成股票价格趋势运动的一部分，只是它是一种反主流趋势的运动。任何的上升趋势或下降趋势都不会是直线式运动，必然经历了若干次的回调与反弹才能到达预期的目标点位。

一、趋势与回调、反弹

在道氏理论的定义中，关于上升趋势和下降趋势的描述，其实已经为回调设定了交易区间和范围。先来回顾一下道氏理论中关于上升趋势和下降趋势的描述，如图 5-3、图 5-4 所示。

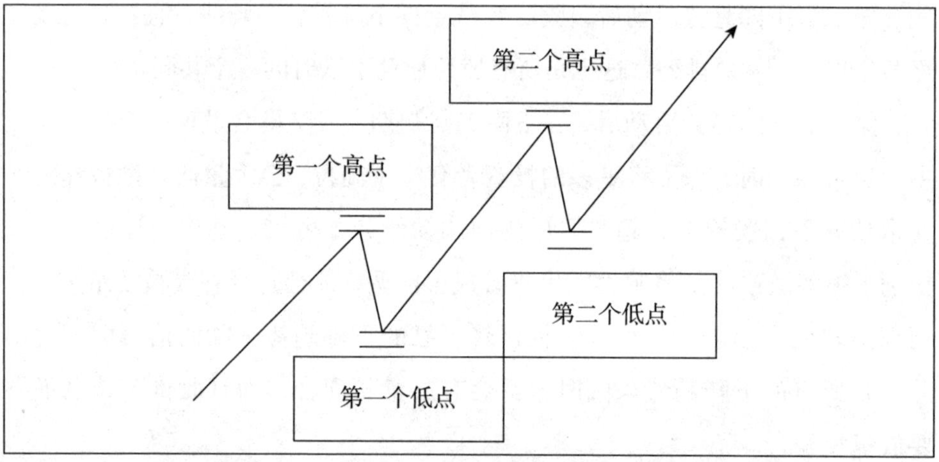

图 5–3　上升趋势简化模式

在道氏理论中，关于上升趋势是这样描述的：股价运行过程中，若其创下的高点一个比一个高，回调的低点也一个比一个高，就说明股价处于上升趋势中。下降趋势与其相反。

在上述定义中，将股价回调的幅度进行了明确的界定，即股价形成第二

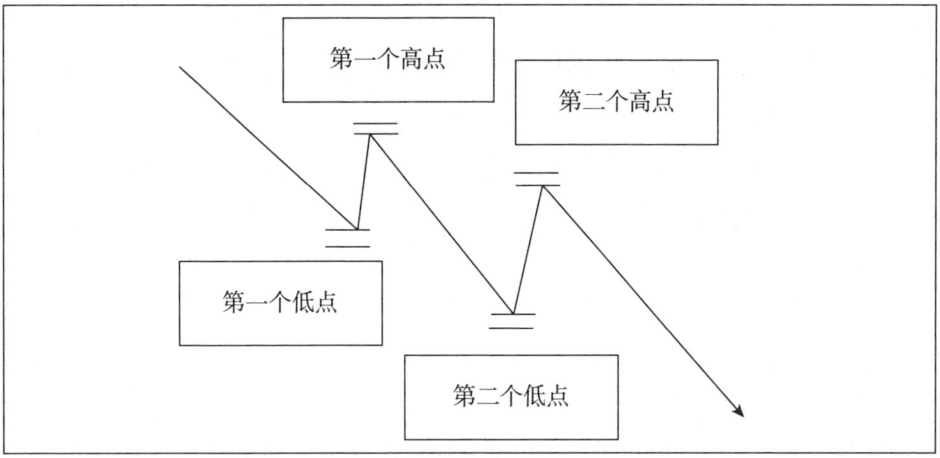

图 5-4　下降趋势简化模式

个高点后出现回调时，其回调的低点不能低于第一个高点回调后形成的低点，即第二个低点必须高于第一个低点，否则就可能是新的下降趋势产生，而非上升趋势中的回调了。反之，在下降趋势中，反弹形成的第二个高点肯定要低于第一个高点。

同样，若股价处于下降趋势中，反弹出现的第二个高点也要低于第一个，其下行形成的第二个低点也同样要低于第一个。

关于回调和反弹幅度的界定，可以很好地让投资者区分回调、反弹与趋势转换的关系，投资者可据此在股价运行过程中采取适当的交易行为。比如，投资者按照股价上升趋势执行买入股票计划后，若股价在回调或反弹范围内，投资者仍可继续持股。反之，若股价回调或反弹幅度超过前一低（高）点，则说明此次股价的下跌已经超过了回调或反弹的幅度，股价很有可能会进入下降（上升）趋势。

二、上升趋势中的回调

上升趋势中的回调，也是上升趋势不可或缺的组成部分。股价上升过程中，会产生大量的获利盘，这些获利盘会随着股价的走高而不断兑现，这就为主力继续拉升制造了困难。大家知道，主力需要将股价拉升至高位，然后再缓慢地完成出货（主力资金量太大，不可能一两个交易日就完成出货），在拉升股价过程中，若这些获利散户都出逃了，那么主力就无法完成预期的出货任务了。为了整个操盘计划的顺利实施，主力需要在股价拉升到一定的幅度后主动向下打压股价，将获利盘挤出，同时通过股价的回调吸引新的投资者入场。这些后入场的投资者往往会有更高的目标，这就会与主力的目标相统一。因此，当股价回调一定幅度，原有的获利盘出局，新的投资者上车以后，股价就会继续拉升。

有些股价的上升趋势至少包含一次或两次规模较大的回调，而有些股票的股价上升过程可能会包含次数很多的回调。有些股票价格的回调动作极为复杂，甚至会走出一些整理形态，如楔形、旗形、三角形等。

下面来看一下海尔智家的日K线走势情况，如图5-5所示。

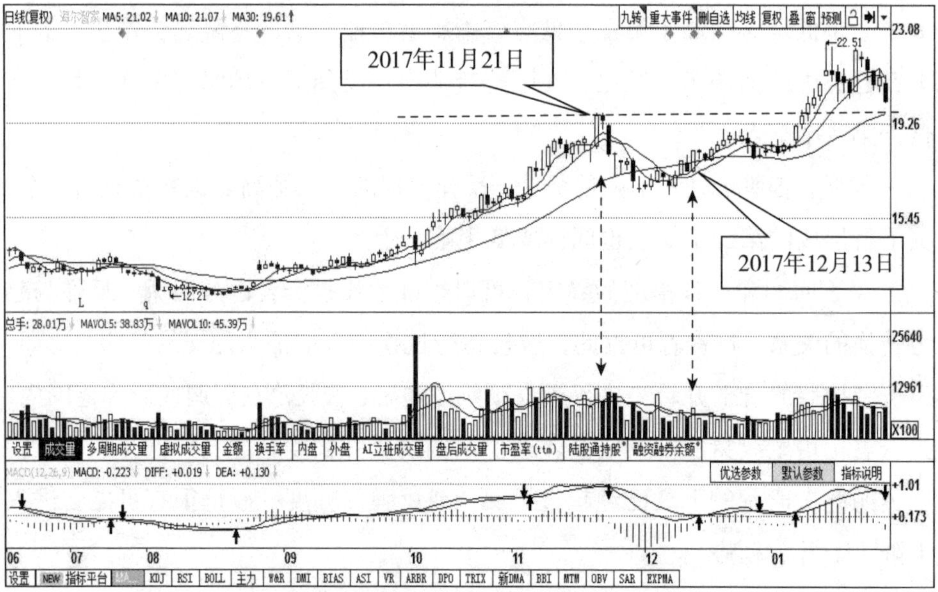

图5–5　海尔智家（600690）日K线走势图

图5-5为海尔智家2017年12月前后的股价日K线走势图。从图中可以看出，该股在前一波上升趋势运行至中间位置后，出现了一次回调动作。2017年11月21日，该股股价在创下短期高点后出现回调走势，并于2017年12月13日以放量上攻的方式反弹向上，至此，该股的回调动

作接近完成。

观察该股上升趋势过程中的回调动作，可以发现这样几个特征。

第一，出现回调前，该股已经经历了较长时间的上涨，积累了较多的获利盘。主力要想继续拉升股价，就要先挤出一定数量的获利盘。

第二，从量价形态来看，出现回调前，股价与成交量同步放大，且并未出现异常的放量现象。同时，回调启动后，成交量与股价同步走低，说明股价与成交量配合良好，未来股价有重新回到上升趋势的可能。

第三，从 MACD 指标来看，股价自高点回调后，MACD 指标出现了高位金叉，且交叉点位于 0 轴上方较远的位置，这说明市场上多方仍占据主导地位，投资者可采取适当的减仓操作而不应该清仓。

第四，正常情况下，股价回调后遇到强有力的支撑后，股价会震荡回升，并重新超越回调前的高点，至此，股价的回调才算顺利完成。投资者可在此时考虑加仓操作。

这里投资者需要注意一点，股价有效突破回调之前的高点前，都不能算作回调结束，未来股价都有可能会重新下行。当然，股价也有可能出现回升未突破前期高点后重新下跌的情况，这样就有可能会演化为楔形、三角形等整理形态。

三、上升趋势中回调失败

正常情况下，处于上升趋势中的股价经历了一波回调之后，股价会重新突破回调前的高点。股价回调之后，虽然出现了重新上升的过程，却没有突破前期高点，此后迅速进入下降趋势，则意味着本次回调失败。当然，很多双重顶形态、头肩顶形态等也可以看成股价回调失败的一种表现。

下面来看一下上海医药的日 K 线走势情况。

图 5-6 为上海医药 2019 年 4 月前后的股价日 K 线走势图。从图中可以看出，该股在一波上升趋势后，出现了一次下跌走势。2019 年 3 月 22 日，该股股价在创下短期高点后出现下跌走势，回调遇支撑后重新上升，并在

2019 年 4 月 11 日创下反弹高点后重新下跌。4 月 11 日形成的高点要低于 3 月 22 日形成的高点，这说明本次调整存在失败的风险，甚至可能会转为下降趋势。其后，该股连续跌破多个支撑位并进入下降趋势当中。

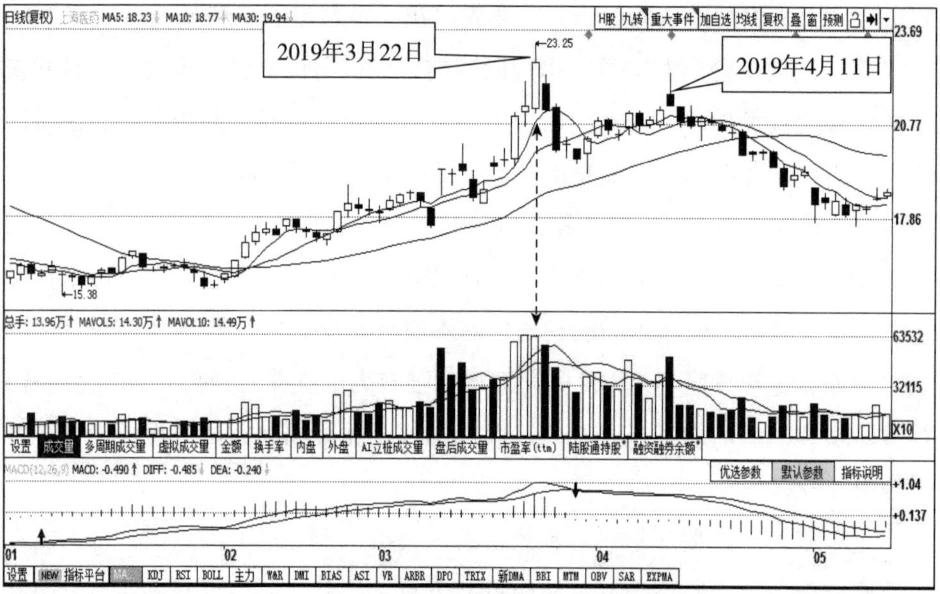

图 5-6 上海医药（601607）日 K 线走势图

观察该股上升趋势过程中的回调失败走势，可以发现这样几个特征。

第一，出现回调前，该股已经经历了较长时间的上涨，积累了较多的获利盘，主力想要继续拉升股价，就要先挤出一定数量的获利盘。

第二，从量价形态来看，出现回调前，股价与成交量同步放大，但并未出现异常的放量行为。同时，回调启动后，成交量与股价同步走低，说明股价与成交量配合良好，未来股价有重新回到上升趋势的可能。从这一点上可以识别后面的走势到底是回调失败还是本身就已经进入了下降趋势。若股价在高点位置出现了异常放量，那么后面的走势属于下降趋势的概率更高。

第三，从 MACD 指标来看，股价自高点回调后，MACD 指标出现了高位死叉，且交叉点位于 0 轴上方较远的位置，这说明市场上多方仍占据主导地位，投资者可采取适当的减仓操作而不应该清仓。其实，在股价创出阶段新高后出现下跌时，投资者无法从 MACD 指标上识别到底是进入下降趋势还是只是短暂的调整。但是，其后若股价遇支撑重新上涨，MACD 指标拐头向上，确实也能反映多空力量的强弱对比。若 MACD 指标强势拐头向上，甚至形成高位金叉或超越 MACD 指标前期高点，则未来股价继续走高的概率很大。反之，随着股价的小幅反弹，若 MACD 指标并未出现明显的拐头迹象，则说明上攻力度很弱，图 5-6 就是这种情况。

第四，股价遇支撑后重新上攻，股价回调前的高点位置是一个非常重要的阻力位。若股价在该位置附近遇到阻力重新下跌，则说明股价存在继续调整或转入下降趋势的可能，也就是说这是一次失败的回调。

四、下降趋势中的反弹

与上升趋势中的回调相似，下降趋势中的反弹也是整个下降趋势的重要组成部分。股价下降过程中，不仅会让散户套牢，主力也会有一部分筹码留在高位。当股价下跌一定幅度后，很多场外资金就会跃跃欲试，想要入场接盘。主力往往会顺应这部分人的心理，在股价下跌至某一重要支撑位时反向上拉，很多场外投资者将其看成是良好的入场点位，于是纷纷入场买入。主力小幅拉升后，会将手中的筹码迅速抛出，让这部分入场者套在“半山腰”上。

在股市中，股价上升趋势终结的第一个下跌来临时，经验丰富的老股民总能第一时间出逃，不过，在下降趋势中出现反弹时，很多经验丰富的老股民也常常被引诱入局，毕竟股价已经下跌较大幅度了，当前的价格可能已经非常有吸引力了。因此，股市中有“新手被套在山顶，老股民被套于山腰”的说法。

有些股价的下降趋势可能至少包含一次或两次规模较大的反弹，而有些股票的股价下降过程可能包含次数很多的反弹。有些股票价格的反弹动作极为复杂，甚至会走出一些整理形态，如楔形、旗形、三角形等。

下面来看一下航天通信的日 K 线走势图，如图 5-7 所示。

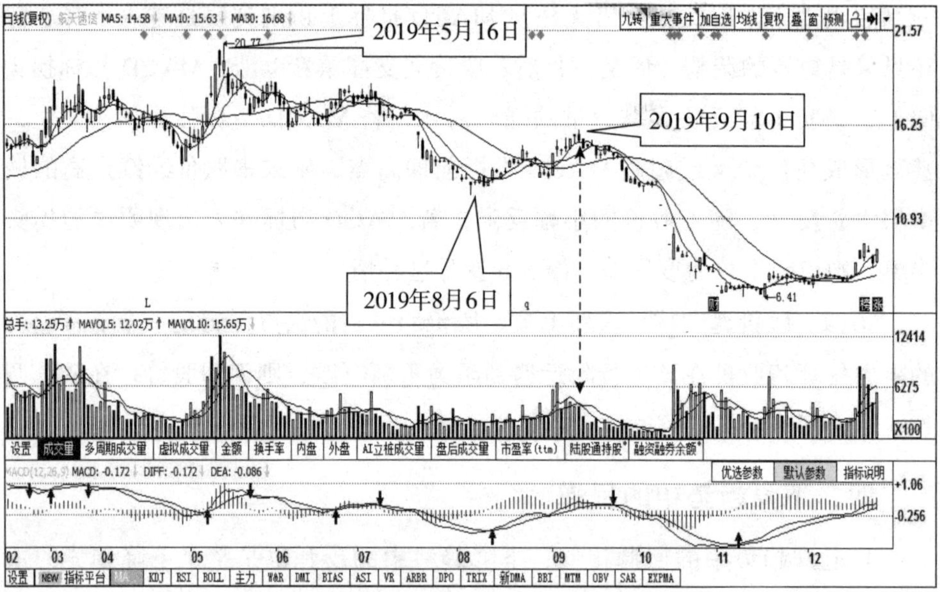

图 5-7　航天通信（600677）日 K 线走势图

图 5-7 为航天通信 2019 年 5 月之后的股价日 K 线走势图。从图中可以看出，该股在前一波上升趋势结束之后，经过一段时间的横盘调整后进入下降趋势。2019 年 5 月 16 日，该股股价创下短期高点后开始震荡下跌走势。连续下跌多日后，在 2019 年 8 月 6 日触底反弹向上。随后，该股的反弹持续了一段时间，但并未演变成趋势的反转，而是重新回归下降趋势。

观察该股下降趋势过程中的反弹动作，可以发现这样几个特征。

第一，出现反弹前，该股已经经历了较长时间的下跌，有很多的套牢盘和场外准备接盘的投资者，主力也需要进一步降低手中的仓位。

第二，从量价形态来看，出现反弹前，股价与成交量同步下降，并未出现异常的缩量行为。同时，反弹启动后，成交量与股价同步走高。不过，在反弹接近终点时，成交量难以继续放大，这也是反弹即将终结的标志。比如图 5-7 中，在 2019 年 9 月 10 日的反弹高点位，成交量相比之前萎缩了很多，这也是反弹无法持续的根本原因所在。

第三，从 MACD 指标来看，股价自高点下跌后，MACD 指标出现了高位死叉，且交叉点位于 0 轴上方较远的位置，说明市场上多方仍占据主导地位。

股价反弹时，MACD 指标可能会出现低位金叉。不过，反弹结束时，MACD 指标的死叉很有可能在 0 轴附近出现，这是因为反弹并未改变市场由空方控制的局面。

第四，正常情况下，股价反弹遇到强有力的阻力后，股价会震荡下跌，并重新跌破反弹前的低点，至此，股价的反弹才算顺利完成，此时手中仍持有股票的投资者一定要选择清仓。

五、下降趋势中反弹失败

正常情况下，处于下降趋势中的股价经历了一波反弹之后，股价会重新跌破反弹前的低点。股价反弹之后，虽然经历了重新下跌的过程，但没有跌破前期低点，此后迅速进入上升趋势，则意味着本次反弹失败。当然，这对投资者来说是一件好事，毕竟在我们的股市中，只有牛市普通投资者才能获利。很多双重底形态、头肩底形态等，也可以看成是股价反弹失败的一种表现。

下面来看一下晨鸣纸业的日 K 线走势情况，如图 5-8 所示。

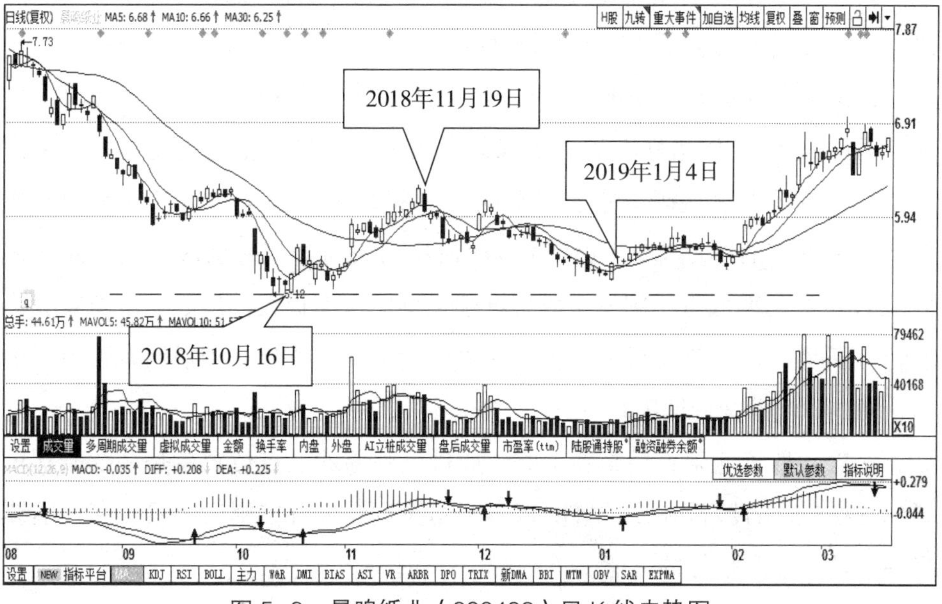

图 5-8　晨鸣纸业（000488）日 K 线走势图

图 5-8 为晨鸣纸业 2018 年 12 月前后的股价日 K 线走势图。从图中可以看出，该股在一波下降趋势后，出现了一次反弹走势。2018 年 10 月 16 日，该股股价在创下短期低点后出现反弹走势，反弹遇阻力后，在 2018 年 11 月 19 日创下反弹高点后重新下跌。2019 年 1 月 4 日形成的低点要高于 2018 年 10 月 16 日形成的低点，说明本次反弹存在失败的风险，甚至可能会转化为上升趋势。其后，该股连续突破多个阻力位，并进入上升趋势当中。

观察该股下降趋势过程中的反弹失败走势，可以发现这样几个特征。

第一，出现反弹前，该股已经经历了较长时间的下跌，很多套牢盘已经失去了继续持股的耐心，很多场外的持币投资者跃跃欲试，主力失去继续打压股价的必要性，反弹就在这个时候到来了。

第二，从量价形态来看，出现反弹前，股价与成交量同步萎缩，并未出现异常的缩量行为。反弹启动后，成交量与股价同步走高，这说明随着股价的走高，很多套牢盘开始涌出。一旦市场承接力量不足或主力开始发力出货，反弹就会立即终止。

第三，从 MACD 指标来看，股价自低点反弹后，MACD 指标出现了低位金叉，且交叉点位于 0 轴下方较远的位置，这说明市场上空方仍占据主导地位，投资者可采取清仓策略。其实，在股价创阶段新低后出现反弹时，投资者无法从 MACD 指标上识别到底是进入上升趋势还是只是短暂的反弹。但是，其后若股价遇阻力重新下跌时，MACD 指标拐头向下，确实能反映多空力量强弱的对比：若 MACD 指标强势拐头向下，甚至形成死叉或跌破 MACD 指标前期低点，则未来股价继续走低的概率很大。反之，若随着股价遇阻力下跌，MACD 指标并未出现明显的拐头向下迹象，则说明下跌力度很弱，图 5-8 就是这种情况。

第四，股价遇阻力后重新下跌，股价反弹前的低点位置就是一个非常重要的支撑位。若股价在该位置附近遇到支撑重新上升，则说明股价存在继续反弹或转入上升趋势的可能。

第三节 趋势的延续：突破

突破，从字面意义上理解，就是一次离开原有交易区间的动作。股价沿某一趋势运行或在某一交易区间内波动一段时间后，股价发力向上或向下离开该交易区间即称为突破。

一、趋势与突破

典型的突破形态包括如下两类：其一，股价向上突破，离开原有交易区间；其二，股价向下突破，离开原有交易区间。如图 5-9、图 5-10 所示。

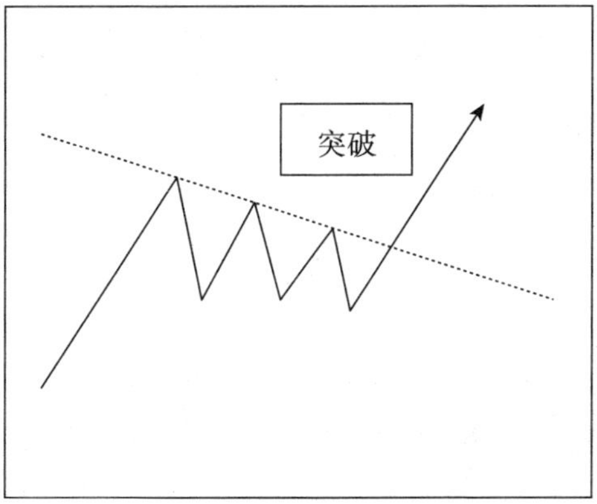

图 5-9 股价向上突破

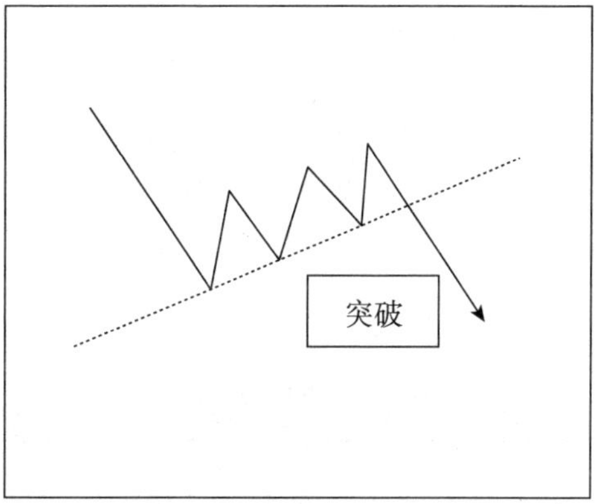

图 5-10 股价向下突破

股价完成突破，通常意味着股价运行趋势将迎来新一波运行态势。当然，这种改变既可能属于对原有运行趋势的调整，比如加速上涨或加速下跌，回调或反弹结束，又可能属于新趋势的产生，即从原有的上升趋势转为下降趋势或由下降趋势转为上升趋势。总之，突破肯定意味着股价运行趋势发生了某种变化，是投资者需要重点关注的一个信号。

二、上升趋势中的突破

股价处于上升趋势中，股价的突破形式包括很多种，概括起来大致有三类：其一，趋势延续的突破，即回调之后的突破；其二，趋势加速的突破；其三，趋势终结的突破，即股价运行趋势由上升趋势转入下降趋势或开始回调。

1. 趋势延续的突破

处于上升趋势中的股票，若股价出现调整，那么，在前期高点或回调趋势线附近必然会聚集大量的套牢盘，此后，股价转头上升到此处时，必然面临强大的阻力作用。一旦股价突破该阻力位，则意味着股价将会出现新一轮的上升。其实，这主要是由于先前的套牢盘已经出清，未来股价上升面临的阻力减少引发的，如图 5-11 所示。

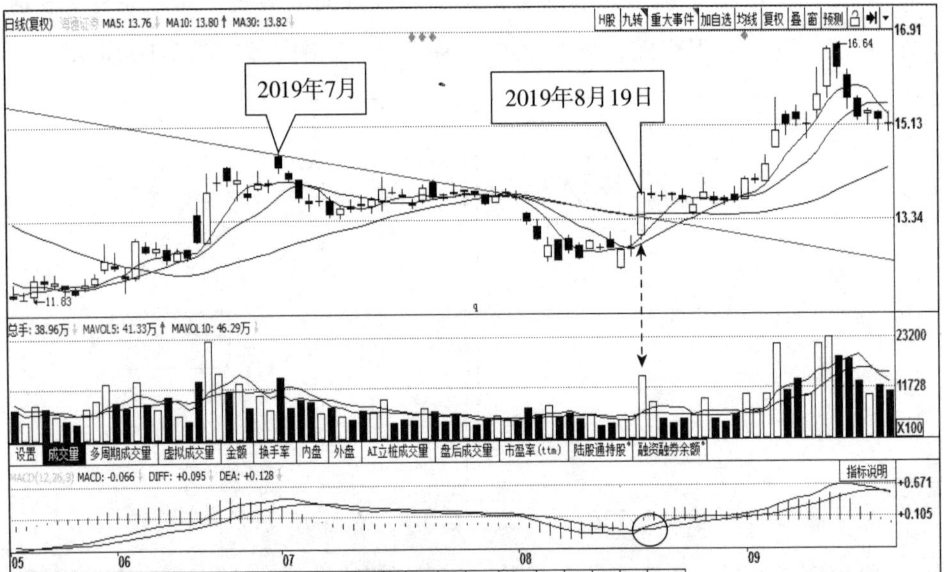

图 5-11　海通证券（600837）日 K 线走势图

如图 5-11 所示，处于上升趋势中的海通证券，股价自 2019 年 7 月 1 日开始出现了回调走势。该股股价回调过程中，形成了一个小型的下降趋势，投资者可将股价反弹的高点连接在一起，构成一条下降趋势线。

2019 年 8 月 19 日，该股股价放量向上突破了下降趋势线，这说明该股股价未来很有可能会重回上升趋势。

观察该股股价完成突破的过程，可以发现该突破具有这样几个明显的特征。

第一，股价突破的位置属于重要的阻力位。趋势线位、前期高点位等都可能对股价构成较大的阻力。

第二，量价齐升。成交量明显放大是一个非常显著的特征。阻力位置聚集了大量的抛盘，也有很多持币者想要在此位置买入，正在等待入场信号。一旦股价完成向上突破，这些持币者就会蜂拥而入抢筹，造成股价与成交量同步上升的现象。

第三，MACD 指标在此时会发出明显的买入信号，比如 MACD 指标金叉或 MACD 指标自低位拐头向上等。

2. 趋势加速的突破

即使股价正处于上升趋势中，也存在进一步突破的可能，即股价不再按照原有的上升速度上涨，而是加快了上涨速度。通常情况下，这说明股价即将进入快速上攻期，投资者需要立即跟进买入。

下面来看一下华胜天成的案例，如图 5-12 所示。

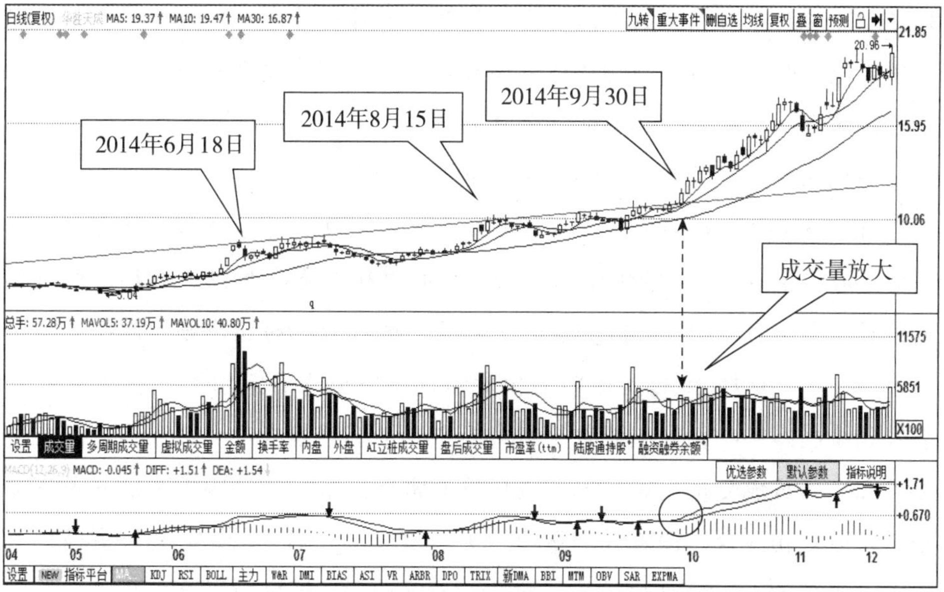

图 5–12 华胜天成（600410）日 K 线走势图

如图 5-12 所示，自 2014 年下半年开始，华胜天成走出了一波震荡上升走势。股价在震荡上升过程中，曾于 2014 年 6 月 18 日和 8 月 15 日出现了加速上升走势。不过，当股价上升至某一高点位置后，都出现了回调。投资者将 6 月 18 日和 8 月 15 日的高点用直线相连接，绘制一条趋势线，这条趋势线就是股价上升的压力线。

2014 年 9 月 30 日，华胜天成的股价放量突破该压力线，属于典型的加速上升信号，投资者可考虑加仓买入该股。其后，该股发动了一波快速上涨行情。

观察股价突破时的盘面可以发现，股价加速向上突破与回调突破的特征极为相似，如成交量放大、MACD 指标拐头向上等。其实，这也是一波行情启动时比较典型的特征。

3. 趋势终结的突破

上升趋势结束后，股价会向下突破原有的运行趋势。当然，通常情况下，这种突破并不需要明显的成交量放大相配合，而 MACD 指标则会出现高位死叉。股价对原有趋势的跌破，一般包括这样几种情形，如对经典顶部形态中颈线位的跌破、对上升趋势线的突破、对中长期均线系统的跌破等（一般股价跌破短期均线，投资者难以给出股价改变运行趋势的判断）。

下面来看一下天润乳业的日 K 线走势情况。

如图 5-13 所示，自 2016 年下半年开始，天润乳业走出了一波震荡上升走势。股价上涨一段时间后，于 2016 年 9 月 30 日触顶回落。此后，股价连续跌破了多条短期均线，成交量同步萎缩，MACD 指标也出现了高位死叉。

2016 年 10 月 28 日，该股股价放量向下突破上升趋势线，标志着股价上升趋势已经终结，未来股价很有可能进入下降趋势当中。观察当日的成交量可知，当日成交量出现了异常放量。通常情况下，股价向下突破并不需要成交量放大相配合，但若成交量出现了异常放量，则可以提升向下突破的有效性。观察 MACD 指标可知，此时 MACD 指标已经完成了高位死叉，并向下跌破了 0 轴。其后，该股进入了下降趋势通道。

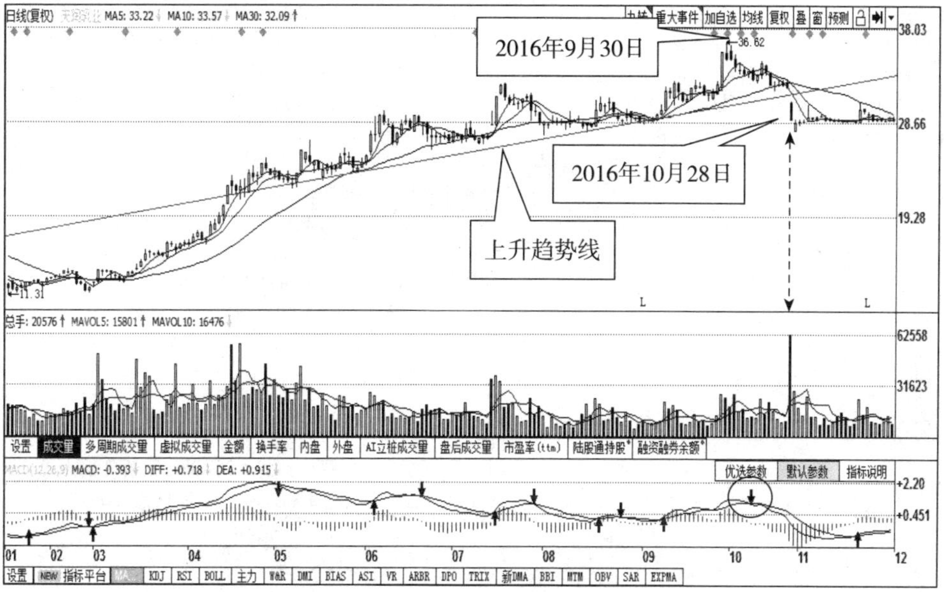

图 5-13　天润乳业（600419）日 K 线走势图

三、下降趋势中的突破

与上升趋势中的突破相似，下降趋势中的股价突破也可以分为三类：其一，趋势延续的突破，即反弹之后的向下突破；其二，趋势加速的突破；其三，趋势终结的突破，即股价运行趋势由下降趋势转入上升趋势或开始反弹。

1. 股价向下突破

在下降趋势中，趋势延续的突破和趋势加速突破对于投资者的操作而言并没有太大的区别，投资者都需要远离这类股票。

特别是处于下降趋势中的股价，若出现一段时间的横向调整或小幅反弹后，其股价向下突破，往往会给投资者带来巨大的伤害。

下面来看一下晋亿实业的案例，如图 5-14 所示。晋亿实业的股价自 2017 年年底开启了一波下降趋势。在下跌过程中，该股股价也曾出现了几次规模较大的反弹和横向盘整，2018 年 5 月到 6 月期间的横向盘整尤其具有迷惑性。该股股价横向运行了很长时间后，于 2018 年 6 月 11 日向下突破了横向盘整空间，预示着股价的下跌过程将会加速。

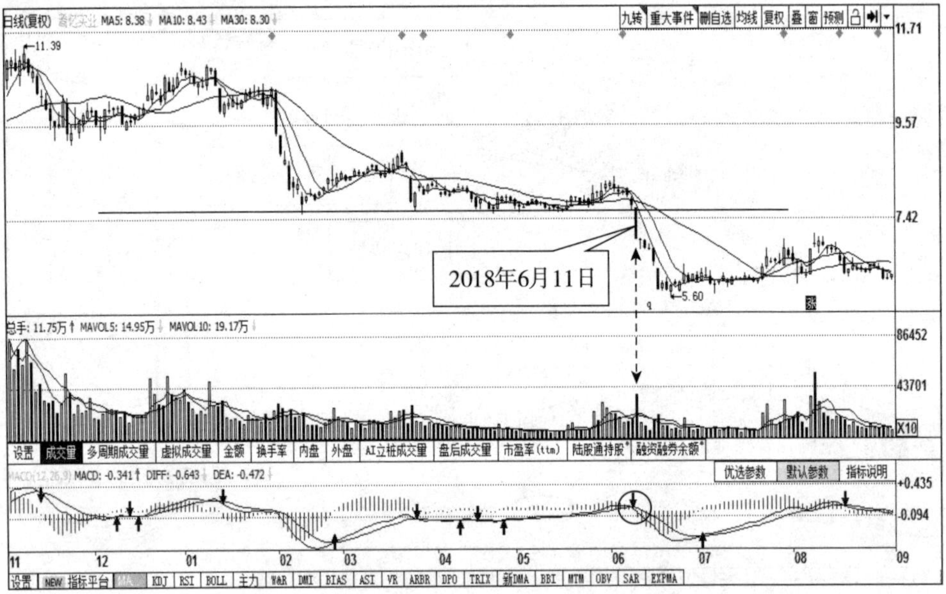

图 5-14　晋亿实业（601002）日 K 线走势图

观察该股股价完成突破的过程，可以发现该突破具有这样几个明显的特征。

第一，股价突破的位置应该属于重要的支撑位。趋势线位、前期低点位等都可能对股价构成较大的支撑力。图 5-14 中的位置属于多个前期低点的支撑位，相对而言具有更强的支撑作用。

第二，从成交量方面来看，股价下跌通常不需要成交量的放大相配合，但若成交量出现了异常放大，更可增加股价向下突破的有效性。

第三，MACD 指标在此时会发出明显的卖出信号，比如 MACD 指标死叉或 MACD 指标自低位拐头向下等。在图 5-14 中，由于股价自高位下跌已经有一段时间了，因而即使股价出现横盘态势，MACD 指标也仅仅是处于 0 轴附近，而非 0 轴上方较远的位置，因此，当 MACD 指标在 0 轴附近形成死叉时，往往更可确认股价下降趋势已经到来。

2. 股价自低点向上突破

下降趋势结束后，股价会向上突破原有的运行趋势。当然，通常情况下，这种突破需要成交量的放大相配合。股价突破时，其他技术指标也会发出买入信号，如 MACD 指标可能会呈现金叉或拐头向上态势，均线系统也会发出买入信号。

下面来看一下海通证券的日 K 线走势情况，如图 5-15 所示。

图 5-15　海通证券（600837）日 K 线走势图

如图 5-15 所示，海通证券的股价自 2018 年下半年开启了一波下降趋势。在下降趋势的尾声，该股股价出现了大幅跳水的下跌走势。其实，很多股票在下跌趋势的末尾都可能出现这种快速杀跌走势，这也是主力为了快速挤出散户手中的筹码，迅速完成吸筹而采取的动作。通常情况下，这种杀跌结束之后，股价很快就会企稳并出现反弹走势。

2018 年 10 月中旬，该股股价结束杀跌并出现企稳迹象。10 月 19 日，该股股价触底反弹。10 月 22 日，该股股价再度高开高走，成交量同步放大，且股价 K 线向上突破了多条均线和前期阻力位，MACD 指标同步在 0 轴附近出现了黄金交叉，这属于典型的买入信号，此后，该股股价进入了上升趋势。

观察该股股价完成突破的过程，可以发现该突破具有这样几个明显的特征。

第一，股价突破的位置应该属于重要的阻力位。如图 5-15 所示，该股股价前期低点位置已经转化为阻力位置，因而当股价向上突破该位置时，需要更多的做多动能。

第二，量价齐升。成交量明显放大是一个非常显著的特征。这些位置聚集了大量的抛盘，也有很多持币者想要在此位置买入，正在等待入场信号。一旦股价完成向上突破，这些持币者就会蜂拥而入抢筹，也就造成了股价与成交量的同步上升。

第三，MACD 指标在此时会发出明显的买入信号，比如 MACD 指标金叉或 MACD 指标自低位拐头向上等。图 5-15 中，MACD 指标在 0 轴附近位置形成了黄金交叉，这是典型的买入信号。

第四节　支撑位与阻力位

支撑位与阻力位是股价运行过程中经常会遇到的两个重要位置，且这两个位置之间又是可以相互转化的。

一、支撑位与阻力位的形成与发展

关于支撑位，《股市趋势技术分析》一书中曾给出比较明确的定义：一个特定的价格水平，在该价格水平上有着足够大的需求量，可暂时将一轮下降趋势阻止住，甚至可能使下降趋势反转，即价格重新开始上升。如图 5-16 所示。

通过上述定义，可对支撑位产生这样几层认知。

第一，该位置存在大量的承接盘，可能是先前股价在此位置停留时间过长，或者股价被打压至该位置后立即反弹向上，导致很多想要入场的投资者没有成功买入，因而，当股价再次回到该位置时，就会有很多投资者将其看成是良好的入场机会。

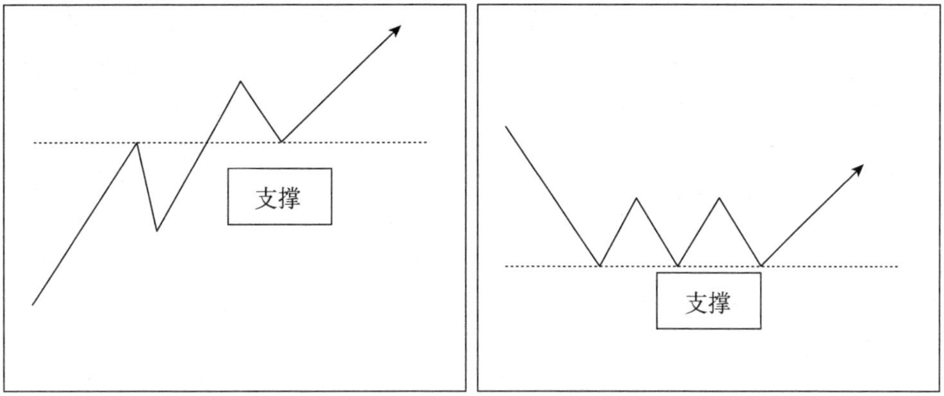

图 5–16　股价的支撑位

第二，任何支撑位都不具有绝对的支撑作用，只能暂时起到一定的支撑作用。若市场环境恶劣，该位置也可能很快被突破。当然，若某一支撑位承受了很多次股价下跌的打压，且反复被证明具有较强的支撑能力，那么，这一支撑位的支撑作用将会越来越强。其实，这更多地是投资者的一种心理作用，即当大家都认为某一位置的支撑作用较强时，就会有越来越多的人将此位置看成较佳的入场位，于是该位置的作用就被反复增强。

第三，一个有效的支撑可以促使股价暂时反向上涨，但股价是否真的会彻底改变运行趋势，并不是支撑位所能决定的。若市场环境不好，支撑位对股价的支撑注定只能是暂时的，此后该股股价还会重新回到支撑位附近。

与支撑位的定义方式相近，也可以推出阻力位的定义。阻力位也是一个价格水平，在该价格水平位置有大量的套牢盘或获利盘存在，当股价自下而上来到阻力位附近时，这些套牢盘或获利盘就会蜂拥而出，从而推动股价暂时性地回落或开启下降趋势。如图 5-17 所示。

下面来看一个燕京啤酒的案例，如图 5-18 所示。燕京啤酒的股价在 2019 年下半年出现了一波下跌走势。该股股价在 2019 年 8 月 6 日触及阶段低点后反弹向上，此后又经历了一波震荡上升走势。进入 2019 年 10 月，该股股价再度回调下跌。当股价回调至 8 月 6 日的低点附近时，因受支撑作用而重新上攻。由于该点位是一段时间内的最低价，很多投资者都将该位置看成是较佳的入场位，因而该位置具有较强的支撑能力。当该股股价因受该位置的支撑效应而反向上攻后，此位置的支撑能力将会得到进一步的强化。

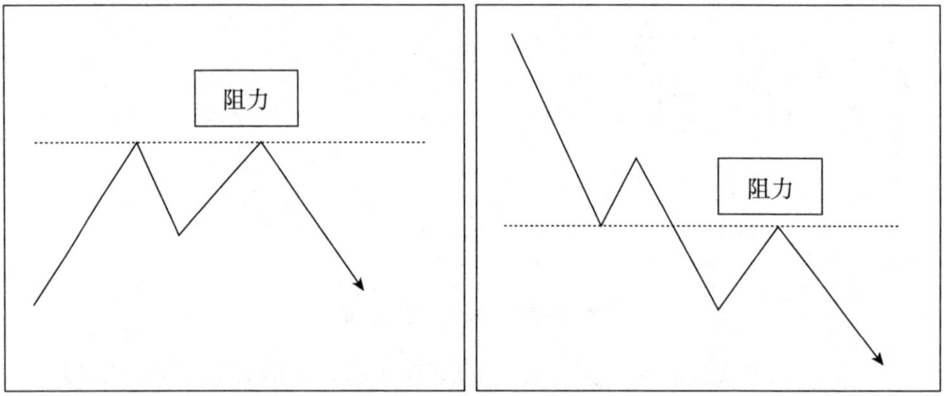

图 5-17　股价的阻力位

图 5-18　燕京啤酒（000729）日 K 线走势图

阻力位的情况与支撑位十分相似，下面来看一下阻力位的情况。如图 5-19 所示，士兰微的股价在 2019 年上半年出现了一波上涨走势。该股股价在 2019 年 3 月 28 日触及阶段高点后反转向下，此后又经历了一波震荡下跌走势。进入 2019 年下半年，该股股价再度反弹向上。当股价反弹至 3 月 28

日的高点附近时，因受该点的阻力作用而重新下跌。由于该点位是一段时间内的最高价，很多被套牢的投资者都将该位置看成是较佳的离场价位，因而该位置具有较强的阻力。当股价因受该位置的阻力效应而反向下跌后，此位置的阻力作用将会得到进一步的强化。

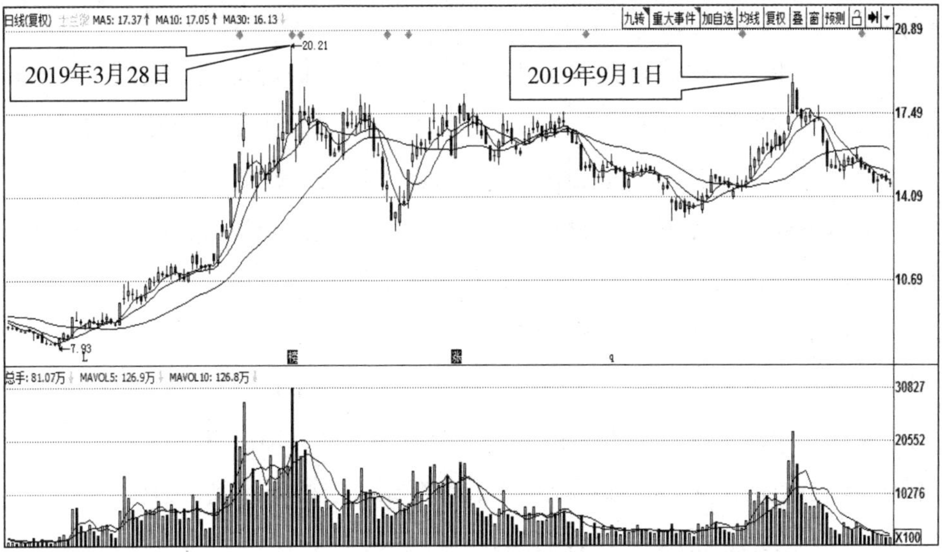

图 5-19 士兰微（600460）日 K 线走势图

通常情况下，具有显著支撑或阻力作用的点位包括以下几类。

第一，前期低点。这些点位聚集了较多的资金准备入场，当股价下跌至该位置附近时，往往都能获得较强的支撑。

第二，前期高点。这些点位往往会聚集较多的套牢盘，当股价自下而上来到该位置附近时，套牢盘就会蜂拥而出，从而推动股价重新下跌。这就是这些点位具有阻力作用的原因所在。

第三，中长期均线位置。这些中长期均线反映了市场上中长期投资者的持仓成本。当股价回落至中长期均线附近时，有很多投资者将其看成是较佳的加仓时机，这就导致了股价的反向上升。同时，若股价自下而上来到中期均线附近，也会有很多套牢者将其看成是较佳的离场时机，纷纷卖出股票，推动股价下行。

第四，缺口位置。从定义上来看，缺口就是一段交易的空白价格区间，即在该价格区间没有任何成交记录，缺口通常都是股价快速上升或下跌时留下的。当股价自上而下重新回到该位置附近时，很多之前没有成功买入的投资者就会入场，推动股价重新上攻；股价自下而上来到该位置附近时，也可能因受该位置的阻力而下跌。

第五，重点价位或点数位。某些具有象征意义的价位或点位，往往也能成为重要的支撑位或阻力位，比如一些整数价位，如30元、50元、100元等。当股价回落或上升至这些价位附近时，也会遇到较强的支撑或阻力。

第六，趋势线。通过前期高点或低点连接而成的趋势线，同样具有较强的支撑或阻力作用。从以往的实战观察来看，这些趋势线的支撑或阻力作用往往要强于普通的支撑位或阻力位。

同时，具有支撑或阻力作用的价格水平，可能不仅仅只是一个具体的点位，在实战中，这些价格水平更近乎一个价格区间，即以具体的支撑或阻力作用为核心的价格区间，都可能会对股价起到一定的支撑或阻力作用。

二、支撑位与阻力位的转化

某一特殊位置所具有的支撑作用或阻力作用并不是一成不变的，当股价对其完成突破，其原有的支撑或阻力作用将会发生转化，即从支撑作用变为阻力作用，或从阻力作用变为支撑作用，如图5-20所示。

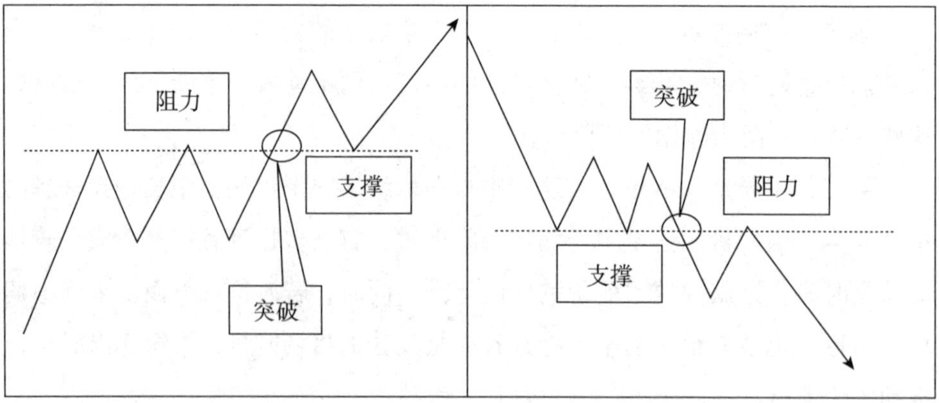

图5-20　支撑位与阻力位的相互转化

某一价位原本具有的支撑作用，很大程度上是由于该位置存在大量的承接盘，即大量的持币者准备在该价格买入股票。一旦股价跌破该价位，则说明承接盘成交后仍不能阻止股价的下行，这些承接盘全部变成了套牢盘，因此，当股价反弹至该位置时，这些套牢盘就会涌出，对股价上升形成一定的阻力作用。反之，也是同样的道理，某一价位具有较强的阻力作用，也是在该价位附近存在大量的套牢盘，当股价完成对该价位的突破后，这些套牢盘全部转为盈利，且股价上升后，很多投资者会将该价位看成是较佳的入场价位，于是在该价位附近设置承接盘，等待股价回落时成交。当股价回落至该位置时，这些承接盘入场，从而推动股价上行。

对于支撑位与阻力位之间的相互转化，有如下几点需要投资者特别关注。

第一，突破。突破是促成支撑位与阻力位之间相互转化的前提条件。股价对原支撑位或阻力位完成突破后，该位置原先所具有的作用也会朝着相反的作用转化。

第二，成交量放大。无论是支撑作用转化为阻力作用，还是阻力作用转化为支撑作用，都需要在这个重要位置完成大量的交易。成交量越大，意味着支撑或阻力作用越大。

第三，强势转化。支撑位或阻力位具有的支撑或阻力作用越强，那么，当股价对其完成突破后，其具有的阻力或支撑作用也会越强。

下面来看一下中科曙光的案例，如图 5-21 所示。2017 年，中科曙光的股价一直在底部区域震荡。2017 年 4 月 11 日，该股股价创下短期高点后回调，此后的 5 月 31 日和 8 月 22 日，该股股价两次向上冲击该价位，均因受到强大的阻力作用而下跌。2017 年 9 月 5 日，该股股价放量突破该阻力位，此后，该阻力位转化为支撑位。该股股价上升一段时间后出现回调走势，股价回调至前期阻力位附近时，因受该位置的支撑作用而重新上攻。由此可见，该阻力位转化为支撑位后，也具有较强的支撑作用。

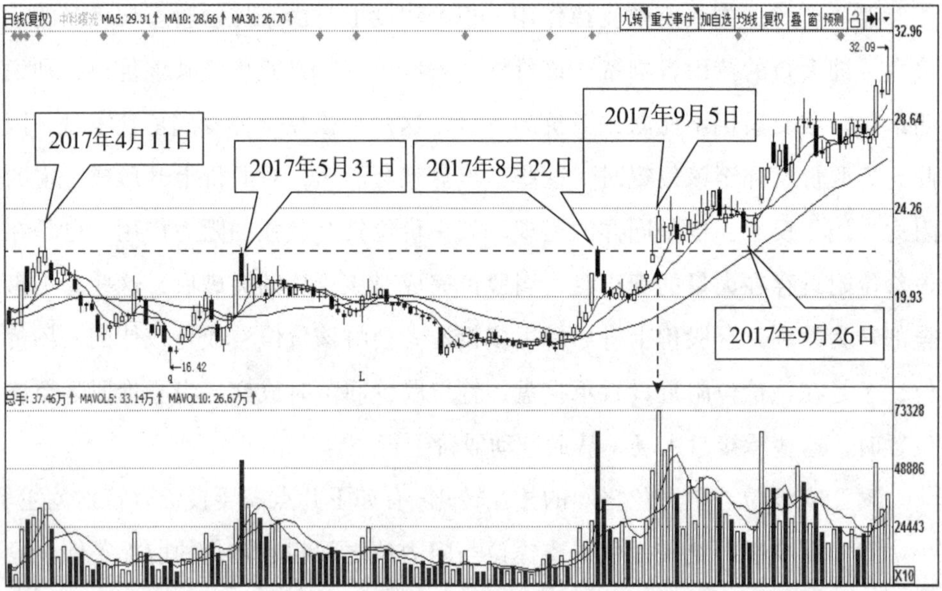

图 5-21　中科曙光（603019）日 K 线走势图

下面再来看一下合力泰的股价日 K 线走势情况，如图 5-22 所示。

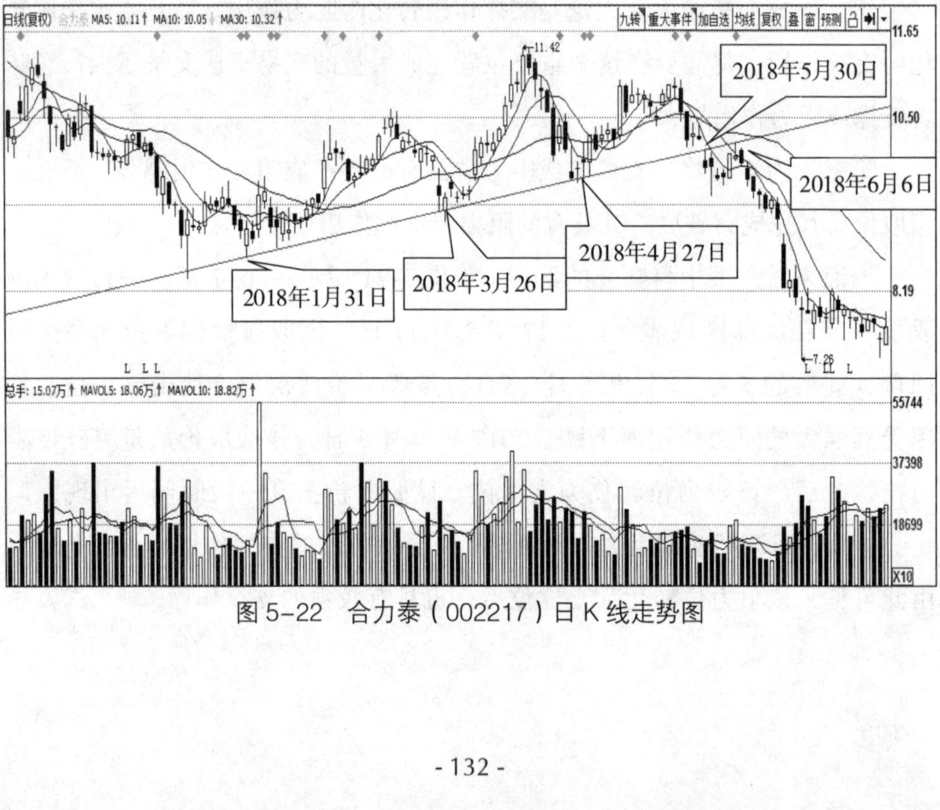

图 5-22　合力泰（002217）日 K 线走势图

如图 5-22 所示，合力泰的股价经过一段时间下跌后，在 2017 年年底出现震荡反弹迹象。2018 年 1 月 31 日，该股股价在以阶段低点开盘后震荡走高，此后的 3 月 26 日和 4 月 27 日，该股股价两次向下冲击该位置，均因受到强大的支撑作用而上升。投资者可将上述三个低点连接成一条趋势线，该趋势线位置就具备了较强的支撑作用。

2018 年 5 月 30 日，该股股价受外围环境的影响，放量跌破该支撑位，此后该支撑位转化为阻力位。该股股价下跌一段时间后出现反弹走势，股价在反弹至前期支撑位附近时，因受该位置的阻力作用而重新下跌。由此可见，该趋势线的支撑作用转化为阻力作用后，也具有较强的阻力作用。

三、借助支撑位测算目标止损位

在实战交易过程中，以股价的支撑点位作为股价回调的目标位和止损位，是一个不错的选择。当然，股价运行过程中，其支撑位有很多，因而选择恰当的支撑位就非常重要了。若选择距离较近的支撑位，股价一旦出现小幅回调，投资者可能就不得不卖出止损了；反之，若选择较远的支撑位，股价回调至该支撑位时，已经下跌较大的幅度了，可能会给投资者带来较大的损失。当然，在选择止损位时，还要综合考虑投资者的投资风格、个人偏好以及风险承受能力等。

通常情况下，中长线投资者的止损位设置可以稍微宽泛一些，投资者必须能够承受较大的风险；反之，短线投机者的止损位则需要距离入场点位更近一些。

下面来看一下信维通信的案例，如图 5-23 所示。信维通信的股价在 2019 年年中经过一段时间的下跌后出现震荡反弹迹象。2019 年 7 月 3 日，该股股价在创下阶段高点后震荡走低。2019 年 7 月 25 日，该股股价 K 线放量向上突破前期高点位置，此后，该点位就成为股价回调的重要支撑位。

投资者也可将该位置设置为股价回调的止损位，即当股价向下跌破该位置后即执行卖出操作。不过，在实战中，投资者可选择的具体止损位包括两个：其一为 7 月 3 日股价的最高点，其二为 7 月 3 日股价的开盘价。由于股价突破7月3日高点后上涨幅度相对较小，投资者可考虑将止损位设置得稍低一些，即图中止损位二的价格更适合作为此次操作的止损位。

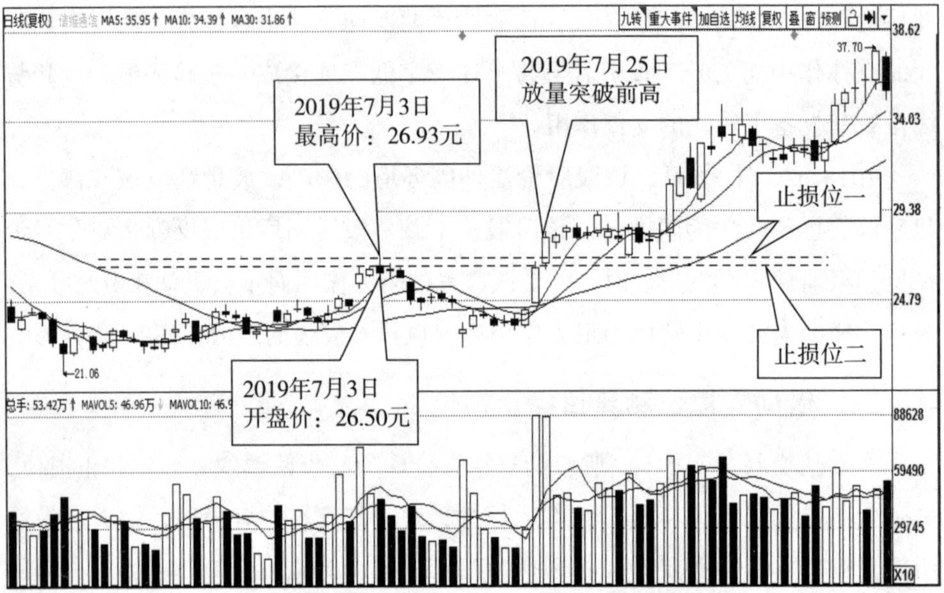

图 5-23　信维通信（300136）日 K 线走势图

第六章

重要的趋势反转模式

趋势反转，即股价运行趋势在上升趋势与下降趋势之间完成切换。尽管在趋势反转完成前，投资者很难判断趋势是否反转，但一些特殊形态或模式的出现，往往意味着股价反转的可能性更大。

第一节　突破与趋势反转模式

股价对趋势线、均线、重要支撑位或阻力位的突破，可以确认股价运行趋势的反转。这类突破往往具有这样几个特点：第一，成交量相配合，几乎所有的向上突破都需要成交量放大做支撑，向下突破一旦放量，则向下的幅度通常会很大；第二，股价完成突破时，往往会引发相关技术指标的共振，即多个技术指标同步发出买入或卖出信号等。

一、低位盘整突破

如果一只股票的股价在底部区域盘整较长时间，那么，股价一旦启动上涨，将有一波可观的涨幅。不过，判断突破有效性时，需要注意以下几点。

第一，股价突破盘整区域启动上涨时，如果成交量也同步出现大幅放大，则可增大该股未来上涨的概率。

第二，股价盘整时间与上涨幅度成正比。股价在底部盘整的时间越长，未来股价突破盘整区域后上涨的幅度也会越大。

第三，股价启动上涨前，如果 MACD 指标早已发出买入信号（比如 MACD 指标低位金叉或拐头向上等），则可增大股价未来上涨的可能性。

下面来看一下泸州老窖的案例，如图 6-1 所示。2018 年 10 月到 2019 年 2 月初期间，泸州老窖的股价出现了底部盘整形态。

在盘整过程中，泸州老窖的股价没有出现过大的涨跌幅度，同时，成交量也出现了萎缩现象，这说明该股在抉择方向。

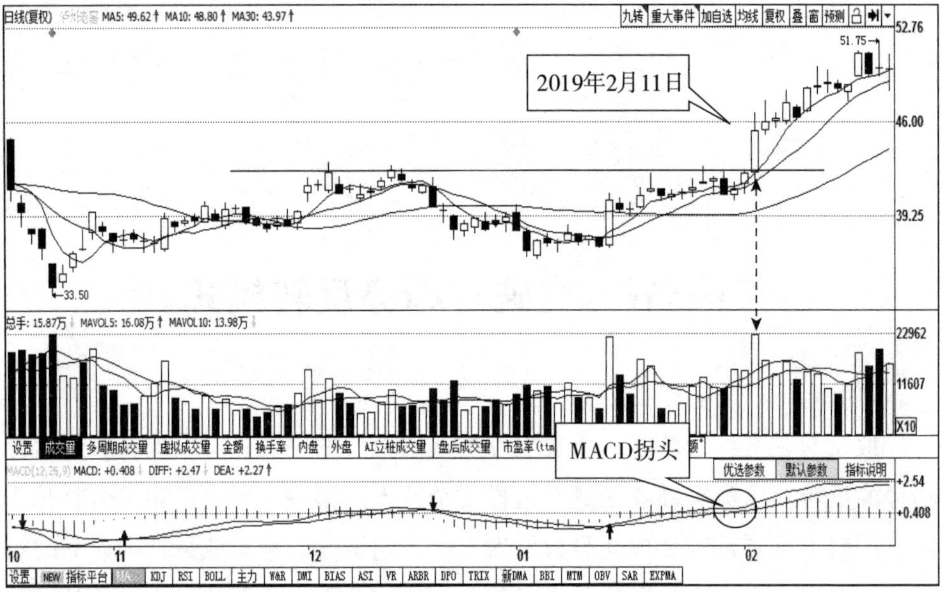

图 6-1　泸州老窖（000568）日 K 线走势图

2019 年 2 月 11 日，泸州老窖的股价放量高开高走，此时股价已经突破了长期盘整的趋势线，成交量也出现了放大态势。在此之前，MACD 指标出现了低位黄金交叉形态，观察 MACD 指标可知，此时 MACD 指标在 0 轴附近出现了拐头向上态势，这属于典型的买入信号。

二、突破均线系统

股价与均线的位置关系经常被看成是股价涨跌的一个分水岭：股价处于均线上方时，大部分投资者处于盈利状态，基于盈利效应，市场上会有更多的投资者愿意入场买入股票，股价继续上攻的概率更大；反之，若股价位于均线下方，则说明市场上大部分投资者处于亏损状态，市场上的投资者不愿意入场买入股票，股价继续下跌的概率就高。正因如此，股价向上突破均线，意味着市场氛围将会发生改变，也会有更多的跟风盘涌入。

股价突破均线位时，需要注意这样几点。

第一，越是长期的均线，对股价的阻力作用越强，股价对其突破需要的成交量也就越多，因此，成交量放大是股价突破均线位的一个基本要求。

第二，股价完成对中长期均线的突破后，继续上行的概率要远远大于对短期均线的突破。

第三，股价突破均线之前，若各条均线出现黏合状态，此时向上突破这些均线，则意味着股价将会出现大幅上涨行情。

第四，越是对股价具有较强阻力作用的均线，股价完成突破后上涨的幅度越大。

下面来看一下健帆生物的案例，如图 6-2 所示。

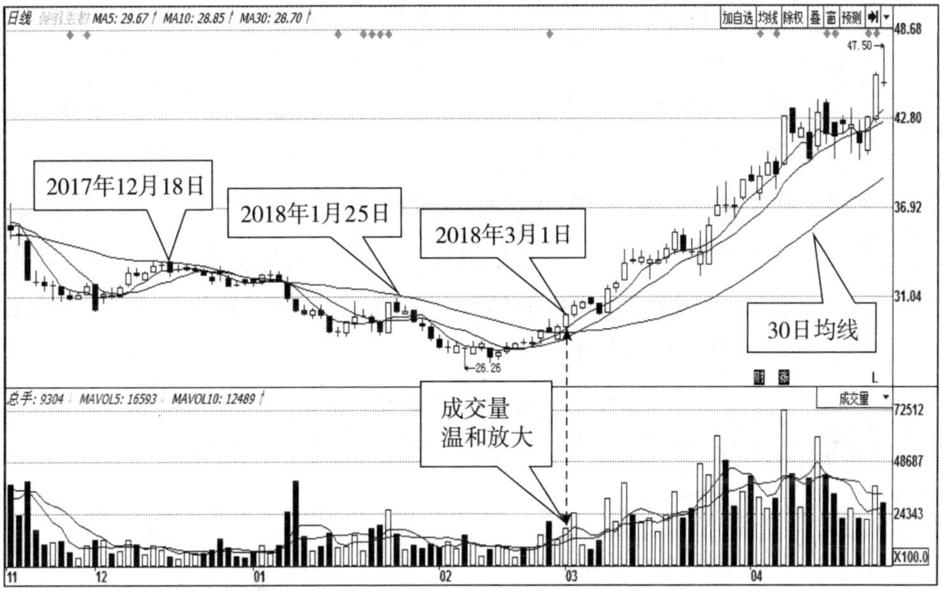

图 6-2 健帆生物（300529）日 K 线走势图

如图 6-2 所示，自 2017 年年底开始，健帆生物走出了一波下跌走势。股价在下跌过程中曾出现了若干次反弹走势，不过，当股价于 2017 年 12 月 18 日和 2018 年 1 月 25 日反弹至 30 日均线位置时，均因 30 日均线的阻力而重新下跌。由此可见，30 日均线对该股股价具有很强的阻力作用。

2018 年 3 月 1 日，健帆生物的股价放量突破 30 日均线，且 5 日均线和 10 日均线同步突破 30 日均线，这属于典型的看涨信号，投资者可考虑买入该股。

其后，该股发动了一波快速上涨行情。

三、均线突破：鱼跃龙门

鱼跃龙门属于均线突破的一种特殊形态，也是其中上涨概率较高、涨幅较大的一种形态。该形态是指股价 K 线经过连续几个交易日的下跌后，出现拐头缓慢上涨的迹象，5 日均线、10 日均线和 30 日均线也同步出现拐头向上迹象；某一交易日，股价 K 线上涨至 30 日均线附近时，直接跳空高开越过 30 日均线，并最终收于 30 日均线之上。

该形态属于典型的看涨形态，具体操作要点如下。

第一，30 日均线由下跌状态转为上涨或放平状态，成交量维持在较低的水平。

第二，某一日股价放量跳空上涨，直接越过 30 日均线，且收盘价位于 30 日均线之上。

第三，股价跳空上涨当日，成交量放大数倍。

第四，股价跳空上涨时，均线指标如果能走出黄金交叉形态，则可增大股价未来上涨的可能性。当股价放量跳空越过 30 日均线并收于 30 日均线之上时，投资者可考虑买入该股。

下面来看一下华录百纳的案例，如图 6-3 所示。

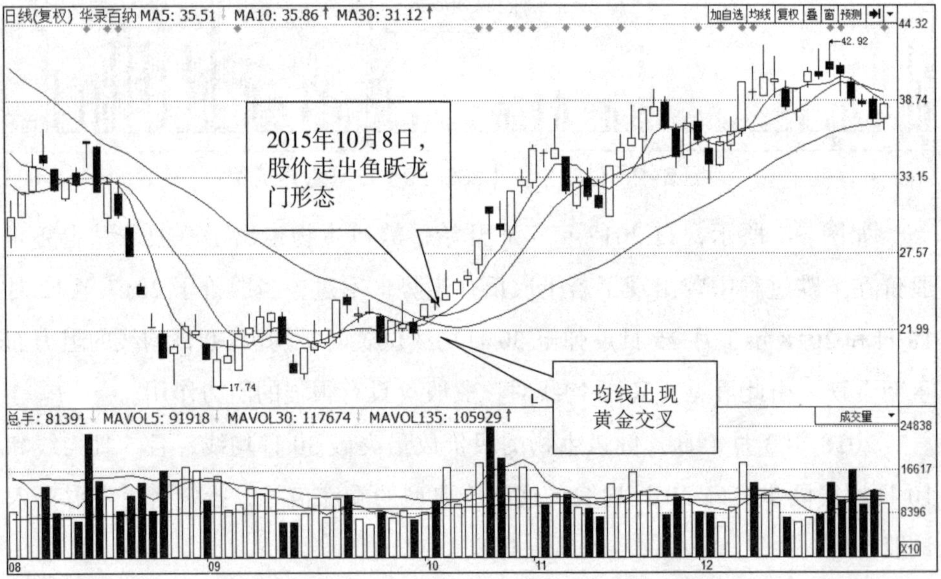

图 6-3　华录百纳（300291）日 K 线走势图

如图 6-3 所示，华录百纳的股价经过一波下跌后，2015 年 10 月初走出了鱼跃龙门形态，预示股价将企稳上涨。

2015 年 6 月中旬以后，华录百纳的股价一直在 30 日均线下方运行，30 日均线由下跌状态逐渐转变为走平状态，这说明股价走势将要企稳。

10 月 8 日，华录百纳的股价越过 30 日均线跳空高开并迅速封上涨停板，在 K 线走势图上留下了一个缺口，这说明形成鱼跃龙门形态，投资者可买入该股。投资者观察均线指标可知：此时 5 日均线上穿 10 日均线和 30 日均线，形成黄金交叉形态，这也预示股价将出现一波上涨行情。

四、均线突破：出水芙蓉

与鱼跃龙门相似，出水芙蓉也是一种比较特殊的均线突破形态。

该形态是指股价 K 线在盘整过程中，各条均线出现黏合状态，某日股价大幅上涨，拉出一根大阳线，且此阳线一举突破多条均线。该形态属于强烈的看涨形态，很多强势股在上涨启动期都出现过此种形态。该形态的操作要点如下。

第一，股价长期处于横盘状态中，各条均线出现黏合状态，成交量维持在较低水平。

第二，某一日股价低开高走，一举突破了多条均线，股价突破均线当日常以涨停报收。

第三，股价突破之后，各条均线由黏合状变为发散状，且方向向上。

第四，股价突破各条均线当日，成交量出现了放大态势。当股价突破各条均线并位于各条均线之上时，就是买入该股的一个较好时机。

下面来看一下三房巷的案例，如图 6-4 所示。2016 年 8 月，三房巷处于阶段性底部的盘整阶段。2016 年 9 月 5 日，该股放量上涨，股价连续突破 5 日、10 日和 30 日均线，收出一根光头光脚阳线。看到这种情况，激进的投资者可以适量买入，稳健的投资者可以再观察几日，等待股价站稳均线后再介入。

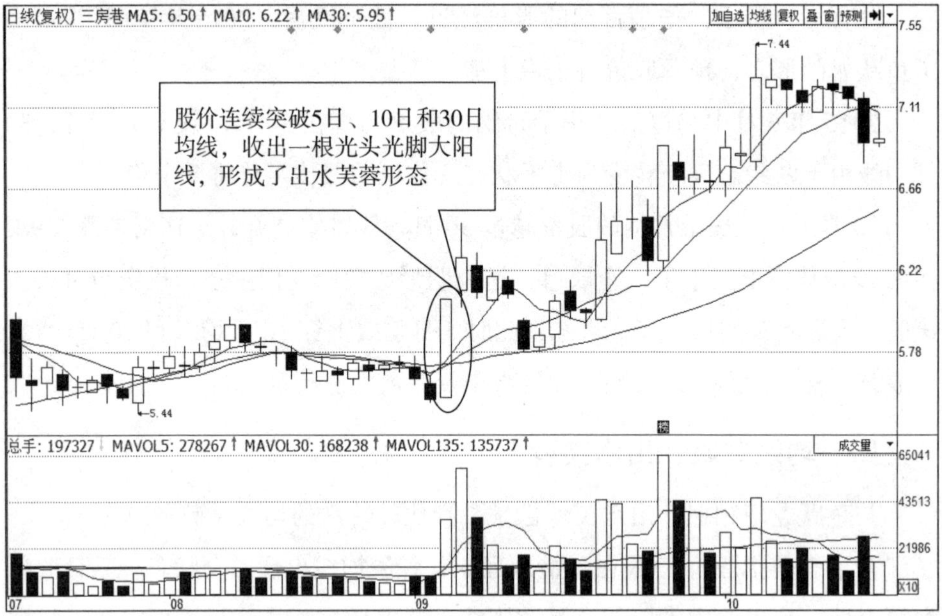

图 6-4 出水芙蓉：三房巷（600370）的日 K 线图

第二节 支撑与趋势反转模式

股价回落到某些支撑力较强的位置，当支撑被确认为有效时，则可能引发股价运行趋势的转向。

一、回调遇前期高点支撑

前期高点是一个比较特殊的位置。前期高点形成过程中，必然聚集了大量的套牢盘。当股价经过一段时间下跌或回调后，重新向上突破前期高点位置后，前期的套牢盘全部转为盈利，且仍有大量的追买盘因股价的升高而没有成交。这些投资者将前期高点位置看成是一个较佳的买入点位，一旦股价回调至此位置时，势必入场买入股票，从而推动股价上升。

股价回调至前期高点后遇支撑反弹的操作要点如下。

第一，股价下跌到前期高点附近时，成交量往往会同步出现萎缩状态。如果成交量呈放大状态，那么，股价跌破前期高点的可能性就会非常大，此时投资者不可轻易介入。

第二，股价下跌到前期高点位置，因受支撑而重新上涨时，如果成交量同步出现放大态势，则未来股价上涨的可能性更大。

第三，股价回落到前期高点附近时，投资者只需保持对该股的关注，待股价出现反转向上的迹象时，再买入该股。

下面来看一下盛洋科技的案例，如图 6-5 所示。

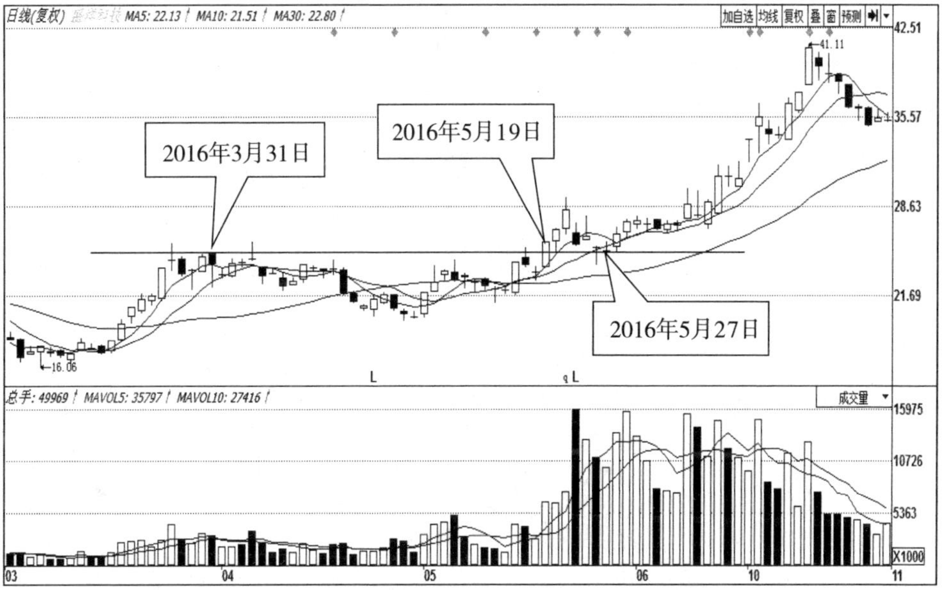

图 6-5 盛洋科技（603703）日 K 线走势图

如图 6-5 所示，2016 年 3 月 31 日，盛洋科技的股价创下一个阶段高点后出现回调走势。股价回调一段时间后重新开始上涨，并于 2016 年 5 月 19 日突破了前期高点。

其后，该股经过几个交易日的上涨后出现回调，股价回调过程中成交量出现了萎缩态势。2016 年 5 月 27 日，该股股价回调到前期高点附近，因受到支撑而重新上涨，且股价在上涨时成交量出现了放大态势，这说明该股未来上涨的可能性很大。下一交易日（即 5 月 30 日），该股股价重新站到 5

日均线上方，说明股价已经重新进入上升通道，投资者可考虑加仓买入该股。

此后，该股发动了一波快速上涨行情。

二、回调遇缺口支撑

通常情况下，缺口的产生是源于买卖双方对股价的某种认知空白。上升缺口就如同大家普遍认为股价将位于该区域之上。因此，当股价回调至缺口位置时，很多先前在缺口上方没有成交的买盘就会纷纷买入股票，促使股价重新回归上升通道。

股价回调遇缺口支撑的操作要点如下。

第一，一般情况下，缺口越大，支撑能力越强，股价下跌到缺口位置时，遇支撑上涨的可能性也就越大。

第二，股价在创下阶段高点后出现回调时，成交量应该呈现出萎缩的态势，表明主力并没有出货，这就为该股未来的上涨提供了必要的条件。

第三，当股价遇缺口支撑而上涨时，如果其他技术指标能同步发出买入信号，将增大股价上涨的可能性。

下面来看一下复星医药的案例，如图6-6所示。

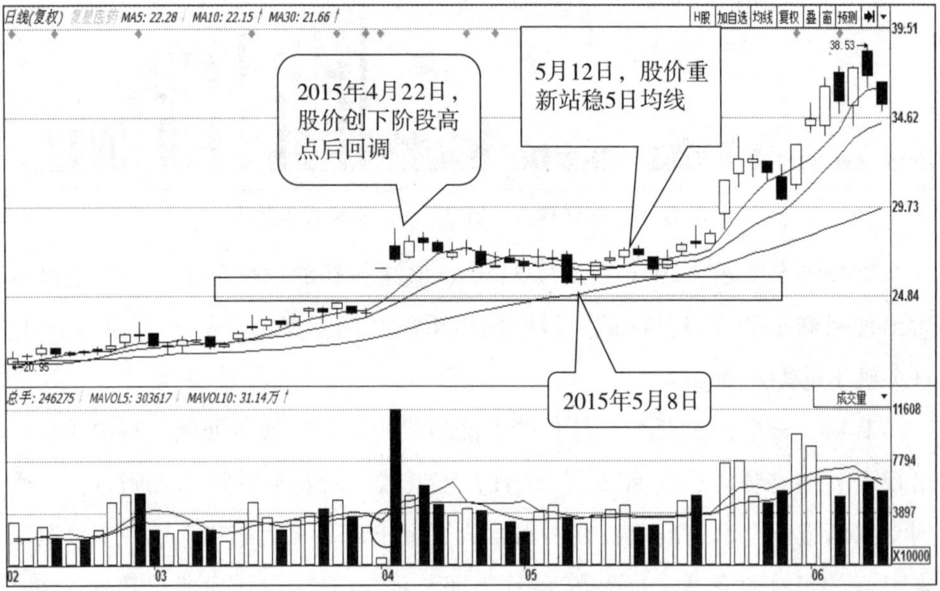

图6-6 复星医药（600196）日K线走势图

如图 6-6 所示，2015 年 4 月到 5 月期间，复星医药的股价出现了回落遇缺口支撑而重新上涨的情况，预示股价将有一波上涨行情。

复星医药的股价从 2015 年 4 月开始大幅度拉升。4 月 17 日，该股以涨停报收，使其 K 线图上出现了一个巨大的缺口。2015 年 4 月 22 日，该股股价在创下近期新高之后，出现震荡回调走势。5 月 8 日，该股股价在缺口区域获得支撑，此后重新上攻，并于 5 月 12 日重新站稳 5 日均线。

此时，投资者可考虑建仓买入该股。其后，该股发动了一波快速上涨行情。

三、回调遇中期均线支撑

中期均线通常被看成是股价运行趋势的重要参照线。股价运行于中期均线（如 20 日均线或 30 日均线）之上，意味着股价中期呈强势，即使股价出现回调，投资者也可以安心持股；反之，若股价跌破中期均线，则意味着股价中期趋势有转向的可能，投资者宜卖出手中的股票。正因如此，当股价经过一波上升后出现回调，其回调至中期均线位置时，若能因均线支撑而重新上升，则意味着中期均线对其具有较强的支撑作用，未来股价有重归上升通道的可能。

股价回调遇中期均线支撑的操作要点包括如下几项。

第一，均线周期越长，也就越稳定，支撑股价的强度越大。

第二，股价向中期均线回调过程中，成交量呈萎缩状态；当股价遇中期均线后出现反弹走势时，成交量应该呈放大迹象。

第三，当股价遇中期均线支撑而上涨时，如果其他技术指标同步发出买入信号，将增大股价上涨的可能性。

下面来看一下白云山的案例，如图 6-7 所示。2018 年 4 月初，白云山的股价经过一波上升后出现回落走势。其后，股价出现了震荡走低态势，并一路跌破了多条均线。

2018 年 4 月 19 日，白云山的股价在跌至 60 日均线附近时，因受 60 日均线的支撑而重新启动了上攻走势，且股价在上升当日成交量呈现明显放大的迹象。投资者可考虑在当日买入该股。

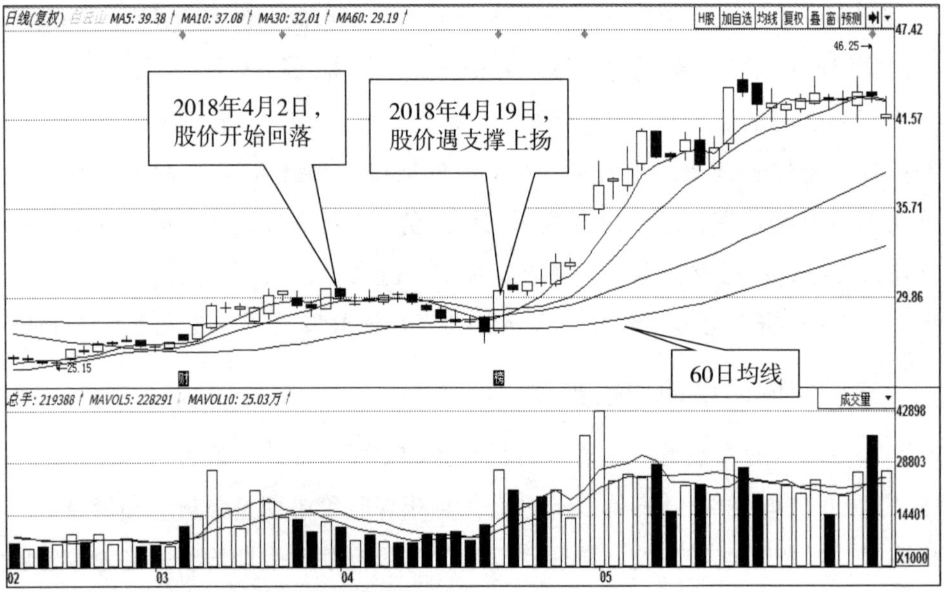

图 6-7　白云山（600332）日 K 线走势图

此后，该股出现了一波幅度较大的上涨走势。

四、回落前期低点再起航

当一只股票的股价自高处回落到前期的一个低点位置时，就会有相当一部分资金涌入，推动股价上涨，这也是一个比较好的买点。

第一，股价前期低点位置积累了大量未成交的买盘，因而，当股价下跌到这一位置时，这些未成交的买盘就会纷纷成交，促使股价反弹向上。股价反弹向上时，就是一个好买点。

第二，股价下跌到前期低点位置附近时，成交量往往会同步出现萎缩状态。如果成交量呈放大状态，那么，股价跌破前期低点的可能性就会非常大，此时投资者不可轻易介入。

第三，股价下跌到前期低点位置，因受支撑而重新上涨时，如果成交量同步出现放大态势，则未来股价上涨的可能性更大。

第四，股价下跌到前期低点位置受到支撑而重新上涨时，如果 MACD 指标也同步发出买入信号，则股价未来上涨的可能性更大。

下面来看一下用友网络的案例，如图 6-8 所示。

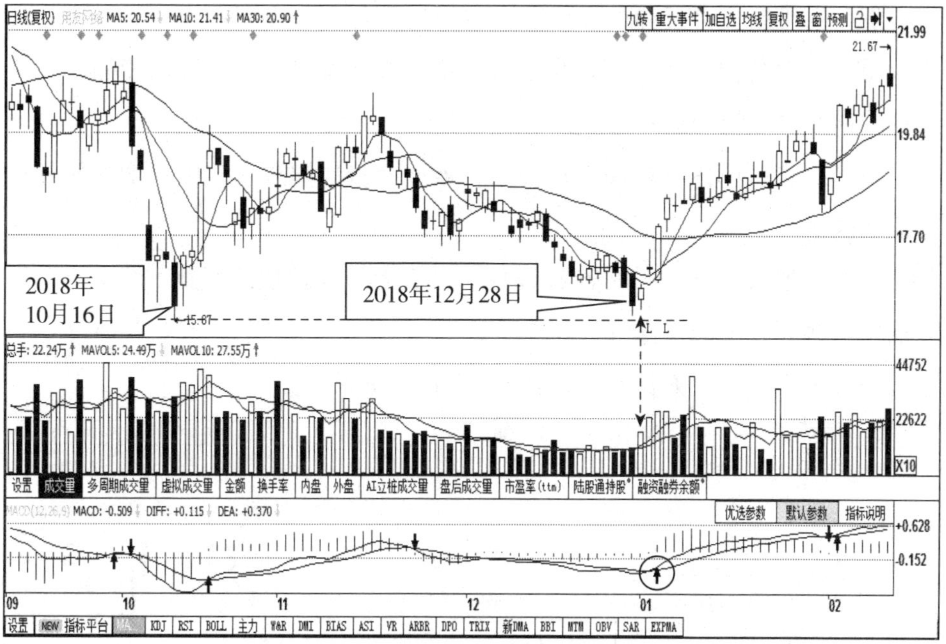

图 6-8 用友网络（600588）日 K 线走势图

如图 6-8 所示，在 2018 年下半年的下跌过程中，用友网络的股价曾于 10 月 16 日创下阶段低点后反弹向上。

随后，该股股价经过一段时间的震荡上升后再度走低，并来到了前期低点附近。2018 年 12 月 28 日，该股股价来到前期低点位置后受到了较强的支撑。

次日（即 2019 年 1 月 2 日），该股股价高开高走，出现了回升态势。与此同时，成交量出现了明显的放大，MACD 指标也同步在 0 轴附近出现了黄金交叉形态，这也属于典型的买入信号。

五、股价 K 线遇下轨线支撑反弹

股价 K 线经过一段时间下跌后，遇到布林线下轨获得支撑，此时布林线的喇叭口同步开始由放大转为收缩，则可认为布林线下轨对股价支撑有效，未来股价有反弹向上的可能。若股价 K 线下跌至下轨位置时，偶尔跌破下轨后立即回到下轨上方，仍可认定下轨对股价的支撑有效。此后，股价继续上升且能够突破中轨，则可考虑加仓该股。

股价遇下轨支撑反弹的操作要点包括如下几点。

第一，股价向布林线下轨靠拢过程中，成交量最好能够逐渐萎缩，这说明空方继续打压的动能不足。

第二，股价脚踩下轨向上反弹时，若成交量能够放大，则可增强股价反弹成功的概率。

第三，股价遇下轨时，若K线偶尔跌破下轨并很快返回到下轨上方，即可认定下轨对股价的支撑有效。

下面来看一下万东医疗的案例，如图6-9所示。

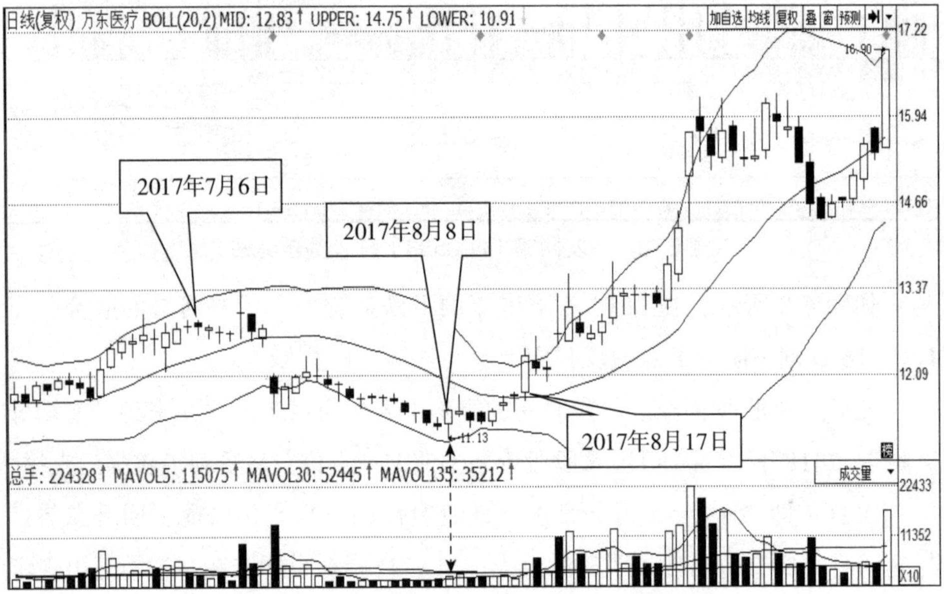

图6–9　万东医疗（600055）日K线走势图

如图6-9所示，万东医疗的股价自2017年7月6日出现回调走势，成交量随之出现萎缩。布林线喇叭口出现放大状态，说明该股股价正处于下行趋势，此时不利于入场操作。此后，万东医疗的股价沿下轨线下行一段时间。2017年8月8日，该股股价脚踩下轨线反弹向上，成交量开始出现温和放大，布林线喇叭口开始收缩，这说明股价有可能结束下跌态势，激进型投资者可考虑少量建仓。2017 年 8 月 17 日，该股股价放量向上突破中轨线，投资者可考虑加仓买入。

第三节　简单 K 线的反转模式

相对而言，简单 K 线构造的趋势反转形态所揭示的反转效果要弱于其他大型的 K 线组合形态。不过，任何大型趋势的转向无不发端于几根 K 线所带来的趋势改变，因此，一些特殊的可能给行情带来反转的 K 线形态还是需要投资者关注的。

一、早晨之星与黄昏之星

早晨之星与黄昏之星是一组相反的 K 线组合形态，都属于强烈的趋势反转信号。

早晨之星又称晨星、启明星、希望之星，一般出现在下跌行情结束时，它由三根 K 线组成，第一根为大阴线或中阴线，第二根为跳空低开的小阳线或小阴线，第三根为大阳线或中阳线，且其收盘价必须位于第一根阴线的中部以上位置。如图 6-10 所示。

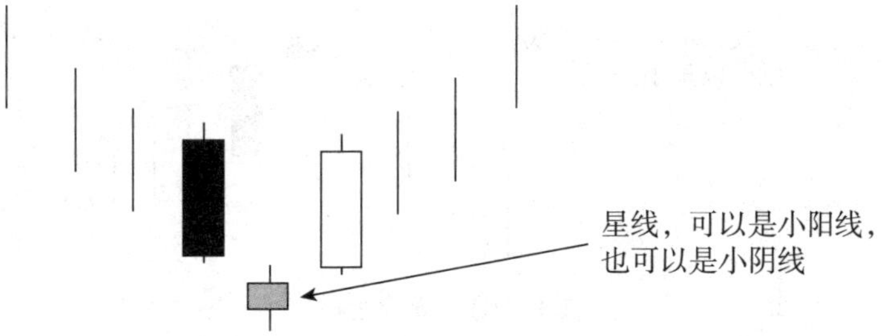

图 6–10　早晨之星

早晨之星，也就是启明星，通常出现在黎明之前最黑暗的时候，可以视为黑夜与白昼的分界点，因而在不确定的状态下却有确定的含义，说明股价已经到达谷底，行情将摆脱下跌的阴影，重现光明。

早晨之星可以根据中间星线的变化衍生出不同的形态，如，中间星线可以是锤头线、倒锤头线、螺旋桨、十字线、T 字线、倒 T 字线等。当星线是十字线时，则称为早晨十字星，其见底回升的信号意义更为明显。如果该十字线与前后两根 K 线之间均出现缺口（十字线的最高价均低于前一根阴线和后一根阳线的最低价），就构成了弃婴（舍字线）形态，反转信号更强烈。如图 6-11 所示。

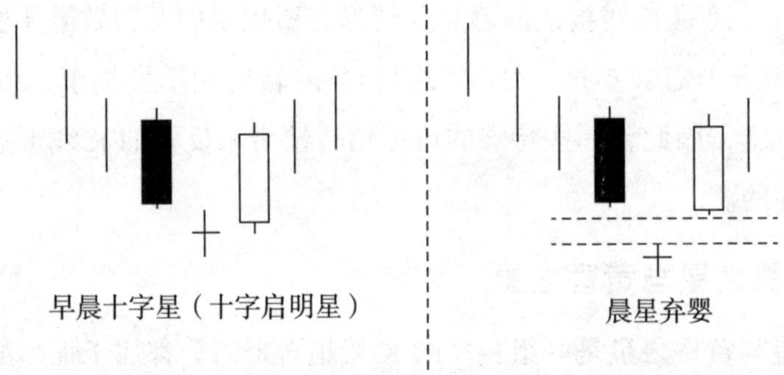

图 6-11　早晨十字星和晨星弃婴形态

与早晨之星相对的是黄昏之星。黄昏之星又称暮星、迟暮之星，一般出现在上涨行情结束时。它由三根 K 线组成，第一根为大阳线或中阳线，第二根为跳空高开的小阳线或小阴线，第三根为大阴线或中阴线，且其收盘价必须位于第一根阴线的中部以下位置。如图 6-12 所示。

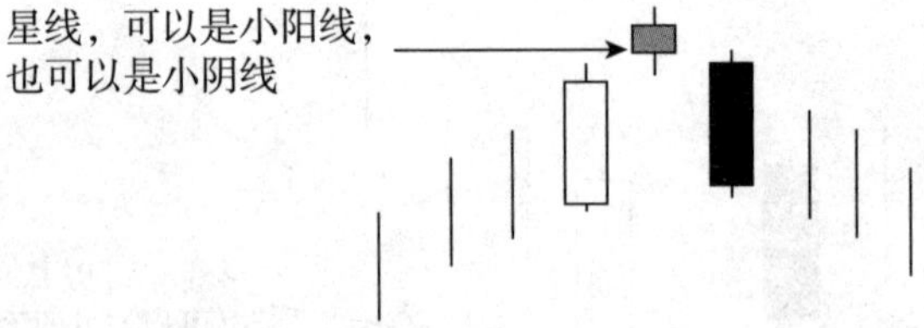

图 6-12　黄昏之星

黄昏之星形态是通过“夜幕降临，明星出现”暗喻股价已经到达顶峰，市场将进入黯淡的下跌行情。

与早晨之星类似，黄昏之星的中间星线也可以变化成锤头线、倒锤头线、螺旋桨、十字线、T字线、倒T字线等。当星线是十字线时，则称为黄昏十字星，其见顶回落的信号意义更为明显。如果该十字线与前后两根K线之间均出现缺口（十字线的最低价高于前一根阳线和后一根阴线的最高价），就构成了弃婴（舍字线）状态，反转信号更强烈。如图6-13所示。

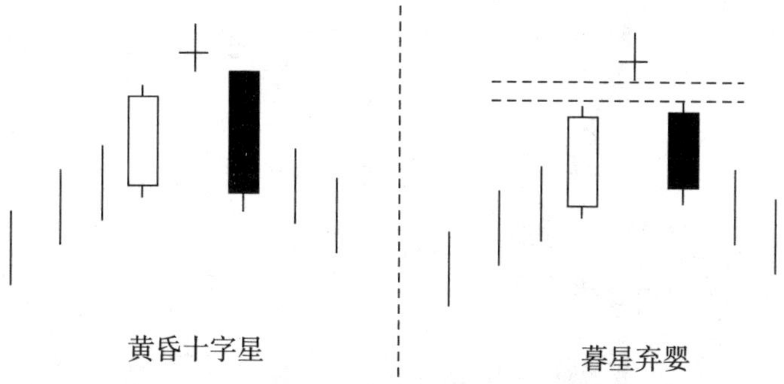

图6-13 黄昏十字星和暮星弃婴形态

出现早晨之星或黄昏之星，表示多空双方的力量对比发生了转换，行情由空（多）方主导转变成多（空）方主导，后市看涨（跌）。

第一，早晨之星是常见的见底回升信号，其信号意义较为明显，投资者看到这种形态，就应该考虑买入。黄昏之星是常见的见顶回落信号，其信号意义也比较明显，投资者看到这种形态，就应该考虑将手中的股票卖出。

第二，投资者买入的时机可以选择在早晨之星第三根阳线形成的当日，如果当日没有买入，可以选择次日建仓。投资者可以将卖出时机选择在黄昏之星第三根阴线形成的当日，如果当日没有卖出，可以选择在次日离场。

第三，早晨之星形态中，中间的星线实体越小，其与第一根阴线之间的跳空幅度越大，那么反转的可能性就越大；第三根阳线的收盘价越高，则买入信号就越强烈。黄昏之星形态中，中间的星线实体越小，其与第一根阳线之间的跳空幅度越大，那么反转的可能性就越大；第三根阴线的收盘价越低，则卖出信号就越强烈。

第四，以早晨之星为标准买入股票的投资者，应该将止损位定在中间星线的最低价上。

下面来看一下金龙汽车的案例，如图 6-14 所示。

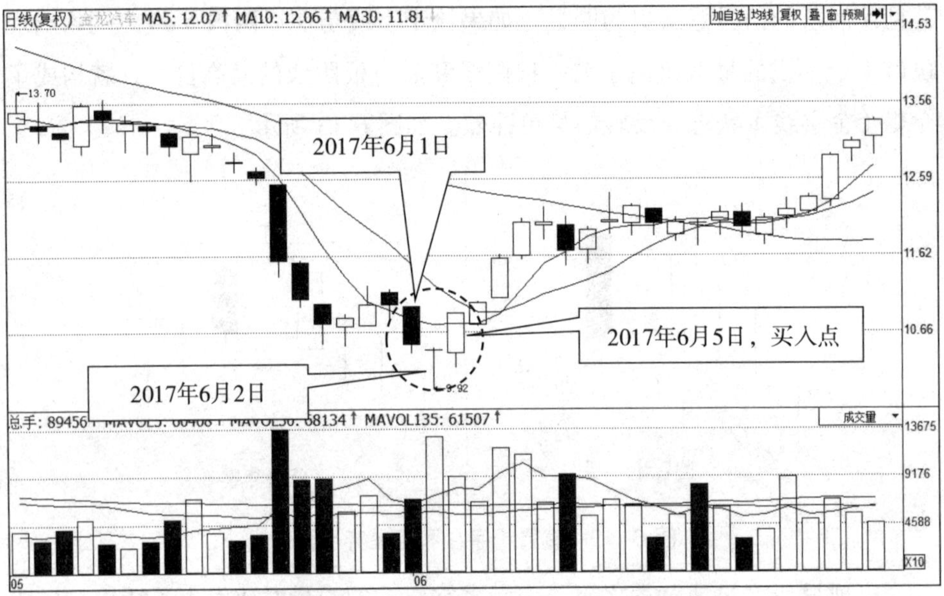

图 6-14　金龙汽车（600686）日 K 线走势图

如图 6-14 所示，金龙汽车在下跌行情末期的 2017 年 6 月 1 日、2 日和 5 日这三个连续的交易日里形成了早晨之星形态。

2017 年 6 月 1 日，金龙汽车收出一根中阴线。

2017 年 6 月 2 日，该股跳空低开，并收出一根十字星。这表明多空双方你争我夺，行情具有不确定性。

2017 年 6 月 5 日，该股高开高走，收出一根光头阳线，说明市场已经进入了多头状态。

这三根 K 线共同组成了早晨之星形态。投资者应在 6 月 5 日这一天适量买入，并把十字星的最低价设为止损位。

下面再来看一下王府井的案例，如图 6-15 所示。王府井在上涨行情末期的 2015 年 6 月 11 日、12 日和 15 日这三个连续交易日里形成了黄昏之星形态。

2015 年 6 月 11 日，王府井收出一根带影线的中阳线，表明上档存在较大的抛压。

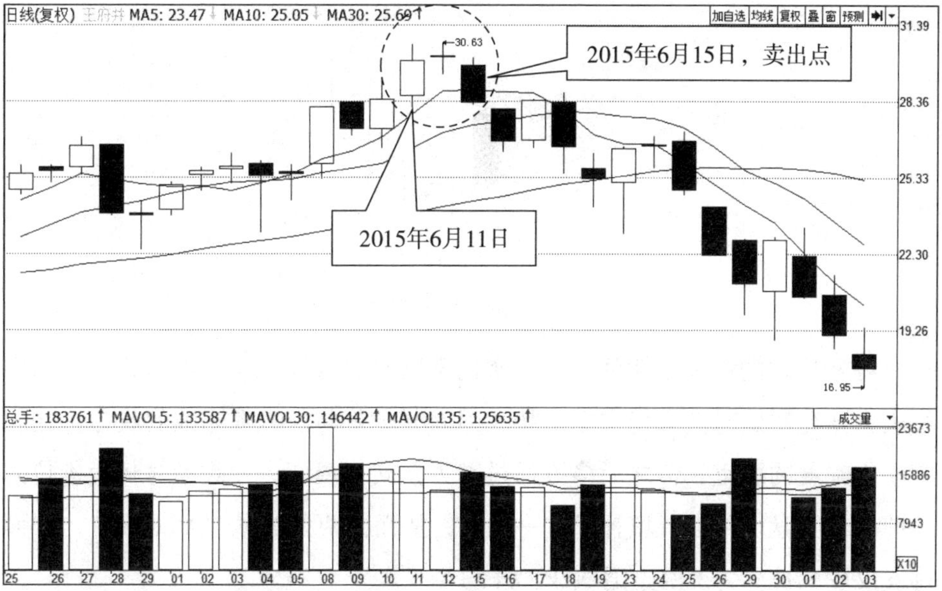

图 6-15　王府井（600859）日 K 线走势图

2015 年 6 月 12 日，该股跳空高开，收出一根十字星线，表明多空双方处于胶着状态，后市情况不明。

2015 年 6 月 15 日，该股跳空低开，收出一根大阴线，说明市场已经进入了空头状态。

这三根 K 线共同组成了黄昏之星形态，这是后市看跌的征兆。投资者应在 6 月 15 日这一天卖出股票，出局观望。

二、好友反攻、曙光初现与旭日东升

好友反攻、曙光初现与旭日东升形态相似，都属于典型的止跌转涨形态。不过，从反转程度上来看，旭日东升的买入信号要强于曙光初现和好友反攻。

好友反攻，一般出现在下跌行情中，由一阴一阳两根 K 线组成，先是收出一根大阴线或中阴线，接着又收出一根跳空低开的大阳线或中阳线，且这两根 K 线的收盘价相同或接近。如图 6-16 所示。

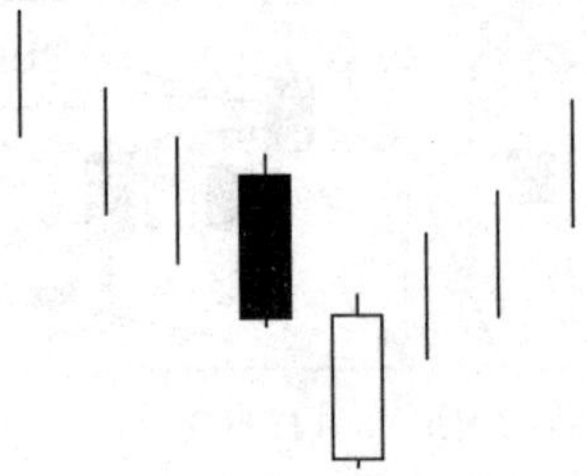

图 6-16　好友反攻

好友反攻的第一根阴线表示原来的下跌趋势延续，第二根低开高走的阳线表示开盘初始时空方仍占据优势，因而开盘价与前一根阴线的收盘价之间有一定幅度的跳空，但之后多方通过努力扭转了局面，在收盘时将股价拉升至前一日收盘价附近，填补了这一跳空，从而使两条 K 线“面对面”，因而好友反攻又被称为上涨遭遇线或上涨约会线。

曙光初现一般出现在下跌行情中，由一阴一阳两根 K 线组成，先是收出一根大阴线或中阴线，接着又收出一根跳空低开的大阳线或中阳线，且这根阳线收盘价所处的位置在前一日阴线实体的中部以上，如图 6-17 所示。

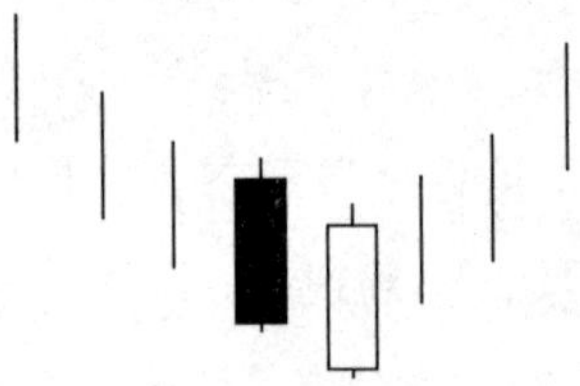

图 6-17　曙光初现

曙光初现的第一根阴线表示原来的下跌趋势延续，第二根低开高走的阳线，表示开盘初始时空方仍占据优势，因而开盘价与前一根阴线的收盘价之间有一定幅度的跳空，但之后多方开始发力，不仅填补了这一跳空缺口，还在收盘时将股价拉升至前一日阴线实体 1/2 以上位置，好像要将前一日的阴线贯穿，因而曙光初现又被称为贯穿模式。

旭日东升通常出现在一轮显著的下跌行情之后，也是由一阴一阳两根 K 线组成，先是收出一根大阴线或中阴线，接着又收出一根高开高走的大阳线或中阳线，且这根阳线的收盘价高于前一根阴线的开盘价，如图 6-18 所示。

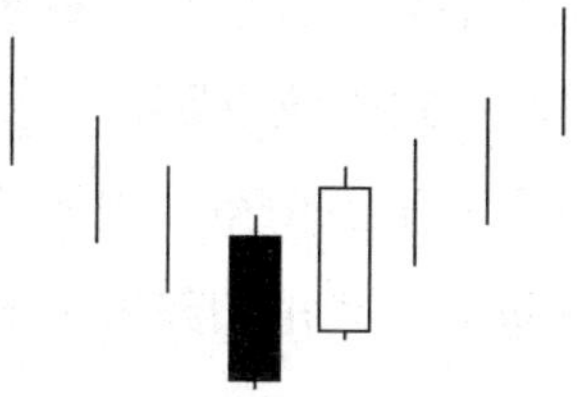

图 6-18　旭日东升

只有黑暗过后才可能会旭日东升，即股价前期必须经历过一段长时间的下跌。旭日东升的第一根阴线表示原来的下跌趋势延续，不过这一天空方几乎将能量释放殆尽。第二根高开高走的阳线表示一开盘多方就占据主动，空方因无力抵抗而节节败退，最终多方以绝对的优势取得胜利。

好友反攻、曙光初现和旭日东升都预示着行情由阴转晴，未来变得更加光明，是较为明显的看涨信号，其操作要点包括以下几点。

第一，在连续下跌之后出现好友反攻、曙光初现或旭日东升形态时，投资者不宜继续看空，而应该转变思维，寻找合适的机会逢低买入，积极做多。

第二，在曙光初现形态中，第二根阳线的实体部分应超越前一日阴线实体部分一半以上，这样曙光初现形态才会有看涨意义。

第三，如果在出现好友反攻、曙光初现或旭日东升形态后股价不升反降，则表示形态失败，投资者应以持币观望为宜。

第四，股价向上突破曙光初现的阴线最高价，可执行买入操作；旭日东升形态成立后，投资者可在次日股价突破阳线最高价时执行买入操作。

第五，好友反攻前后两根 K 线“遭遇”的位置，即两者的收盘价附近，是股价上涨的一个小的阻力位，投资者可以把该位置作为买入的基点，当股价突破该位置时再进行买入操作。投资者在介入时最好将该形态阳线的最低价设为止损点，以规避风险。

第六，好友反攻形态中，两根 K 线的实体部分越大，后市上涨的可能性就越大。收出阳线这一天，如果同时伴随着成交量放大，则看涨信号的意义更强。

第七，以曙光初现形态为标准买入股票，应该将该形态第二根阳线的最低价设为止损位；以旭日东升形态为标准买入股票，应该将该形态第一根阴线的最低价设为止损位。当股价跌破该位置时，投资者应进行止损操作。

第八，曙光初现或旭日东升形态中第二根阳线的实体部分越大，收盘价越高，则后市上涨的力度就越大。收出阳线这一天，如果同时伴随着成交量放大，则看涨信号更为强烈。

下面来看一下鲁阳股份的案例，如图 6-19 所示。

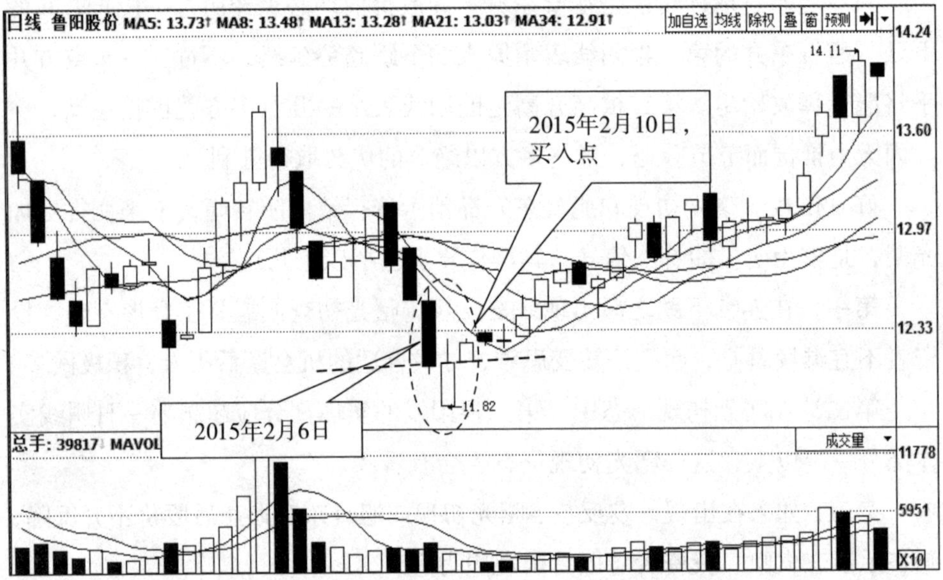

图 6-19 鲁阳股份（002088）日 K 线走势图

如图 6-19 所示，鲁阳股份经历了一波下跌行情后，于 2015 年 2 月 6 日、9 日这两个连续交易日形成好友反攻形态。

2015 年 2 月 6 日，鲁阳股份延续了之前的下跌走势，收出一根带有短上下影线的大阴线。2 月 9 日（7 日、8 日周末休市），该股大幅跳空低开，之后又成功弥补了开盘缺口，最终收出一根收盘价接近前一日收盘价的大阳线。两者共同形成了好友反攻形态，预示着行情有反转的迹象。

2015 年 2 月 10 日，该股股价高开高走，此时投资者可以适量买入，并把止损位设在大阳线最低价 11.82 元的价位上。

下面再来看一下新黄浦的案例，如图 6-20 所示。

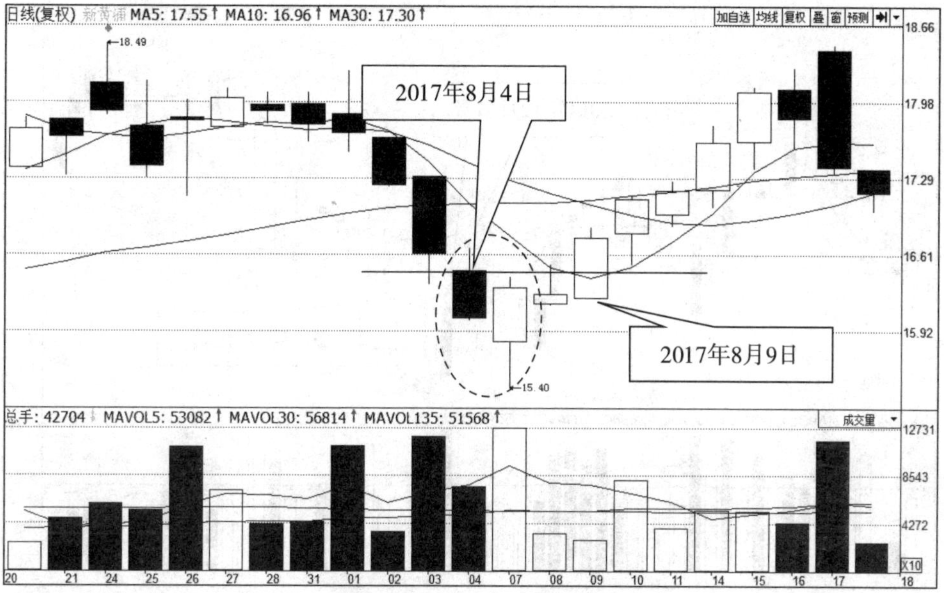

图 6-20　新黄浦（600638）日 K 线走势图

如图 6-20 所示，2017 年 8 月 4 日、7 日，新黄浦的日 K 线图上出现了曙光初现形态。

2017 年 8 月 4 日，新黄浦收出一根光脚大阴线。8 月 7 日（8 月 5 日和 8 月 6 日周末休市），该股跳空低开不久便探底，随后便一路上扬，不仅成功弥补了开盘时的跳空，还将收盘价定格在了前一交易日阴线的中部以上位置。这根阳线与前一交易日的阴线共同组成了曙光初现形态，预示着股价已经实现阶段性触底反弹。

2017 年 8 月 9 日，该股跳空低开高走，突破了曙光初现中阴线的最高价，多方优势更加明显，投资者应该在盘中逢低买进，积极吸纳。

下面再来看一下齐峰新材的案例，如图 6-21 所示。经过长时间的下跌之后，2014 年 12 月 31 日和 2015 年 1 月 5 日，齐峰新材的日 K 线图上出现了旭日东升形态。

2014 年 12 月 31 日，齐峰新材低开低走，收出一根大阴线。2015 年 1 月 5 日，该股高开高走，当天收出一根大阳线。这根阳线的收盘价高于前一根阴线的开盘价，两者共同组成了旭日东升形态，预示行情有回暖的迹象。

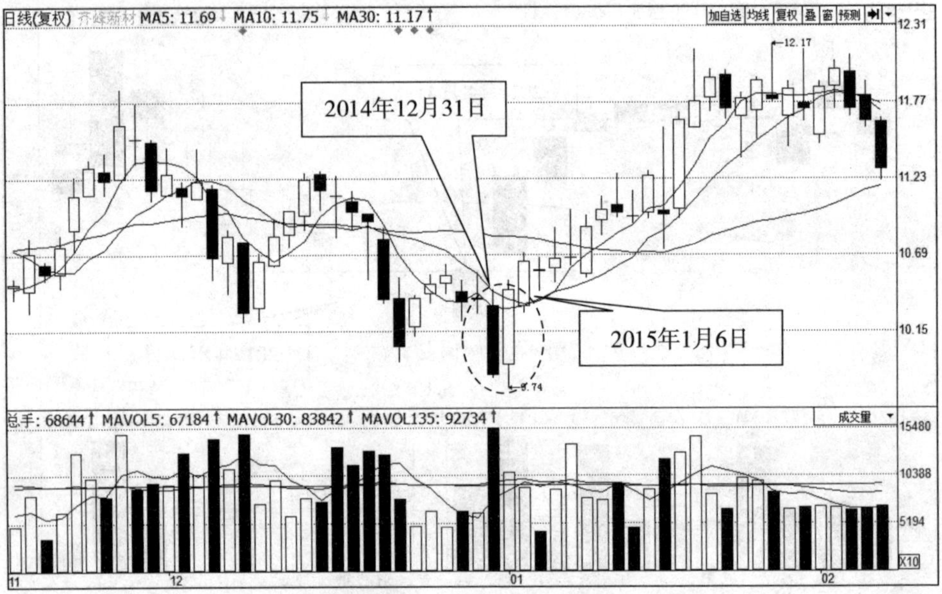

图 6-21 齐峰新材（002521）日 K 线走势图

此时，投资者应将看空思维转换成看多思维。激进的投资者可在次日逢低吸纳，稳健的投资者可以选择在 1 月 6 日股价突破旭日东升形态大阳线的最高价时买入。

三、淡友反攻、乌云盖顶与倾盆大雨

淡友反攻、乌云盖顶与倾盆大雨形态相似，都属于典型的止涨转跌形态。不过，从反转程度上来看，倾盆大雨的卖出信号要强于乌云盖顶和淡友反攻。

淡友反攻一般出现在上涨行情中，由一阳一阴两根 K 线组成，先是收出一根大阳线或中阳线，接着又收出一根跳空高开的大阴线或中阴线，且这两根 K 线的收盘价相同或接近。如图 6-22 所示。

淡友反攻的第一根阳线，表示原来的上涨趋势延续，第二根高开低走的阴线表示开盘初始时多方仍占据优势，因而开盘价与前一根阳线的收盘价之间有一定的跳空，但之后空方通过努力扭转了局面，补回了这一跳空缺口，并在收盘时将股价打压到前一日收盘价附近，从而使两条 K 线“面对面”，因而，淡友反攻又被称为下跌遭遇线或下跌约会线。

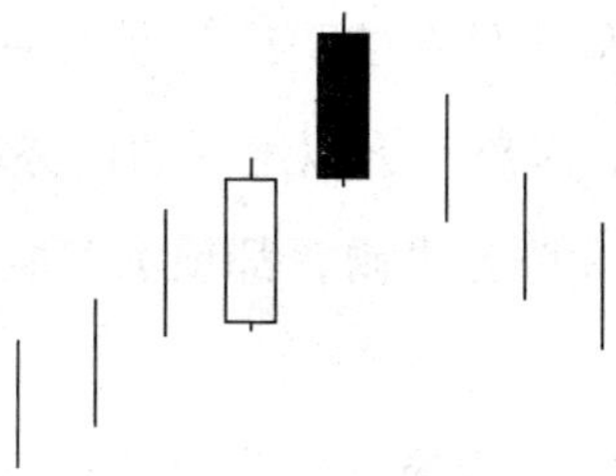

图 6-22　淡友反攻

乌云盖顶一般出现在上涨行情中，由一阳一阴两根 K 线组成，先是收出一根大阳线或中阳线，接着又收出一根跳空高开的大阴线或中阴线，且这根阴线收盘价所处的位置在前一日阳线实体的中部以下。如图 6-23 所示。

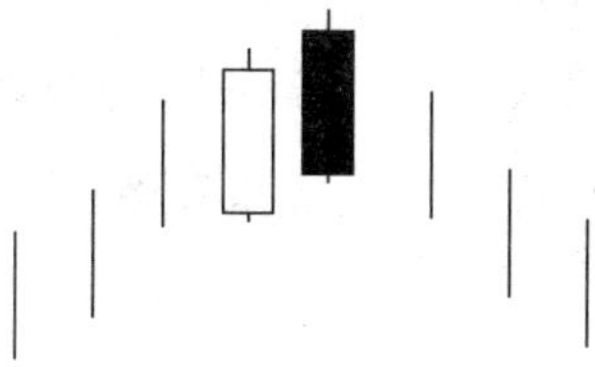

图 6-23　乌云盖顶

乌云盖顶的第一根阳线，表示原来的上涨趋势延续，第二根阴线表示开盘初始时多方仍占据优势，因而开盘价与前一根阳线的收盘价之间有一定的跳空，但之后空方开始发力，不仅填补了这一跳空缺口，还在收盘时将股价打压至前一日阳线实体 1/2 以下位置，好像要将前一日的阳线覆盖，因而乌云盖顶又被称为覆盖线。

倾盆大雨通常出现在一轮显著的上涨行情之后，由一阳一阴两根 K 线组成，先是收出一根大阳线或中阳线，接着又收出一根低开低走的大阴线或中阴线，且这根阴线的收盘价低于前一根阳线的开盘价，如图 6-24 所示。

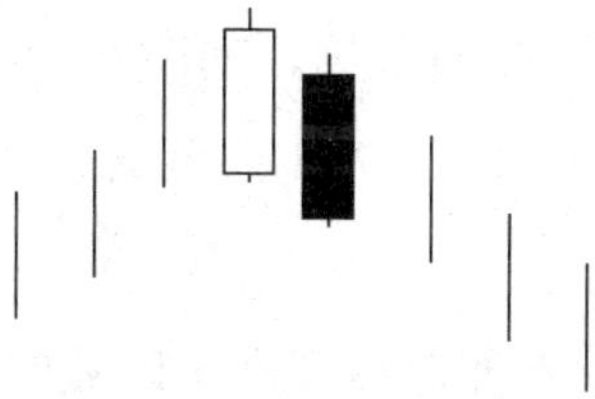

图 6-24　倾盆大雨

倾盆大雨的第一根阳线表示原来的上涨趋势延续，不过这一天多方几乎将能量消耗殆尽。第二根低开低走的阴线，表示一开盘空方就占据主动，多方因无力抵抗而节节败退，最终空方以绝对的优势取得胜利。

淡友反攻、乌云盖顶和倾盆大雨，都预示着股价将见顶回落，属于明显的看跌信号。

第一，在连续上涨之后出现淡友反攻、乌云盖顶或倾盆大雨形态时，投资者不宜继续看多，而应提高警惕，适时逢高卖出。

第二，出现淡友反攻、乌云盖顶或倾盆大雨形态后，如果股价马上进入下降通道，相应的下跌力度往往并不大；相反，如果有一个短暂的调整期，则会在蓄势之后爆发出强劲的下跌力量。

第三，淡友反攻前后两根 K 线“遭遇”的位置，即两者的收盘价附近，是股价下跌的一个小的支撑位，一旦股价跌落到该位置以下，投资者应果断清仓出局。

第四，乌云盖顶或倾盆大雨形态中第二根阴线的实体部分越大，收盘价越低，则后市下跌的力度越大。收出阴线这一天，如果同时伴随着成交量放大，则进一步证明后市将下跌。

第五，乌云盖顶形态中，第二根阴线的实体部分应插入前一日阳线实体部分一半以上，这样乌云盖顶形态才会有看跌意义。

第六，无论淡友反攻、乌云盖顶或倾盆大雨出现在高位还是低位，都是非常危险的信号，投资者应保持警觉，以抛售出局为宜。不过在低位出现乌云盖顶，极有可能是庄家设的局，投资者卖出股票后，还应及时跟踪该股走势，如果发现下跌停滞或有反弹迹象，可考虑补回。

下面再来看一下永泰能源的案例，如图 6-25 所示。永泰能源经历了一波上涨行情之后，于 2015 年 4 月 17 日、20 日这两个连续的交易日形成了淡友反攻形态。

2015 年 4 月 17 日，永泰能源高开高走以涨停报收，收盘价为 8.44 元。

4 月 20 日，该股跳空高开，之后又补回了开盘时的缺口，最终在收盘时将价格同样定格在了 8.44 元。后面这根阴线与前一日的阳线共同形成了淡友反攻形态，预示着行情有反转的迹象。

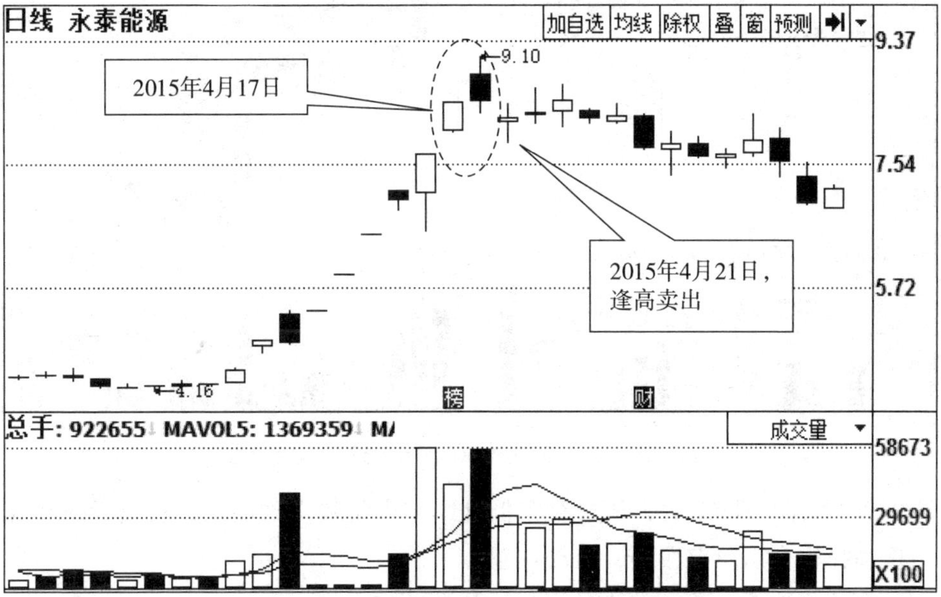

图 6-25　永泰能源（600157）日 K 线走势图

下一个交易日（2015 年 4 月 21 日），该股以更大的缺口跳空低开，之后经过一番震荡，当天收出一根十字线，表明行情已经到达阶段性顶部，后市看跌。此时，投资者应该卖出部分股票，轻仓观望。

下面来看一下祥源文化的案例，如图 6-26 所示。2017 年 9 月 25 日、26 日，祥源文化的日 K 线图上出现了乌云盖顶形态。

2017 年 9 月 25 日，祥源文化的股价经过一段时间的震荡上升后收出一根大阳线。9 月 26 日，该股跳空高开高走，但在上档遇到空方强有力的抛盘，股价开始回落，当天不仅成功弥补了开盘时的跳空缺口，还在收盘时将股价打压到了前一日的开盘价附近，形成了一根大阴线。这根大阴线深入到前一根大阳线实体的中部以下位置，两根 K 线共同组成了乌云盖顶形态。出现这种形态，预示着股价已经到达阶段性顶部，投资者看到后应保持警觉。

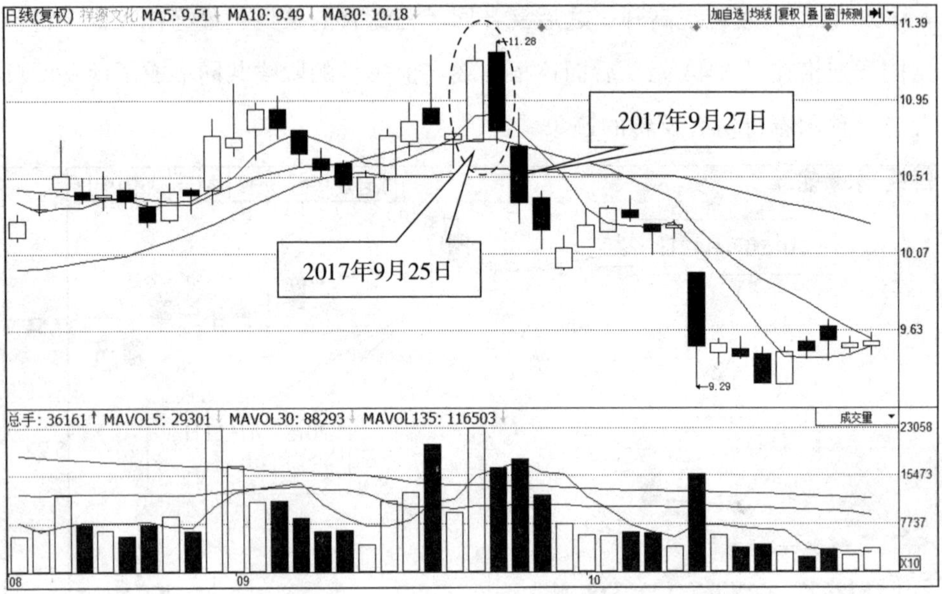

图 6-26　祥源文化（600576）日 K 线走势图

2017 年 9 月 27 日，该股跳空低开，空方优势更加明显，投资者应在盘中逢高择机卖出所有股票，出局观望。

下面再来看一下天津港的案例，如图 6-27 所示。

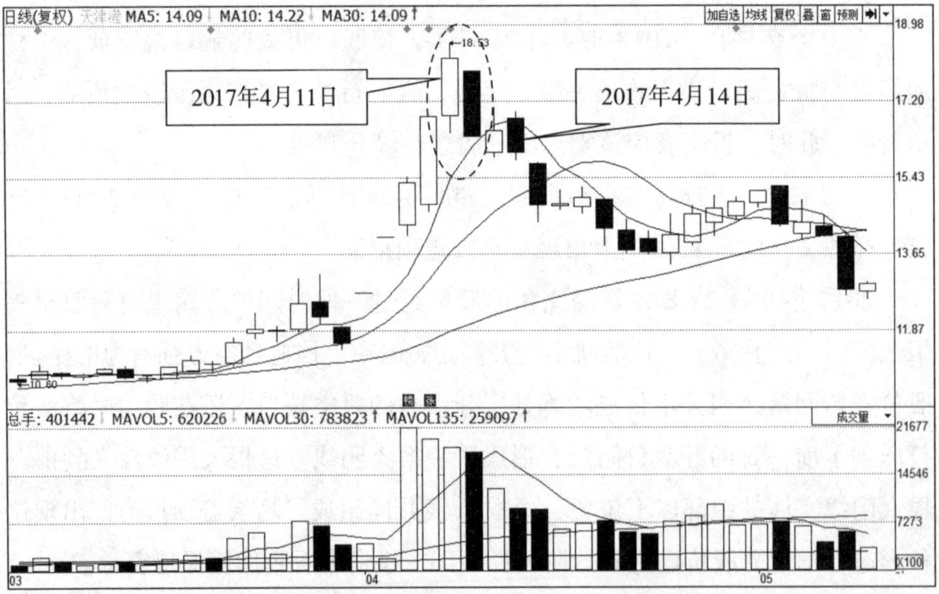

图 6-27　天津港（600717）日 K 线走势图

如图 6-27 所示，经过一段时间的大幅上涨之后，天津港的日 K 线于 2017 年 4 月 11 日、12 日这两天出现了倾盆大雨形态。

2017 年 4 月 11 日，天津港高开高走收出一根大阳线，且这一天出现了近段时间内的最高价。4 月 12 日，该股低开低走，当天收出一根光头光脚大阴线。这根阴线的收盘价远远低于前日的开盘价，形成倾盆大雨形态，预示着行情将反转向下。

警觉的投资者在 4 月 12 日当天就应做出减仓或清仓的决策。部分没有来得及卖出的投资者，则应在 4 月 14 日跳空低开后逢高抛空，出局观望。

四、孕线：阴孕阳与阳孕阴

孕线又称母子线、身怀六甲、孕育形态，因形态看上去好像一个怀孕的母亲而得名。孕线由两根 K 线组成，前一根 K 线的实体较长，后一根 K 线实体相对来说要短一些，且“隐藏”在前一根 K 线的实体内，即后一根 K 线的最高价与最低价均处于前一根 K 线的最高价与最低价的波动范围内。这两根 K 线为一阴一阳，可以是阴线在前，阳线在后，也可以是阳线在前，阴线在后。

当孕线出现在一段持续下跌走势之后，前一根 K 线是阴线，后一根 K 线是阳线，则称之为阴孕阳或多头母子。该形态表示之前处于强势的空方力量减弱，多方开始发力，通常表示为见底信号，如图 6-28 所示。

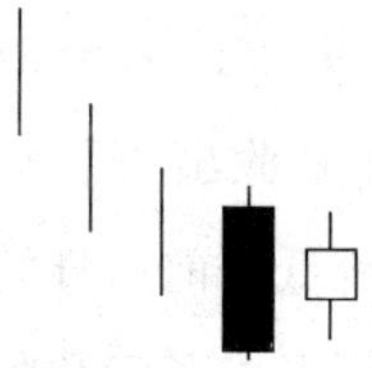

图 6–28　阴孕阳

当孕线出现在一段持续的上涨走势之后，前一根 K 线是阳线，后一根 K 线是阴线，则称为阳孕阴或空头母子。该形态表示之前处于强势的多方力量减弱，空方开始发力，通常表示为见顶信号，如图 6-29 所示。

图 6-29 阳孕阴

出现孕线，具有一定的趋势反转含义，表明在市场中存在一种犹豫心理，但其反转信号的强度不如包线。从实体的长度上来看，孕线的两根 K 线实体越长，行情发生反转的可能性越大。

第一，在连续下跌走势中出现阴孕阳形态，表示卖盘力量减弱，股价可能即将见底或继续下跌的空间很小，投资者不宜轻举妄动，应该耐心观察。当有其他信号证明股价将上涨时，再进行买入操作。

第二，在连续上涨走势中出现阳孕阴形态，表示买盘力量减弱，股价可能即将见顶或继续上涨的空间很小。投资者可卖出部分股票，轻仓观望。

第三，尽管第二根 K 线实体并不长，但其收盘价也能侧面反映反转的可能性。阴孕阳形态中，后一根阳线相对于前一根阴线而言收盘价越高，则反转向上的可能性越大。阳孕阴形态中，后一根阴线相对于前一根阳线而言收盘价越低，则反转向下的可能性越大。

先来看一下恒丰纸业的案例，如图 6-30 所示。恒丰纸业的股价经历了一波上涨行情之后，于 2017 年 9 月 13 日至 14 日这两天出现孕线形态。

2017 年 9 月 13 日，恒丰纸业收出一根大阳线。9 月 14 日，该股收出一根小阴线，这根小阴线的开盘价低于前一日的收盘价，收盘价高于前一日的开盘价，和前一日的大阳线共同形成了阳孕阴形态。这表明行情有出现反转的可能，投资者应卖出部分股票，轻仓观望。

2017 年 9 月 19 日，该股收出一根中阴线，表明空方已经占据主动，投资者应果断地将剩余的股票出手。

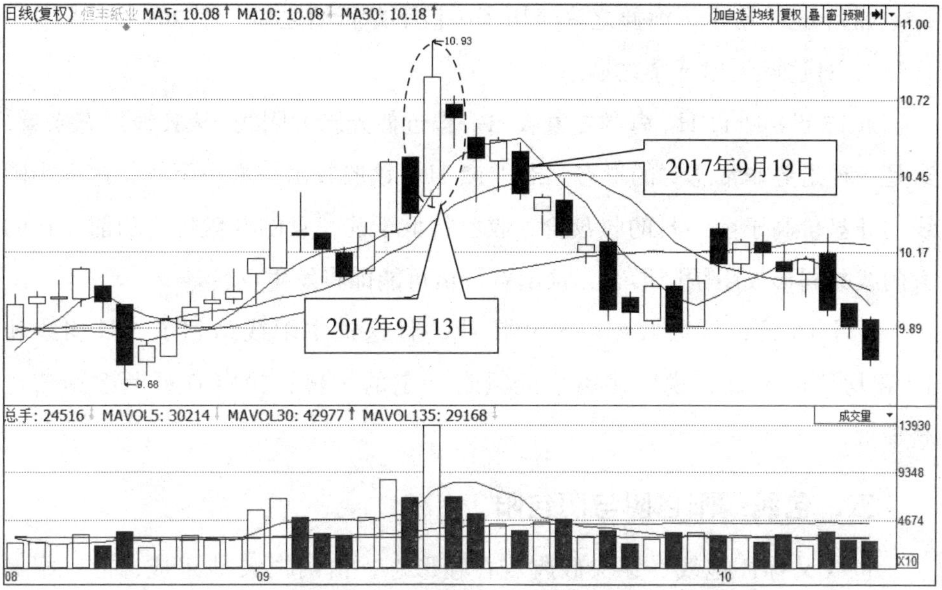

图 6-30　恒丰纸业（600356）日 K 线走势图

下面再来看海澜之家的案例，如图 6-31 所示。

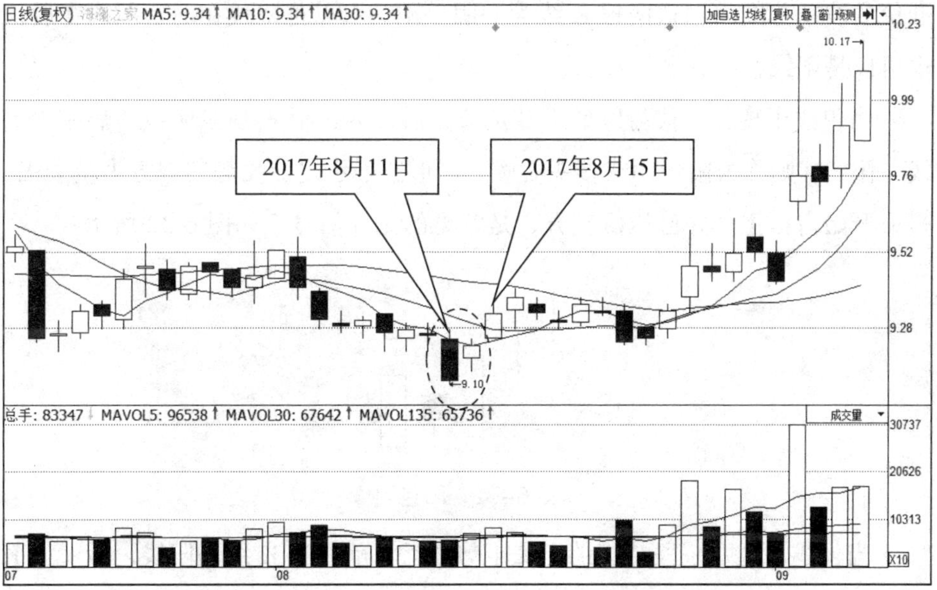

图 6-31　海澜之家（600398）日 K 线走势图

如图 6-31 所示，海澜之家经历了一波下跌行情之后，于 2017 年 8 月 11 日和 12 日这两天出现孕线形态。

2017 年 8 月 11 日，海澜之家收出一根近似光脚大阴线，从 K 线形态来看，这是一种走势非常恶劣的形态。8 月 12 日，该股收出一根小阳线，这根小阳线的开盘价高于前一日的收盘价，收盘价低于前一日的开盘价，和前一日的大阴线共同形成阴孕阳形态，预示着行情可能即将发生反转。

8 月 15 日，该股收出一根中阳线，且这根中阳线站到了 5 日均线和 10 日均线的上方，说明多方已经具有一定的优势，投资者可考虑逐渐建仓该股。

五、包线：阳包阴与阴包阳

包线又称怀抱线、穿头破脚、吞噬形态，由两根 K 线组成，前一根 K 线实体较短，后一根 K 线实体相对较长一些，且将前一根 K 线的实体完全包住。即前一根 K 线的最高价与最低价，均处于后一根 K 线的最高价与最低价的波动范围内。这两根 K 线为一阴一阳，可以是阴线在前，阳线在后，也可以是阳线在前，阴线在后。

当包线出现在一段持续的下跌走势之后，前一根 K 线是阴线，后一根 K 线是阳线，则称为阳包阴或多头吞噬。该形态表示之前强势的空方力量衰竭，多方开始占据主动并已压倒空方，是常见的见底信号，如图 6-32 所示。

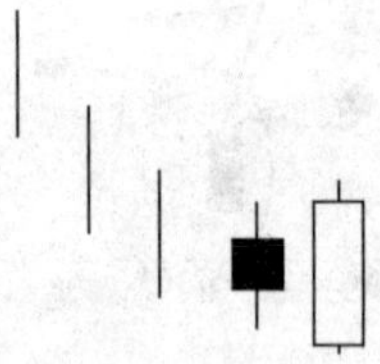

图 6-32　阳包阴

当包线出现在一段持续的上涨走势之后，前一根 K 线是阳线，后一根 K 线是阴线，则称为阴包阳或空头吞噬。该形态表示之前强势的多方力量衰竭，空方开始占据主动并已压倒多方，是常见的见顶信号，如图 6-33 所示。

图 6-33　阴包阳

包线说明原本占据优势的空方（多方）的力量几乎被完全消耗，多方（空方）已经成为主导力量，市场有发生反转的可能。

第一，在连续上涨走势中出现阴包阳形态，表明卖盘力量明显强过买盘力量，是股价见顶回落的信号，投资者宜在次日采取逢高卖出的做空策略。

第二，在连续下跌走势中出现阳包阴形态，表明买盘力量明显强过卖盘力量，是股价触底回升的信号，投资者宜在次日采取逢低吸纳的做多策略。如果投资者依照该形态买入股票，应将止损位设在阳包阴形态中阳线的最低价上，一旦股价跌破该价位，投资者应尽快卖出止损。

第三，操作中投资者需要注意的是，在识别包线信号时，应该看两根 K 线实体部分是否“吞噬”，即后一根 K 线的实体部分是否包住了前一根 K 线的实体部分，不要将上下影线计算在内，否则会引发错误的操作。

第四，发生吞噬的当天，如果伴随着成交量的放量配合，则可确认为转势信号。如果第二根 K 线实体能吞噬前面好几天的 K 线实体，则表明反转的力量很大。

下面来看一下贵研铂业的案例，如图 6-34 所示。贵研铂业经历了一波下跌行情之后，于 2017 年 6 月 12 日和 13 日这两天出现了包线形态。

2017 年 6 月 12 日，贵研铂业收出一根光头小阴线。6 月 13 日，该股出现一根光脚大阳线，这根大阳线的开盘价低于前一日的收盘价，而收盘价比前一日的开盘价要高很多。它与前一日的光头小阴线共同形成了阳包阴形态，表示行情可能会触底回升。激进的投资者可以选择次日逢低吸纳，稳健的投资者还可以再观察几天。

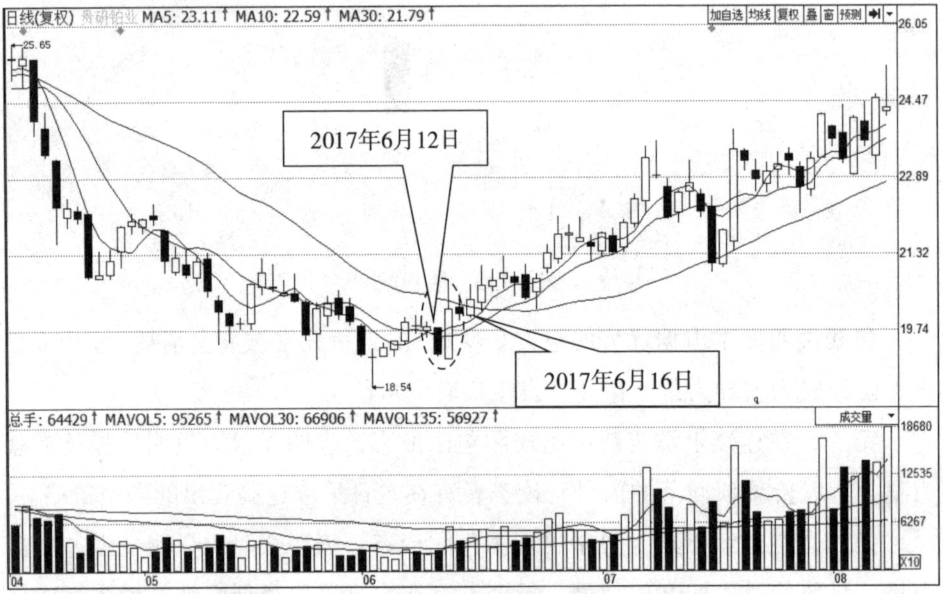

图 6-34　贵研铂业（600456）日 K 线走势图

2017 年 6 月 16 日，贵研铂业的股价向上突破 30 日均线，说明多方已经占据优势地位，投资者可大胆买入该股。

下面来看一下金枫酒业的案例，如图 6-35 所示。

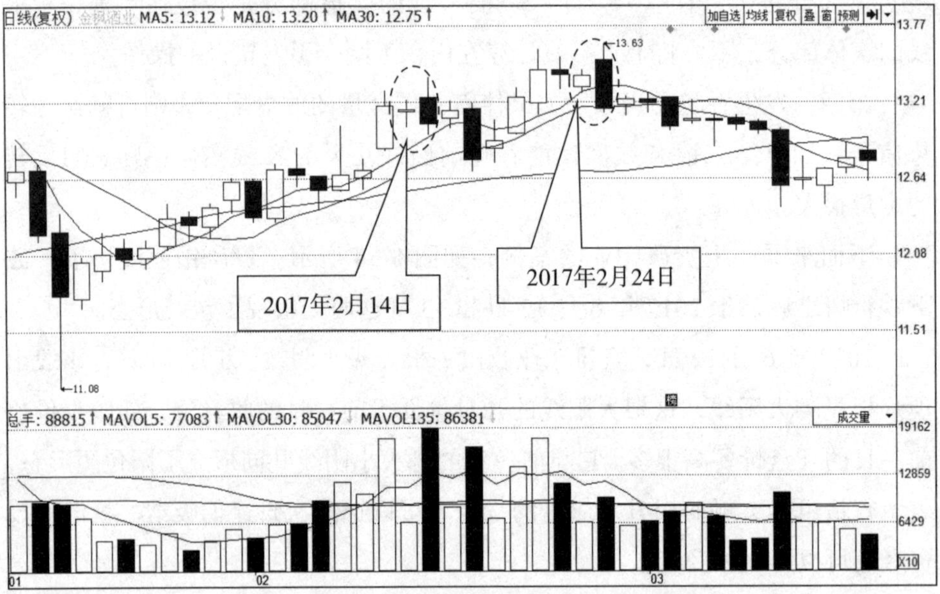

图 6-35　金枫酒业（600616）日 K 线走势图

如图 6-35 所示，金枫酒业的股价经历了一波上涨行情之后，于 2017 年 2 月 14 日、15 日和 24 日、27 日两度出现包线形态。

2 月 14 日，金枫酒业出现一根带影线的小阳线。2 月 15 日，该股收出一根阴线，这根阴线的开盘价高于前一日的收盘价，收盘低于前一日的开盘价，和前一日的小阳线共同形成了阴包阳形态。

此后，该股出现了一波小幅震荡上升。2 月 24 日，该股又一次收出小阳线。2 月 27 日，该股再度收出一根大阴线，这根大阴线与前一交易日的小阳线再度形成了阴包阳形态。出现这种形态，表明原有的上涨趋势减弱，行情可能发生反转。投资者应该在 27 日当天及时采取减仓行动，不需要等待收盘或其他信号确认。如投资者没有及时离场，则应在次日择高卖出。

第四节　经典 K 线底部反转形态

当一组 K 线在底部区域形成某些典型的底部形态后，往往意味着股价即将启动一波反弹走势，这些 K 线在底部区域形成的形态就称为 K 线底部形态。

一、V 形底及最佳买入点

V 形底又称尖底，出现在一段下跌行情的末尾。其形态表现为：股价先是经过一段快速下跌行情，下跌到一定幅度后掉头向上，又开始了一段快速上涨行情，从而形成了一个形状像英文字母“V”的底部走势。如图 6-36 所示。

图 6-36　V 形底

V 形底可谓神出鬼没，虽然极为常见，却是最难判断的一种底部形态。

该形态的形成经历了这样的过程：一开始空方力量很强，同时引发恐慌性抛盘，使股价连续下挫；当空方力量得到充分释放之后，盘面变得轻盈了许多，成交量也萎缩到了极点，这时多方开始发力，并完全控制了市场，从而使股价一路回升，迅速收复了失地。

出现V形底往往源于突发性的利好消息，因而对该形态的判断较为困难。但不可否认的是，它是一个较为强烈的底部信号，投资者需要高度关注，有效把握买入的机会。

第一，股价下跌一段时间后出现V形底形态，反转信号的可靠性较高，投资者可以在底部放量反弹时积极买进，但要控制好仓位。

第二，股价回升到V形底开始快速下跌的价位时，可能会遭受一定的阻力，从而出现横盘整理平台，形成V形底的扩展形态，如图6-37所示。这是因为部分投资者对股价的上涨仍缺乏信心，不过一旦股价突破这一阻力位，未来仍有很大的上涨空间，所以，投资者可以在向上突破平台后大胆买入。需要说明的是，这一整理平台有时可能不会出现。

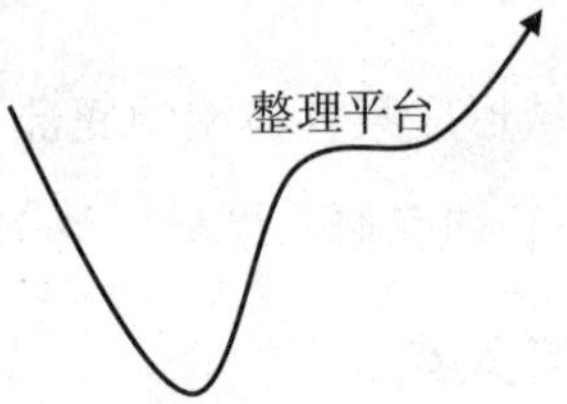

图6-37　V形底的扩展形态

第三，参照V形底形态买入股票的投资者，应将止损位设定在V形底的底端。一旦股价跌破这一位置，说明上涨趋势被破坏，投资者应该果断止损离场。

第四，在V形底形成过程中，股价上涨的同时还会伴随着成交量的明显放大。成交量越大，看涨信号越强烈，之后上涨的空间也就越大。

第五，基于V形底的特点，投资者在及时买进的同时，还应该认真分析股票的历史走势和行情反转的本质，注意V形底目前所处的位置。当V形底出现在高价位区域时，投资者需要保持警觉。

下面来看一下阳光电源的案例，如图 6-38 所示。

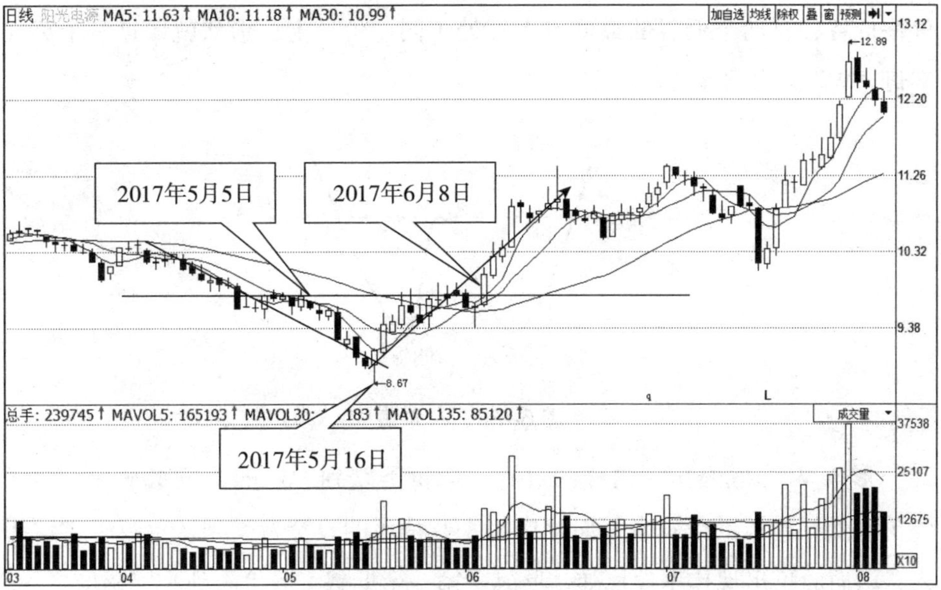

图 6-38　阳光电源（300274）日 K 线走势图

如图 6-38 所示，2017 年 5 月到 6 月期间，阳光电源的日 K 线图上出现了 V 形底形态。

阳光电源的股价从 2017 年 3 月开始下跌，到 2017 年 4 月中旬进入了震荡整理阶段。

2017 年 5 月 5 日，该股收出一根阴线，多空双方的平衡被打破，股价开始快速下跌。

2017 年 5 月 16 日，该股收出一根下影线很长的阳线，说明下方有强大的买盘支撑，预示行情有可能反转。

此后，该股启动了一波上升行情。当股价上升至 V 形底下跌起始位附近时，股价重新开始震荡。2017 年 6 月 8 日，该股收出一根大阳线，预示股价已经完成了筑底走势，震荡走势将结束，未来反弹向上的概率很大，投资者宜积极买入该股。

二、W 形底及最佳买入点

W 形底又称双重底，出现在一段下跌行情的末尾。该形态有两个明显的价格低谷，且两个低谷的最低点大致处于同一价位上，形状就像是一个英文字母“W”。如图 6-39 所示。

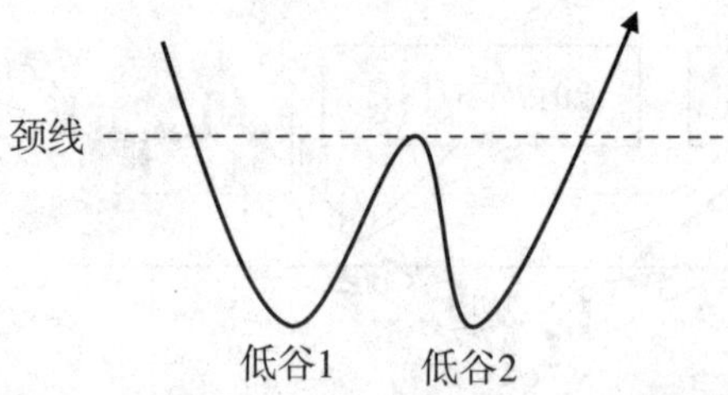

图 6–39　W 形底

形成 W 形底经历了这样的过程：股价下跌到一定的价位水平后，由于股价太低，持股的投资者不愿割肉，一些持币的投资者受到低价吸引尝试买入，因而股价出现技术性反弹，形成了第一个低谷。股价涨到一定幅度之后，短期获利的投资者及时将获利回吐，前期不愿割肉的投资者也趁机卖出，之后股价再次下跌，因而反弹并没有持续多长时间。再次下跌的股价回落到上次低点附近时获得支撑，重新开始上涨，吸引了越来越多的投资者跟进买入，股价冲破了前一次反弹的高点，形成了第二个低谷。

通过第一个反弹高点画一条水平直线，就得到了 W 形底的颈线。股价向上突破该颈线，才能视为 W 形底形态正式构筑完成。

W 形底是一种转势形态，它的出现预示着跌势将告一段落，行情将走入上升通道。

第一，W 形底形态是较为可靠的看涨信号，投资者看到此形态后，应考虑买入股票。

第二，W 形底形态尚未形成时，一些经验丰富的投资者便从中找到了买入良机。当股价第二次探底，且所探得的低点高于前一个低谷的低点时，称为二次探底不破底价。激进的投资者可以把握时机，适量买入，并把前一个低谷的低点设为止损点。

第三，W 形底第一个明确的买入时机出现在股价突破颈线位置时，这表明 W 形底基本形成，投资者可积极买入，同时将止损位设在颈线位置。

第四，股价突破颈线时，应该伴随着成交量的放大；如果成交量太小，突破的效果会大打折扣，后市极有可能出现横盘震荡的走势。

第五，股价突破颈线后，颈线从阻力位变成了支撑位。之后股价可能会对颈线有一个回抽动作，以测试突破的有效性，如图 6-40 所示。如果股价在此位置获得支撑，则 W 形底形态得到确认，这也是较为明确的买入信号，投资者此时可大胆买入。如果支撑失败，则 W 形底形态失效，投资者应选择出局观望。需要说明的是，并不是所有股票出现 W 形底后都会有回抽动作。

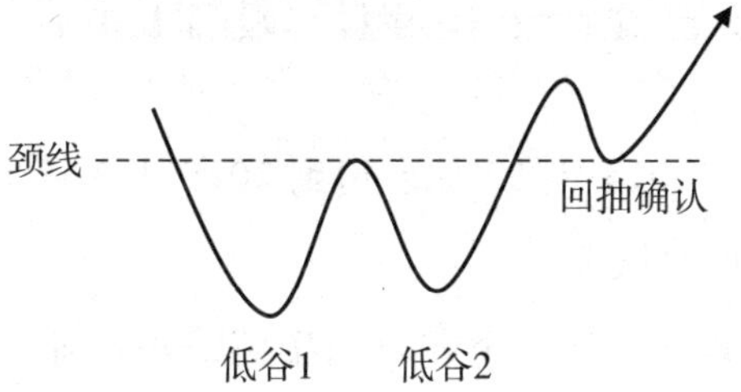

图 6-40　W 形底

第六，W 形底两个低点间隔的周期越长，说明底部的换手越充分，后市上涨的可能性越大。

第七，在 W 形底形成过程中，如果第二个低谷的成交量小于第一个低谷的成交量，第二个低点高于第一个低点，则看涨信号更为强烈。

第八，W 形底的最低点与颈线之间的垂直距离越大，通常表示未来股价上涨的幅度越大。

第九，如果在高价位区域出现与 W 形底类似的形态，那么极有可能是表示下跌中继的矩形整理形态，这时投资者切勿将其按照 W 形底形态进行操作。

下面来看一下济川药业的案例，如图 6-41 所示。

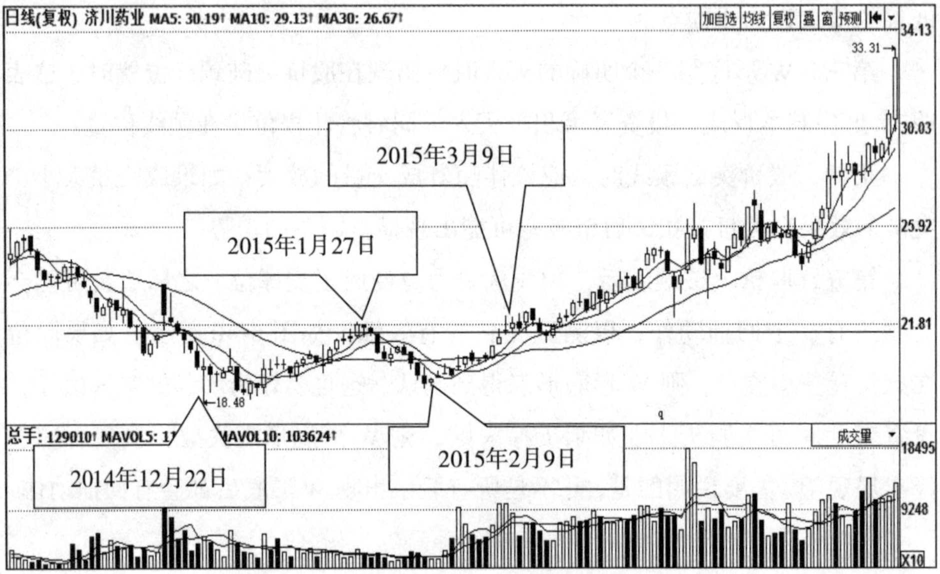

图 6-41　济川药业（600566）日 K 线走势图

如图 6-41 所示，2014 年 12 月下旬到 2015 年 3 月上旬，济川药业的日 K 线图上出现了 W 形底形态。

2014 年 12 月 22 日，处于下跌行情中的济川药业收出一根下影线很长的阴十字线，并创出近期最低价 18.48 元，然后股价开始回升，从而形成了第一个低谷。这一回升持续的时间并不长，2015 年 1 月 27 日，该股上升遇到阻力，重新开始下跌。

2015 年 2 月 9 日，该股收出一根带下影线的中阴线，其后再次开始回升，从而形成了第二个低谷。这个低谷的低点高于前一个低谷的低点，即二次探底不破底价。激进的投资者可以在反弹过程中抓住时机买进股票。

2015 年 3 月 9 日，该股股价突破了颈线位置，W 形底构筑完成。这是一个明确的买入信号，稳健的投资者可以在当天放心买入。其后该股出现了回调，但在颈线位置遇到支撑再度上涨，此时投资者可追涨买入。

三、三重底及最佳买入点

三重底出现在一段下跌行情的末尾，其形态表现为：股价在低位波动中经历三次下跌，但都在低点获得支撑并反弹，从而形成了三个价格低谷，这三个价格低谷的低点大致处于同一价位上。如图 6-42 所示。

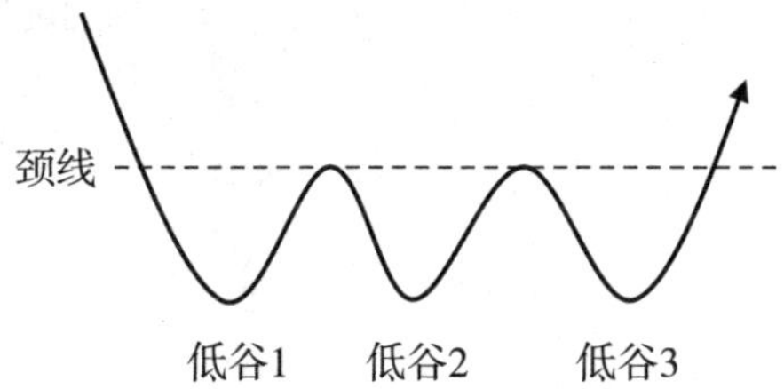

图 6-42　三重底

三重底既可视为头肩底形态的变异，又可看作是 W 形底的扩展。相对于 W 形底和头肩底而言，三重底比较少见，却是一种非常坚实的底部形态，该形态形成后的上涨力度是三种形态中最强的。

将三重底两次反弹的高点相连，便是三重底的颈线。与头肩底和 W 形底一样，只有股价冲破颈线后，三重底形态才能被确认为有效。

三重底是一种坚实的底部形态，在该形态的构筑过程中，空方力量不断衰减，而多方力量开始凝聚。出现该形态，表示未来将有一波可观的上涨行情。

第一，三重底形态是较为可靠的看涨信号，投资者看到此形态后应考虑买入股票。

第二，在三重底形态尚未构筑成功时，如果股价第三次向上反弹势头强劲且伴随着成交量的放大，说明形成三重底的可能性很大。此时激进的投资者可以适量买入，同时将止损位定为三个低谷中的最低点。

第三，当股价突破颈线位置时，表明三重底形态已经构筑完成，投资者应该有效地把握这一时机积极买进，并把颈线位置设为自己的止损位。

第四，当股价突破颈线后，也可能不久之后回抽到颈线附近予以确认，如图 6-43 所示。如果在颈线位获得支撑，则证明形态有效，投资者可以放心买入。但并不是所有的三重底形态突破后都会出现回抽，所以投资者不能把这种回抽当作唯一的买入点。

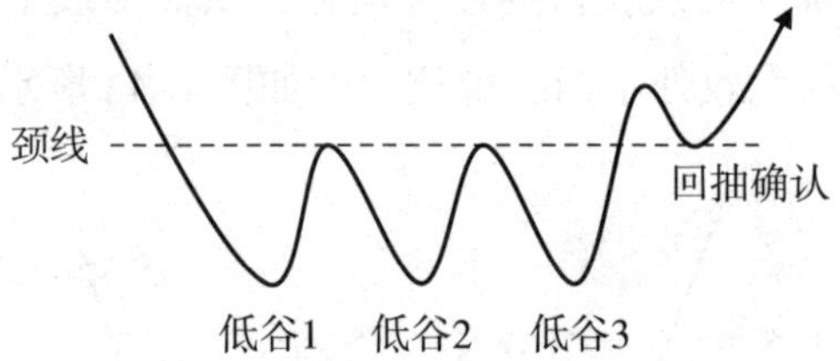

图 6-43 三重底

第五，三重底的三次上攻过程中，如果成交量呈现出逐次放大的势态，则后市上涨的可能性更大。最后一次上攻时，应该是带量突破颈线，这样上涨信号才更有效。

第六，形成三重底的周期越长，底部换手越充分，说明底部基础构筑得越牢固，后市上涨的空间就会越大。

第七，三重底的最低点与颈线之间的垂直距离越大，通常表示未来股价上涨的幅度越大。

第八，如果在高价位区域出现与三重底类似的形态，那么极有可能是表示下跌中继的矩形整理形态，这时投资者切勿将其按照三重底形态进行操作。

下面来看一下弘业股份的案例，如图 6-44 所示。2015 年 8 月到 10 月，弘业股份的日 K 线图上出现了三重底形态。

2015 年 8 月 18 日，弘业股份以一根大阴线结束了反弹，开始快速下跌。之后，该股分别于 8 月 27 日、9 月 2 日、9 月 15 日三次探底反弹。由于第三次反弹成交量并没有明显放大，所以投资者最好不要贸然行动，应选择持币观望。投资者可将股价两次反弹的高点连接在一起，构成一条颈线。

2015 年 10 月 9 日，该股股价经过一段时间的盘整后，放量向上突破了颈线位置。至此，三重底形态正式成立，投资者可考虑介入。

完成突破后，弘业股份的股价出现了小幅回抽。2015 年 10 月 22 日，该股在颈线位获得支撑后重新开始了向上运行，这充分证明了突破的有效性。此时，投资者如果仍有资金，可加仓买入。

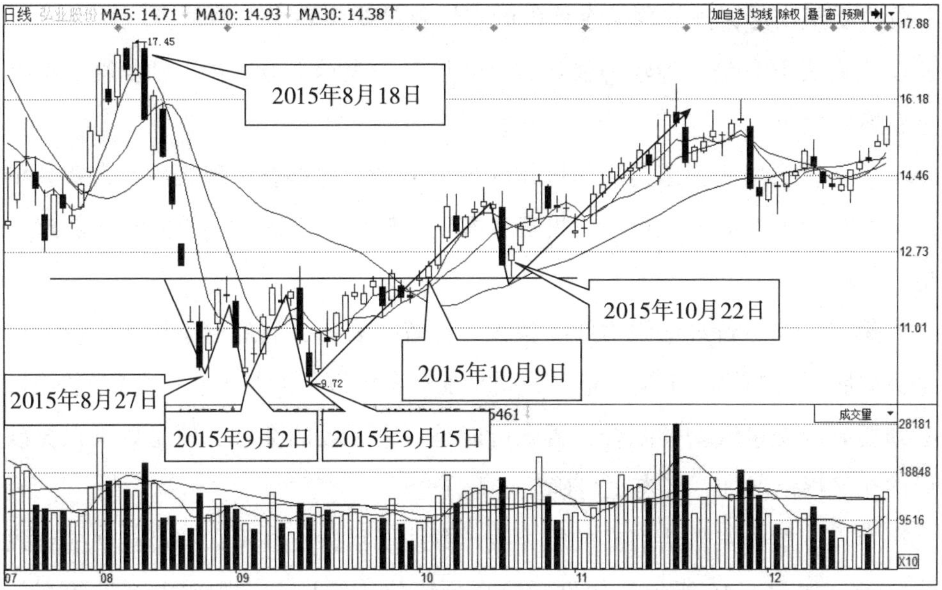

图 6-44　弘业股份（600128）日 K 线走势图

四、头肩底及最佳买入点

头肩底出现在下跌行情中，由三个低谷组成，左右两个低谷相对较浅，基本处在同一水平位置上，中间一个低谷的低点明显低于左右两个低谷的低点，其形态就像一个倒立的人的头部和两肩。如图 6-45 所示。

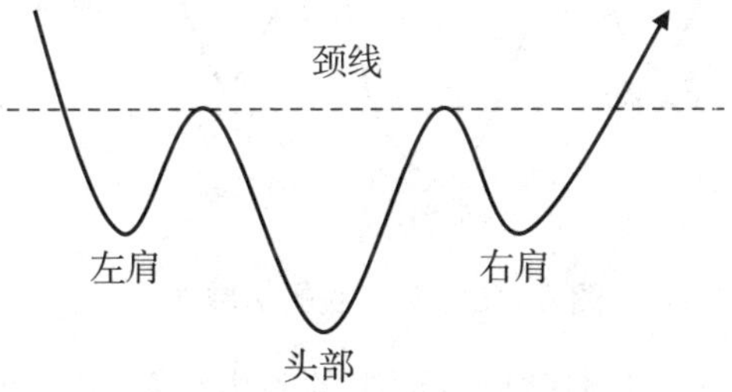

图 6-45　头肩底

头肩底形态是这样形成的：股价下跌到一定深度后开始反弹，当达到一定高度后出现回调，形成了“左肩”；接着再度下跌并创出新低后回升，构筑了“头部”；之后又上涨到前一次反弹的高点附近再次回调，这次回调的低点高于头部的低点，形成了“右肩”。在两次反弹过程中，股价基本在同一价位受阻回落，连接这两个价位的直线就是头肩底形态的颈线。

头肩底形态是一种较为强烈的反转形态，表示空方力量不断消耗，多方重新焕发生机。

第一，头肩底形态是较为可靠的牛市信号，此形态出现之后，常常会出现一波较为可观的上涨行情。投资者看到头肩底形态后，应果断买入股票，持股待涨。

第二，当股价冲破阻力线（颈线）位置，表示头肩底形态构筑完成，这是头肩底形态的第一个买入信号，此时投资者可以果断买入。在突破颈线时，必须要有成交量激增的配合，否则可能是一个无效的突破。但是如果在突破后成交量逐渐增加，形态也可确认。

第三，股价突破头肩底的阻力线（颈线）后，往往不久即可能回抽到颈线附近，如图 6-46 所示。如果股价在颈线位止跌回升，则向上突破的有效性便得到了确认，这时是第二个买入信号。但是这样的回抽有时不会出现，因此，投资者切不可把它作为唯一的买入点，以免踏空行情。

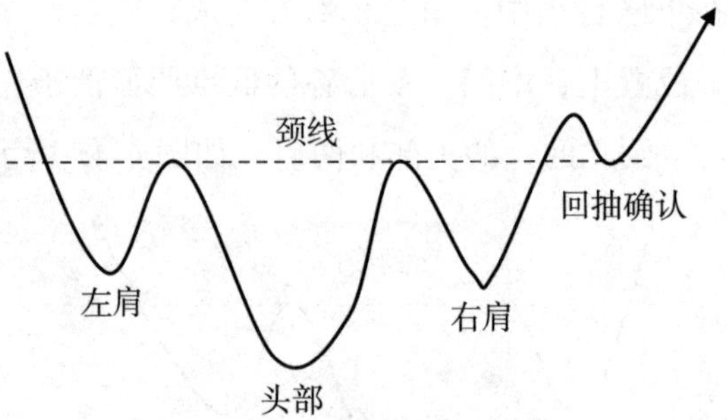

图 6-46　头肩底的扩展形态

第四，股价完成向上突破后，原来的阻力位就变成了支撑位。参照头肩底形态买入股票的投资者，应该将止损位设在头肩底的颈线位置上。

第五，成交量是判断头肩底形态信号强弱的一个重要指标。在形成左肩和头部的过程中，如果成交量极度萎缩，在冲破颈线形成右肩的过程中成交量却显著放大，那么看涨信号的可靠性更高。

第六，一般来说，头肩底形态较为平坦，需要较长的时间来完成。形成头肩底所用的时间越长，后市上涨的空间可能越大。

第七，头肩底形态可能演变成多个头部或多个肩部形态，但是其基本的技术含义并没有改变，并不影响作为头肩底形态来进行研判。

下面来看一下中闽能源的案例，如图 6-47 所示。

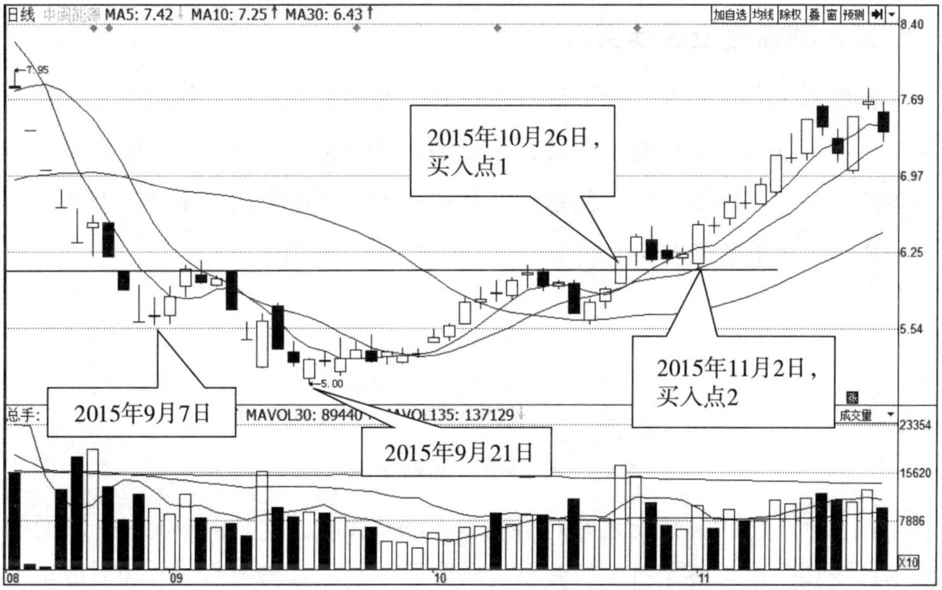

图 6-47　中闽能源（600163）日 K 线走势图

如图 6-47 所示，2015 年 9 月到 11 月，中闽能源的股价日 K 线走势图上出现了头肩底形态。

2015 年 8 月中旬，中闽能源进入下跌行情。

2015 年 9 月 7 日，该股股价开始向上反弹，从而形成了头肩底的左肩。

经过几个交易日的短暂反弹后，中闽能源又出现下跌。2015 年 9 月 21 日，该股创出近段时间的最低价 5.00 元，然后探底反弹，形成一个头部形态。

这次该股涨到上一次反弹的高点附近又出现了回落，经历了两个交易日的下跌后，该股三度向上反弹。这一低点高于头部位置，从而形成了头肩底的右肩。

2015 年 10 月 26 日，该股股价突破了阻力线（即头肩底的颈线），至此，头肩底形态构筑完成，第一个买点出现，投资者应在突破当日考虑买入。

2015 年 11 月 2 日，该股股价回抽到颈线附近重新启动上涨程序，这是对头肩底形态的确认，也是较为明显的第二个买入点。这时，之前没有介入的投资者应该果断建仓，已经持股的投资者可以考虑加仓买入。

五、圆弧底及最佳买入点

圆弧底又称圆形底、碟形底、碗形底，通常出现在股价的底部区域，也就是一波下跌行情结束时。其形态表现为：股价先是经过一段逐渐减慢速度的下跌，到达了底部，经过调整后，又开始了一段逐渐加快速度的上涨，从而形成了一个形状像圆弧的底部走势。如图 6-48 所示。

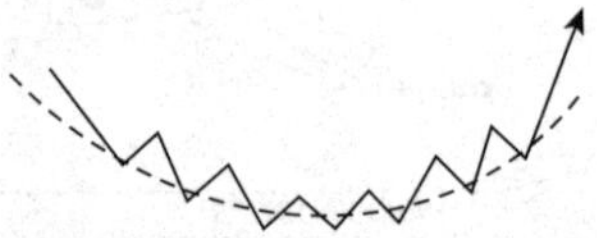

图 6-48　圆弧底

圆弧底的股价和成交量有时会呈现下凹圆弧状，这是由于经过一段时间的下跌之后，很多套牢盘不愿割肉，所以成交量逐渐萎缩，下跌的速度也越来越慢，最终使得股价停留在底部进行盘整。在盘整的过程中，多方开始恢复元气并逐渐聚集力量，股价开始上涨，且上涨速度越来越快，成交量也呈放大趋势。

圆弧底形态表示市场正在由空方主导的下跌行情转向多方主导的上涨行情，由于走势行进缓慢，所以也有人把圆弧底形态称为“股价休眠期”。

第一，形成圆弧底的时间较长，使得换手极为充分，底部构筑极为坚实。转为上涨后，股价走势看似波澜不惊，但是一旦形成向上突破，往往会酝酿出汹涌澎湃的大浪，形成一轮非常可观的升势。投资者发现这种形态后，应该果断买入，持股待涨。

第二，圆弧底并没有一个明确的买入点。不过，由于其持续时间较长，所以给投资者留出了足够的时间来采取行动。通常来说，投资者有两个非常好的买进机会：（1）下跌走势结束，股价和成交量从最低点开始逐渐上升时；（2）圆弧底构筑完成，股价加速上升并形成有效突破时。

第三，在股价减速下跌的过程中，如果成交量随之减小，在股价加速上涨的过程中，成交量随之放大，即成交量也呈明显的圆弧状，则见底信号的可靠性更高。

第四，形成圆弧底的时间越长，说明多空力量转换越彻底，股价后期上涨的可能性越大。

第五，投资者按照圆弧底形态买入股票后，如果股价的后续走势跌破圆弧底的最低点，说明该形态失效，投资者应果断止损。

下面来看一下歌尔股份的案例，如图 6-49 所示。

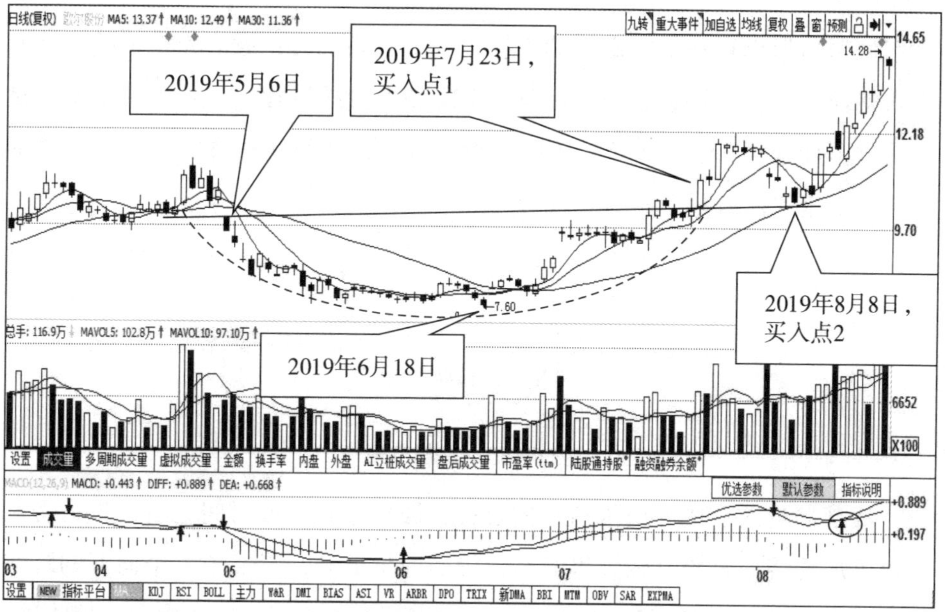

图 6-49　歌尔股份（002241）日 K 线走势图

如图 6-49 所示，歌尔股份的股价走势在 2019 年 4 月到 8 月期间形成了圆弧底形态。

2019 年 4 月，歌尔股份的股价还在 10 元左右震荡盘整。2019 年 5 月 6 日，该股低开低走收出一根大阴线，随后股价开始震荡下跌。

2019 年 6 月 18 日，该股一度下跌至 7.60 元，随后震荡走高。从 18 日探底开始，股价一步一步震荡上扬，股价 K 线以小阳线和小阴线为主，形成了一个类似圆弧形的底部。此时，投资者应密切关注股价的运行动态，一旦股价突破底部区域则可买入。

2019 年 7 月 23 日，该股放量收出一根大阳线，表明股价开始加速上升。这是稳健型投资者介入的良机，投资者可以把握时机建仓。前期已购买股票的投资者，也可以利用这一时机进行加仓操作。

2019 年 8 月 8 日，歌尔股份的股价回调至圆弧底上沿支撑位区域，因受到强力支撑而再次上涨，投资者可在此时加仓。

六、底部岛形及最佳买入点

底部岛形出现在下跌走势的末尾，其形态表现为：股价先是下跌，接着进入整理，然后又开始上涨，在股价下降和上升的过程中分别出现了两个跳空缺口，且这两个缺口大致处于同一价位区域，从而使得缺口下面的 K 线形态成为一座“孤岛”。如图 6-50 所示。

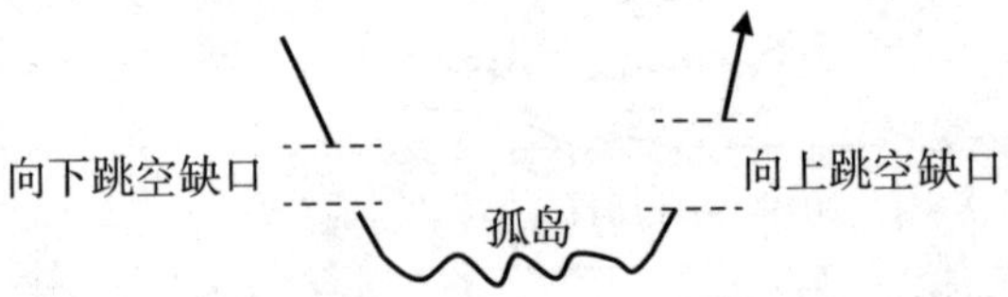

图 6–50　底部岛形

底部岛形的形成经历了这样的过程：股价下跌一段时间之后，投资者对后市更加看淡，开始疯狂抛售股票，因而股价低开，形成了一个向下的跳空缺口。此后股价继续下跌，当跌到一定幅度后获得支撑，进入横盘整理阶段。在盘整过程中，多方逐渐占据主动，股价开始回升。由于推动股价上涨的力量很强，所以在前一个缺口价位区域附近，又形成了一个向上的跳空缺口。

底部岛形是一种可靠的转势形态，表明股价已经见底，下跌行情将迅速演变成上涨行情。

第一，底部岛形是后市上涨的信号，提示投资者应从看空转向看多。当形成向上跳空缺口时，投资者便可以大胆买入。

第二，参照底部岛形形态买入股票的投资者，应该把止损位定在底部岛形向上跳空缺口的下沿。一旦股价补回这一缺口，投资者应马上止损离场。

第三，底部岛形两个缺口之间相隔的时间可能是一天，也可能是几天或几周。相隔的时间越长，总的换手率越高，说明市场从空头行情向多头行情转变得越彻底，后市上涨的力度也会越大。

第四，底部岛形反转时常会伴随着很大的成交量，如果成交量较小，则反转形态很难成立。

第六，如果底部岛形呈现明显的V形底形态，则看涨信号更为强烈。

第七，底部岛形一旦形成，原来属于阻力位的缺口就会变成支撑位，股价之后下探到这一位置时可能会受到支撑。

下面来看一下ST烯碳的案例，如图6-51所示。

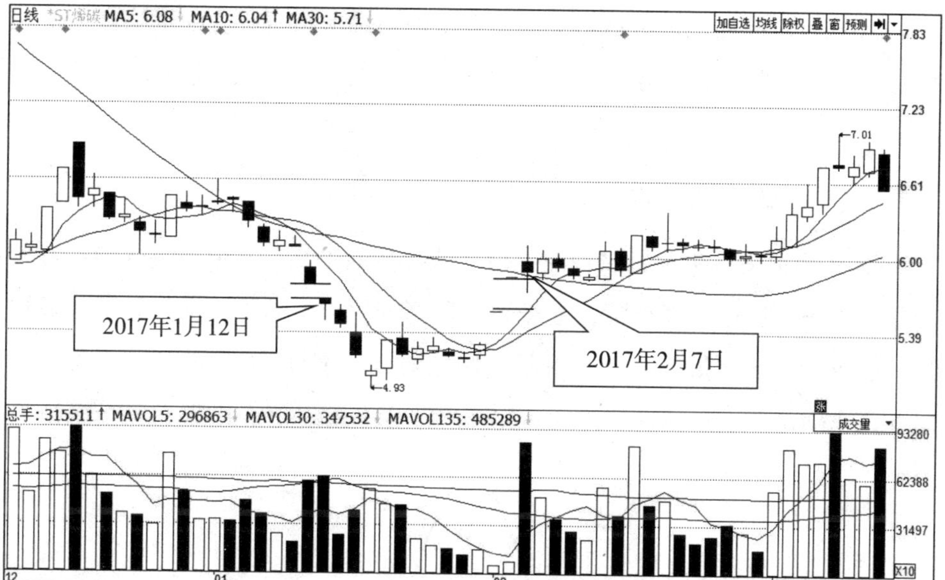

图6-51　ST烯碳（000511）日K线走势图

如图 6-51 所示，2017 年 1 月到 2 月，ST 烯碳的日 K 线图上出现了底部岛形形态。

2017 年 1 月 11 日，ST 烯碳以跌停价收盘，此后股价跳空低开，与前一交易日形成了一个向下跳空的缺口。

后来，该股再下跌几个交易日后进入了整理行情。

2017 年 2 月初，该股连续跳空走出一字板。这些一字板与之前的 K 线之间留下了一个向上跳空的缺口。至此，底部岛形正式成立。看到这种情形，投资者应该在 2017 年 2 月 7 日执行买入股票的操作。

此后，该股经过一段时间的震荡整理，走出了一波上升走势。

第五节　经典 K 线顶部反转模式

当一组 K 线在顶部区域形成某些典型的顶部形态后，往往意味着股价即将启动一波下跌走势。这些 K 线在顶部区域形成的形态，就称为 K 线顶部形态。

一、倒 V 形顶及最佳卖出点

倒 V 形顶又称尖顶，出现在一段上涨行情的末尾。其形态表现为：股价先是经过一段快速上涨行情，上涨到一定高度后掉头向下，又开始了一段快速下跌行情，从而形成了一个形状像倒置的英文字母“V”的顶部走势。如图 6-52 所示。

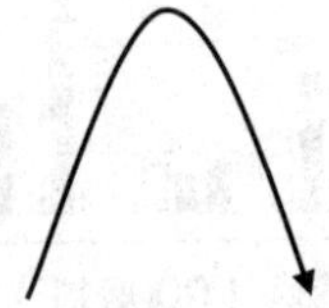

图 6–52　倒 V 形顶

倒 V 形顶的顶部十分尖锐，常在几个交易日之内便构筑完成，而且转折点形成时，通常都伴有很大的成交量。该形态的形成经历了这样的过程：一开始多方力量很强，同时引发投资者的追涨热潮，使得股价连续上涨；当多方力量消耗得差不多时，危机便产生了，这时空方开始发力，之前获利的多方也反手做空，强大的做空力量使股价迅速回落，不多时日就可能使股价跌去了大半。

倒 V 形顶往往在市场炒作气氛浓厚，投资者盲目追高的时候出现，这种突然的转折常常会造成大幅下跌，令投资者措手不及。投资者应该对此形态保持警觉，以免错失卖出良机。

第一，当股价上涨一段时间后，出现倒 V 形顶形态，则反转信号的可靠性较高，投资者看到此形态后，应该及时卖出股票。

第二，倒 V 形顶的卖点很难把握，一般情况下，从最高点快速向下回落的两三天里，经验丰富的投资者已经能预感到倒 V 形顶的来临，会果断实施减仓操作。当出现放量下跌时，投资者应该迅速跟进卖出，因为越往后损失会越大。

第三，当股价下跌到倒 V 形顶开始快速上涨的价位时，可能会遇到一定的支撑，从而出现横盘整理，形成倒 V 形顶的扩展形态，如图 6-53 所示，这是因为部分投资者不希望股价这样迅速跌落。不过一旦突破这一支撑位，股价仍有很大的下跌空间，所以，投资者可以把这一横盘整理平台也视为一个卖点。需要说明的是，这一平台有时可能不会出现。

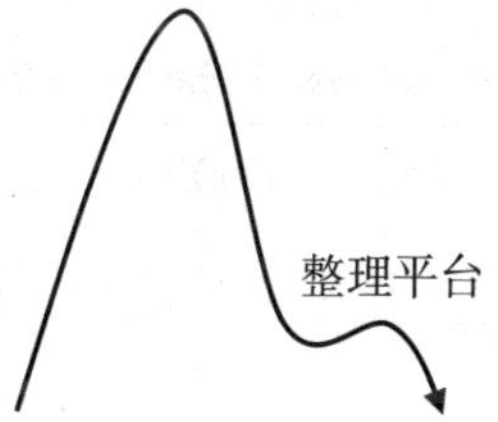

图 6–53　倒 V 形顶的扩展形态

第四，在形成倒 V 形顶的过程中，股价从顶部开始下跌时，会伴随着成交量的明显放大。成交量越大，看跌的信号越强烈，之后下跌的空间越大。

第五，形成倒 V 形顶时，前期上涨的速度越快，上涨幅度越大，后期的下跌就会越猛烈，相应的跌幅也会越大。

第六，倒 V 形顶的顶部位置常常会出现射击之星、吊颈线、黄昏之星、乌云盖顶等 K 线或 K 线组合，投资者可以借助这些转势信号来识别倒 V 形顶。

第七，基于倒 V 形顶的特点，投资者在及时卖出的同时，还应该认真分析股票的历史走势和行情本质，注意倒 V 形顶目前所处的位置。当倒 V 形顶出现在低价位区域时，投资者可采取攻守兼备的半仓策略，这样既能预防风险，又不会踏空之后可能出现的上涨行情。

下面来看一下西部创业的案例，如图 6-54 所示。

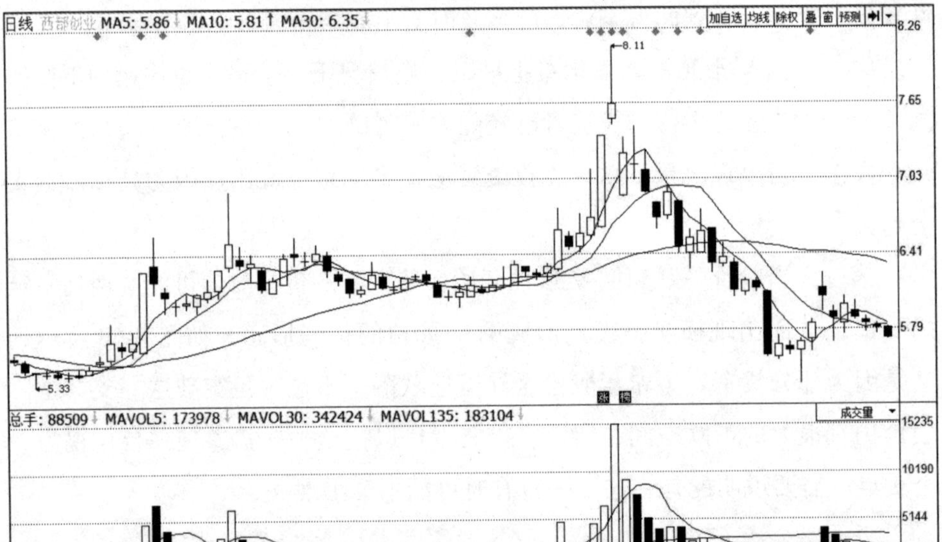

图 6–54 西部创业（000557）日 K 线走势图

如图 6-54 所示，2017 年 3 月到 4 月期间，西部创业的日 K 线图上出现了倒 V 形顶形态。

西部创业在 2017 年 3 月下旬结束了横盘整理走势，重新进入上升通道。

2017 年 3 月 24 日，西部创业以一根大阳线吹响了加速上升的号角。此后，该股出现了一波快速上升走势。

2017 年 3 月 31 日，西部创业跳空高开高走，一度到达涨停板，随后涨停板被打开，空方发力向下打压股价。最终，该股收出一根带长上影线的小阳线。此后，该股股价反转向下运行。

2017 年 4 月 17 日，该股平开并一路走低，收出一根大阴线。之后几个交易日，该股股价的下跌态势不减，倒 V 形顶形态构筑完成。投资者应该在开始快速下跌时果断离场，以免遭受更大的损失。

二、M 形顶及最佳卖出点

M 形顶又称双重顶，出现在一段上涨行情的末尾，该形态有两个明显的价格高峰，且两个高峰的最高点大致处于同一价位上，形状就像是一个英文字母“M”，如图 6-55 所示。

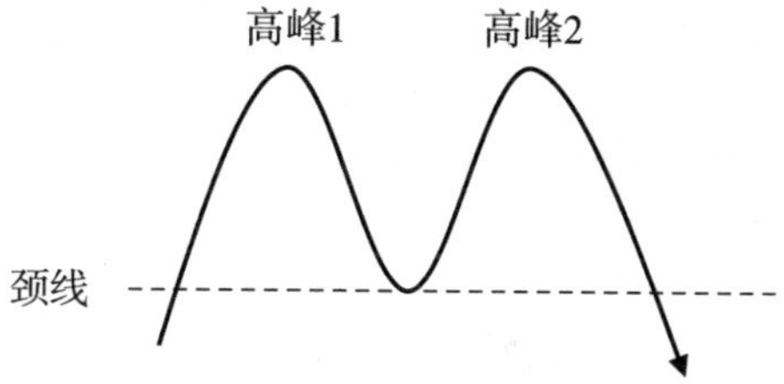

图 6-55 M 形顶

M 形顶的形成经历了这样的过程：股价上涨到一定的价位水平后，由于股价太高，持股的投资者纷纷获利落袋，很多持币的投资者也望而却步，因而股价出现技术性回调，形成了第一个高峰。但下跌并没有持续多长时间，投资者在股价跌到一定程度时开始买入，造成了股价反弹，股价再次回升到前期顶点附近。这时短期投资者将获利回吐，股价重新开始下跌，这次下跌引发了大量的抛盘热潮，股价跌破了前一次回落的低点，形成了第二个高峰。

通过第一个回落的低点画一条水平直线，就得到了 M 形顶的颈线。股价跌破该颈线才能视为 M 形顶形态正式构筑完成。

M 形顶是一种转势形态，出现这一形态预示涨势将告一段落，行情将走入下跌通道。

第一，M 形顶形态是较为可靠的看跌信号，投资者看到此形态后，应考虑卖出股票。

第二，M 形顶形态尚未形成时，一些经验老到的投资者便会提前嗅出危险，并将手中的股票沽出。因此，出现第一个高峰之后，如果股价出现较大幅度的下跌，其后股价再度上升到前期顶点附近，但又无法突破前期顶点，同时成交量较前期有明显减少，则有形成 M 形顶的可能。这时投资者应先卖出部分股票，轻仓观望。

第三，M 形顶第一个明确的卖出信号出现在股价突破颈线位时，这表明 M 形顶基本形成，投资者应把握时机，尽快卖出股票。

第四，股价跌破颈线后，颈线从支撑位变成了阻力位。之后股价可能会对颈线有一个回抽动作，以测试跌破的有效性，如图 6-56 所示。如果股价在此位置受阻回落，则 M 形顶形态得到确认，这是明确的卖出信号，仍持有股票的投资者应果断清仓。需要说明的是，并不是所有的股票在出现 M 形顶后都会有回抽动作。

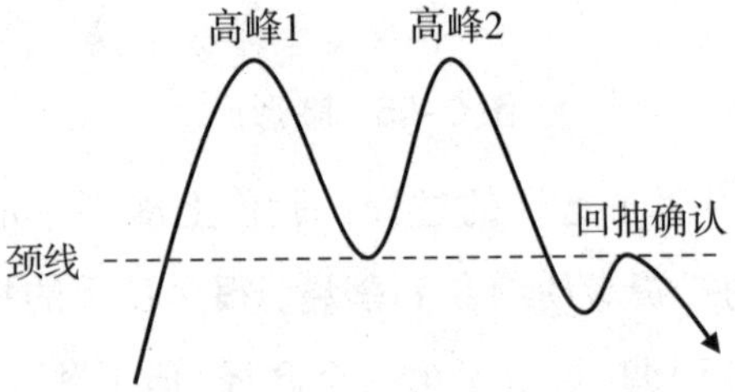

图 6-56　M 形顶

第五，M 形顶两个顶点相隔的周期越长，顶部的成交量越大，后市下跌的可能性越大。

第六，形成 M 形顶的过程中，如果第二个高峰的成交量小于第一个高峰的成交量，第二个顶点低于第一个顶点，则看跌信号更为强烈。

第七，M 形顶的最高点与颈线之间的垂直距离越大，通常表示未来股价下跌的幅度越大。

第八，如果在低价位区域出现与 M 形顶类似的形态，那么极有可能是矩形整理形态，这时投资者切勿按照 M 形顶形态进行操作。

下面来看一下华媒控股的案例，如图 6-57 所示。

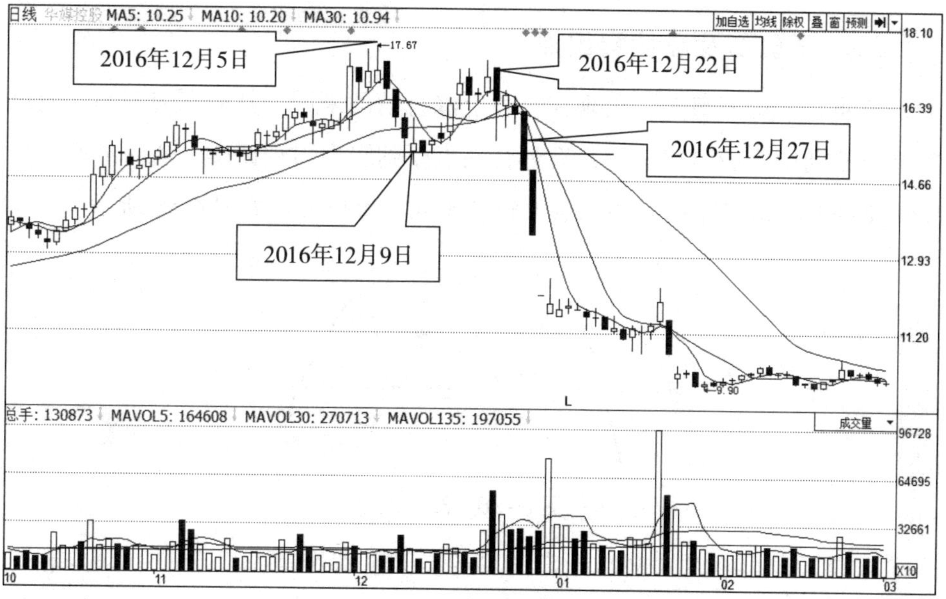

图 6-57　华媒控股（000607）日 K 线走势图

如图 6-57 所示，2016 年 12 月，华媒控股的日 K 线图上出现了 M 形顶形态。

2016 年 11 月底，震荡整理之后的华媒控股开启了新一轮上涨行情。经过一番持续快速上涨，该股于 2016 年 12 月 5 日收出一根上影线很长的小阳线。股价也在创出 17.67 元的近期新高后开始回落，从而形成了 M 形顶的第一个高峰。

2016 年 12 月 9 日，华媒控股的股价在下跌过程中获得支撑出现反弹。但这次反弹持续时间较短，12 月 22 日，该股重新开始向下，形成了第二个高峰，不过这次的高峰低于前一个高峰。在股价下跌过程中，成交量显著放大，存在主力出货的可能。至此，该股出现 M 形顶形态的可能性很大。因此，从第二个顶点下落的过程中，投资者即应实施减仓操作，以规避风险。

2016 年 12 月 27 日，该股股价跌破颈线位置，收出一根大阴线，M 形顶构筑完成，这时投资者应该将仓位全部清空。

需要说明的是，华媒控股在从顶部下跌的过程中，并没有出现回抽颈线的动作，因此不存在“回抽确认”的卖出点。

三、三重顶及最佳卖出点

三重顶又称三尊头，出现在一段上涨行情的末尾，其形态表现为：股价在高位波动中经历三次上升，但都在高点受到阻力出现回落，从而形成了三个价格高峰，这三个高峰的顶点大致处于同一价位上。如图 6-58 所示。

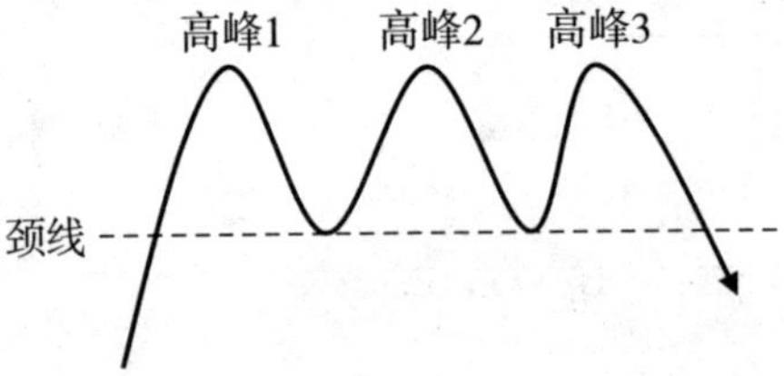

图 6-58　三重顶

三重顶既可视为头肩顶形态的变异，又可看作是 M 形顶的扩展。相对于头肩顶和 M 形顶而言，三重顶形态比较少见，却是一种非常强势的反转形态，该形态形成后的下跌力度是三种形态中最强的。

将三重顶两次回落的低点相连，便是三重顶的颈线。与头肩顶和 W 形顶一样，只有股价跌破了颈线后，三重顶形态才能被确认为有效。

三重顶是一种强烈的转势形态，在该形态的构筑过程中，多方力量逐渐枯竭，空方力量开始凝聚，该形态的出现表示未来将会有一波可怕的下跌行情。

第一，三重顶形态是较为可靠的看跌信号，投资者看到此形态后应考虑卖出股票。

第二，在三重顶形态尚未完成时，如果前两次上攻失败，第三次上攻出现成交量萎缩的状况，或是未能达到之前的高度，则说明多方缺乏上攻动能，形成三重顶形态的可能性极大。此时，投资者应该进行减仓操作。

第三，当股价跌破颈线位置时，表明三重顶形态已经构筑完成，投资者应该将手中的股票尽快卖出。

第四，股价跌破颈线后，也可能不久即回抽颈线附近予以确认，如图 6-59 所示。这时股价往往会受阻再度下跌，对于投资者来说，这仍是一次卖出的良机。这时，仍然持股的投资者应该将手中的股票全部沽空。但这一回抽动作并不一定会出现，所以，投资者千万不能有等到回抽之后再“孤注一掷”的想法。

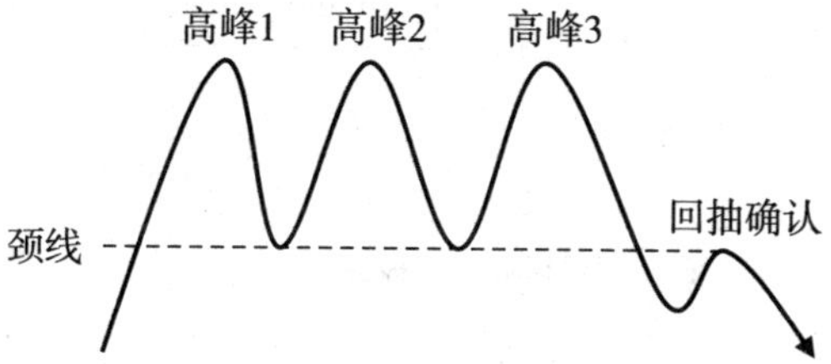

图 6-59　三重顶

第五，在三重顶的三次回落过程中，成交量要呈现出逐次减小的势态，否则极有可能造成形态失败。在最后一次回落时，如果成交量非常小，则更能显示出下跌行情的征兆。

第六，三重顶形成的周期越长，顶部成交量越大，说明见顶的可能性越大，后市下跌的空间也会越大。

第七，三重顶的最高点与颈线之间的垂直距离越大，通常表示未来股价下跌的幅度越大。

第八，如果在低价位区域出现与三重顶类似的形态，那么极有可能是属于矩形整理形态，这时投资者切勿将其按照三重顶形态进行操作。

下面来看一下青山纸业的案例，如图 6-60 所示。2017 年 7 月到 10 月期间，青山纸业的日 K 线图上出现了三重顶形态。

2017 年 7 月，青山纸业的股价在纸张价格上升的利好刺激下，出现了一波上攻走势。其后，该股股价进入顶部区域。在顶部区域的波动中，该股分别于 7 月 14 日、8 月 11 日、9 月 5 日三次触顶回落。投资者可将股价反弹向上的低点连接，构成一条颈线，三重顶形态正式形成。

2017 年 9 月 22 日，该股在前一交易日下跌的基础上再度低开低走，在 K 线图上留下了一根阴线，同时，这根阴线跌破了三重顶的颈线位。投资者应该在这根大阴线形成当日或次日卖出部分股票，轻仓观望。

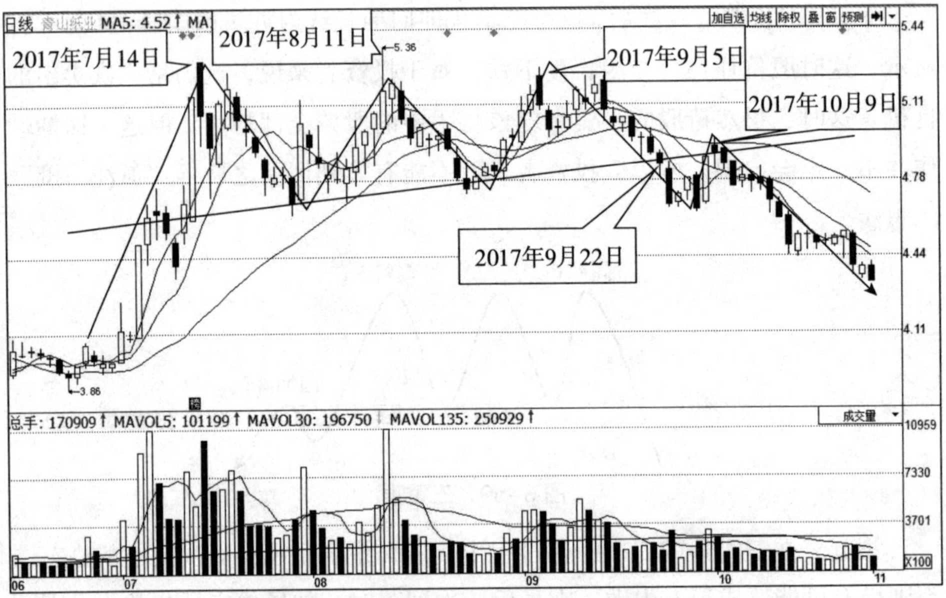

图 6-60　青山纸业（600103）日 K 线走势图

该股经过几个交易日的下跌后，重新反弹向上。2017 年 10 月 9 日，该股股价反弹至颈线位置时，因股价遇到阻力而重新下跌，这是该股最后一次卖出机会。如果投资者还有剩余股票的话，应该马上将仓位清空。

四、头肩顶及最佳卖出点

头肩顶出现在上涨行情中，由三个高峰组成，左右两个高峰相对较低，基本处在同一水平位置上，中间一个高峰的高点明显高于左右两个高峰的高点，其形态就像一个人的头部和两肩。如图 6-61 所示。

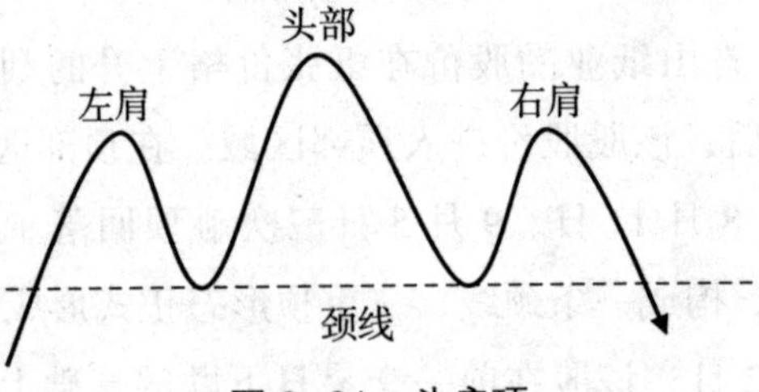

图 6-61　头肩顶

头肩顶形态是这样形成的：股价上涨到一定高度后开始回落，当下降到一定程度后又出现反弹，形成了“左肩”，接着再度上冲创出新高后回落，构筑了“头部”。之后又下跌到前一次回调的低点位置附近再次反弹向上，这次回升的高点低于头部的高点，形成了“右肩”。在两次回调过程中，股价基本在同一价位受到支撑，通过这两个价位的直线就是颈线。

头肩顶形态是一种较为强烈的反转形态，表示多方力量被不断消耗，空方逐渐占据主动。

第一，头肩顶形态是较为可靠的熊市信号，此形态出现之后，常常会出现一波较为显著的下跌行情。投资者看到头肩顶形态后，应果断卖出股票，持币观望。

第二，如果第二个高点的成交量较第一个高点大幅缩减，就暗示了出现头肩顶的可能，“先知先觉”的投资者可以在右肩形成的过程中卖出股票。

第三，当股价跌破支撑线（颈线）位置，表示头肩顶形态构筑完成，这是头肩顶形态第一个较为明确的卖出信号。如果颈线向下倾斜，表示后市下跌的可能性更大，投资者更应该选择离场。

第四，股价突破头肩顶的支撑线（颈线）后，往往会在不久之后回抽到颈线附近，如图 6-62 所示。如果股价上探回落，向下突破的有效性便得到了确认，这是第二个明确的卖出信号。但是这样的回抽有时不会出现，因此，投资者切不可把它作为唯一的卖出点，以免被深度套牢。

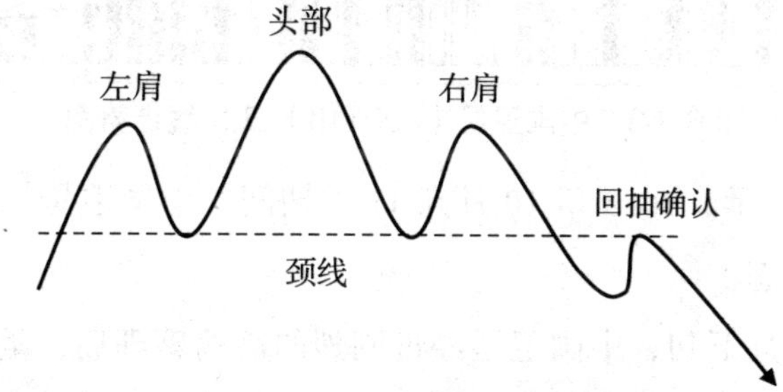

图 6-62　头肩顶的扩展形态

第五，股价完成向下突破后，原来的支撑位就变成了阻力位。当股价上升到这一位置时，投资者应加倍小心。

第六，成交量是判断头肩顶形态信号强弱的一个重要指标。如果在形成左肩和头部的过程中成交量显著放大，在向下跌破颈线形成右肩的过程中成交量却出现萎缩，那么看跌信号的可靠性更高。

第七，一般来说，头肩顶形态较为平坦，需要较长的时间来完成。形成头肩顶所用的时间越长，后市下跌的空间可能越大。

第八，头肩顶形态可能演变成多个头部或多个肩部形态，但是其基本的技术含义并没有改变，并不影响作为头肩顶形态来进行研判。

下面看一下中国卫星的案例，如图 6-63 所示。

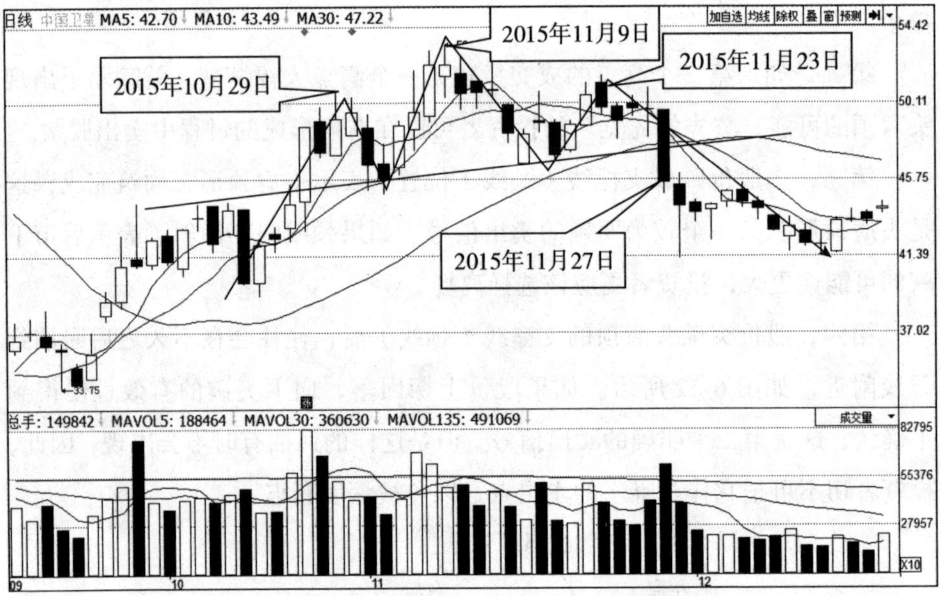

图 6-63　中国卫星（600118）日 K 线走势图

如图 6-63 所示，2015 年 10 月到 11 月期间，中国卫星的股价走势图上出现了头肩顶形态。

2015 年 10 月下旬，中国卫星经过剧烈的震荡整理后，重新开启了上涨行情。

2015 年 10 月 29 日，该股股价达到相对高点后回落，从而形成了头肩顶的左肩。

经过三天的短暂回调后，该股再次上冲并于 11 月 9 日创出 53.33 元的新高，之后股价又一次回落，从而形成了头肩顶形态的头部。

其后，该股再次出现反弹走势，不过这次反弹仍然乏力。11 月 23 日，该股再次从高点回落。这时，拥有丰富经验的投资者已经能够研判出股价走势将可能出现头肩顶形态，因此可能在右肩形成的过程中就选择逃顶。

2015 年 11 月 27 日，股价跌破支撑线（颈线），至此，头肩顶形态构筑完成，第一个明确的卖点出现，投资者应该将所持的股票果断出手。

五、圆弧顶及最佳卖出点

圆弧顶又称圆形顶、碟形顶、锅盖顶，通常出现在股价的顶部区域，也就是一波上涨行情结束时。其形态表现为：股价经过一番上涨之后，升势减弱，并开始在高位反复震荡，把短期高点连接起来，就形成了一个向上凸起的圆弧状的顶。如图 6-64 所示。

图 6–64 圆弧顶

圆弧顶的股价和成交量有时也会呈现上凸圆弧状，这是由于经过一段时间的上涨之后，股价进入高位整理，此时多方开始转向做空，将获利回吐，于是在这一位置形成了密集成交区。接着，空方力量越来越强，最后超过了多方力量，股价开始缓慢下滑，成交量也逐渐减少。后期，空方完全控制了市场，下跌幅度也越来越大。

圆弧顶形态表示正在由多方主导的上涨行情逐渐转向空方为主导的下跌行情。圆弧顶形态在股价走势中并不常见，但是一旦出现，会有很大的杀伤力。

第一，圆弧顶形态并不会像头肩顶、M 形顶和倒 V 形顶等较为强烈的顶部形态那样出现急剧的下跌走势，而是属于渐进渐变的形态。不过，圆弧顶比后三种形态更可怕，其后市往往会有巨大的跌幅，投资者如不及时卖出股票，将会有被深度套牢的危险。因此，看到此形态出现，投资者应该将手中的股票抛空。

第二，圆弧顶并没有一个明确的卖出点。不过，由于其形态形成耗时较长，所以投资者有足够的时间采取行动。通常来说，投资者有两个较为有利的卖出机会：（1）上涨走势结束，股价和成交量从最高点开始逐渐下降时；（2）圆弧顶构筑完成，股价加速下跌，并形成有效突破时。

第三，在股价上涨的过程中，如果成交量随之放大，在股价下跌的过程中，成交量又随之缩小，即成交量也呈现明显的圆弧状，则见顶信号的可靠性更高。

第四，形成圆弧顶的时间越长，说明多空力量转换越彻底，股价后期下跌的可能性就越大。

第五，投资者按照圆弧顶形态卖出股票后，如果股价后续走势突破圆弧顶的最高点，则说明该形态失效，投资者可继续买入股票。

下面来看一下华光股份的案例，如图 6-65 所示。

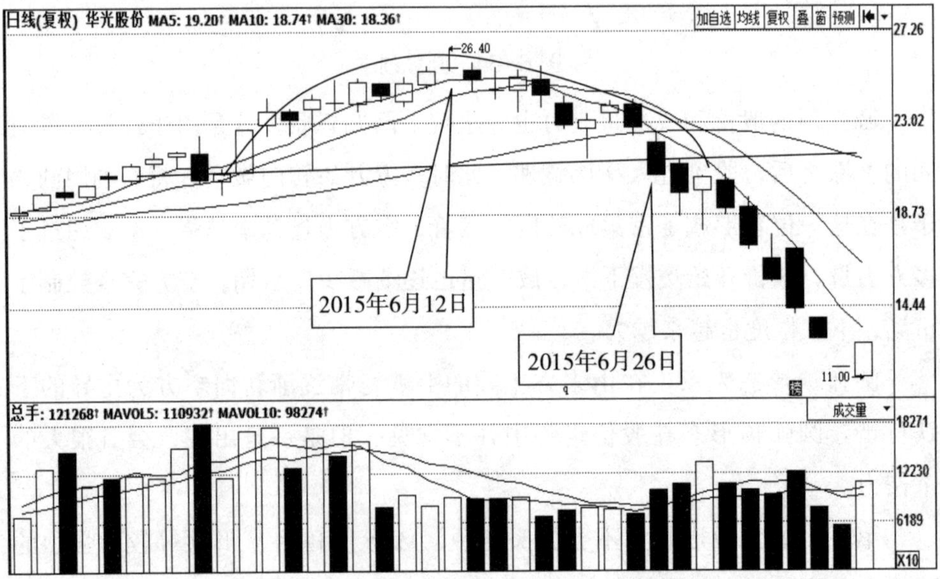

图 6-65 华光股份（600475）日 K 线走势图

如图 6-65 所示，华光股份的股价走势在 2015 年 5 月到 6 月形成了圆弧顶形态。

2015 年 3 月中旬，华光股份的股价随着大盘的上涨而快速上涨。该股股价上涨趋势进入尾声时，涨幅逐渐缩小，在 K 线图上留下了近似圆弧形的形态。

2015 年 6 月 12 日，该股收出一根上影线很长的十字线，表明多空双方争斗非常激烈，未来趋势并不明朗。

之后，华光股份的股价呈弧形下跌走势。2015 年 6 月 26 日，该股低开低走，收出一根大阴线，一举击穿了之前缺口下沿所形成的支撑位，表明圆弧顶形态确立。这时，投资者应该将手中剩余的股票悉数售出。

六、顶部岛形及最佳卖出点

顶部岛形出现在上涨走势的末尾，其形态表现为：股价先是上涨，接着进入整理，然后又开始下跌；在股价上升和下降的过程中，分别出现了两个跳空缺口，且这两个缺口大致处于同一价位区域，使得缺口上面的 K 线形态成为一座“孤岛”。如图 6-66 所示。

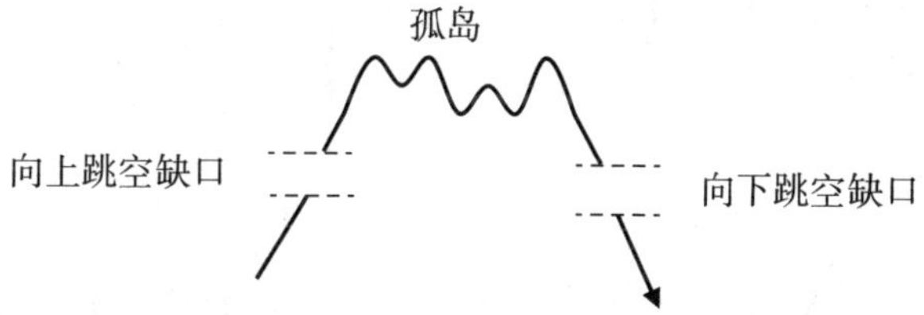

图 6–66　顶部岛形

形成顶部岛形经历了这样的过程：股价上涨了一段时间之后，投资者对后市充满了希望，开始疯狂购入股票，因而股价高开，形成了一个向上的跳空缺口；之后股价继续上涨，当涨到一定程度后遇到阻力，进入横盘整理阶段；在盘整过程中，空方逐渐压倒多方，股价开始回落，由于打压股价的力量很强，所以在前一个缺口的价位区域附近，又形成了一个向下的跳空缺口。

顶部岛形是一种可靠的转势形态，表明股价已经见顶，上涨行情将马上演变成下跌行情。

第一，顶部岛形是后市下跌的信号，提示投资者应从看多转向看空。当形成向下跳空缺口时，投资者应该抛空股票，出局观望。

第二，顶部岛形两个缺口之间相隔的时间可能是一天，也可能是几天或几周。实践表明，相隔的时间越短，后市下跌的力度将会越大。

第三，顶部岛形反转不需要成交量的支持，一般情况下，此形态的下跌趋势属于一触即发型，无量也能形成较大的跌势。

第四，某只股票走势出现顶部岛形后，持币的投资者在一段时间内最好不要过多关注该股，更不要盲目地去抢反弹，而应努力寻找其他潜力股。

第五，如果顶部岛形呈现明显的倒 V 形顶形态，则看跌信号更为强烈。

第六，顶部岛形一旦形成，原来属于支撑位的缺口就会变成压力位，股价之后回调到这一位置时可能会遇到阻力。

下面来看一下工大高新的案例，如图 6-67 所示。

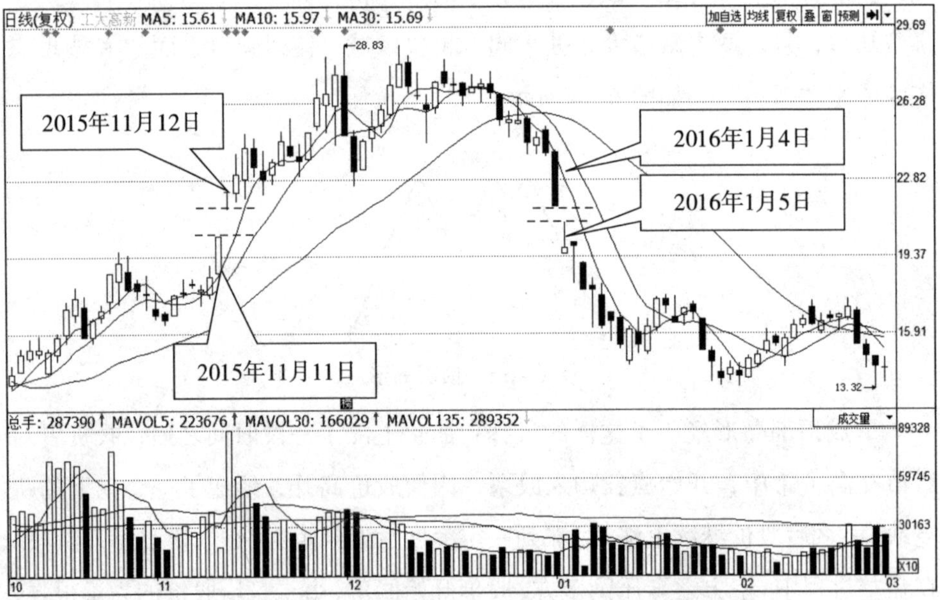

图 6–67　工大高新（600701）日 K 线走势图

如图 6-67 所示，2015 年 11 月到 2016 年 1 月，工大高新的日 K 线图上出现了顶部岛形形态。

2015 年 11 月 11 日，正在上涨途中的工大高新高开高走，以涨停的方式收出一根光头光脚阳线，从而在走势图上留下了一个向上跳空缺口。之后，该股开始了高位盘整。

2016 年 1 月 4 日，工大高新低开低走并以跌停报收，在 K 线图上留下了一根光脚大阴线。1 月 5 日，该股低开并收出一根光脚假阳线，形成了一个向下跳空缺口。看到此形态后，投资者就应该在 5 日当天将所持股票全部沽空。

第七章

重要的中继与趋势加速形态

股价上涨趋势或下跌趋势并不会一蹴而就，中间肯定会夹杂着各种波动与调整。有些时候，股价上涨或下跌的速度会加快；有些时候，股价在上升或下跌过程中会出现一些回调动作，但不会改变股价运行的整体趋势。

第一节　突破与趋势中继、加速模式

股价运行趋势确立后，某些特殊信号的出现意味着股价上行或下跌速度将会加速。

一、趋势突破

如果某只股票的股价走势能够符合平行上升通道的走势，那么，一旦股价突破上轨，将有一波可观的上涨行情。

该形态的操作要点包括如下几项。

第一，股价如果长期在一个上倾的平行通道内运行，那么，通道上轨往往会对股价的上涨有很强的阻碍作用。一旦股价突破上轨线，意味着股价的上涨速度将要加快。投资者可以在股价突破上轨之时买入股票。

第二，股价突破上倾的平行通道上轨时，往往需要有成交量的放大相配合。如果成交量不能有效放大，那么此时的突破很有可能是一次假突破，投资者需要等股价站稳平行通道上轨后再买入股票。

第三，当股价运行在平行通道内，且该平行通道是向上倾斜的，那么，投资者也可以长期持有该股，待股价跌破平行通道下轨后再卖出该股。

第四，当股价突破平行通道上轨时，如果 MACD 指标也能同时发出买入信号，则可增大此次突破的有效性。

下面来看一下中材科技的案例。

如图 7-1 所示，2019 年 1 月底，中材科技的股价突破了长期运行的平行通道，预示股价将要发动一波幅度较大的上涨。

2018年10月到2019年1月底，中材科技的股价一直在一个向上倾斜的平行通道内运行。股价每次遇到通道的下轨，就会受到下轨的支撑而出现上涨；股价每次上涨到通道上轨位置，就会受到上轨的压力而出现下跌，如此往复。

2019年1月31日，中材科技的股价平开后大幅上行，并成功突破了平行通道的上轨线。观察MACD指标可知，此时MACD指标在形成黄金交叉后，拐头向上并突破了0轴，这预示着股价将启动一波快速上升走势，这也是股价上升速度加快的一个标志。

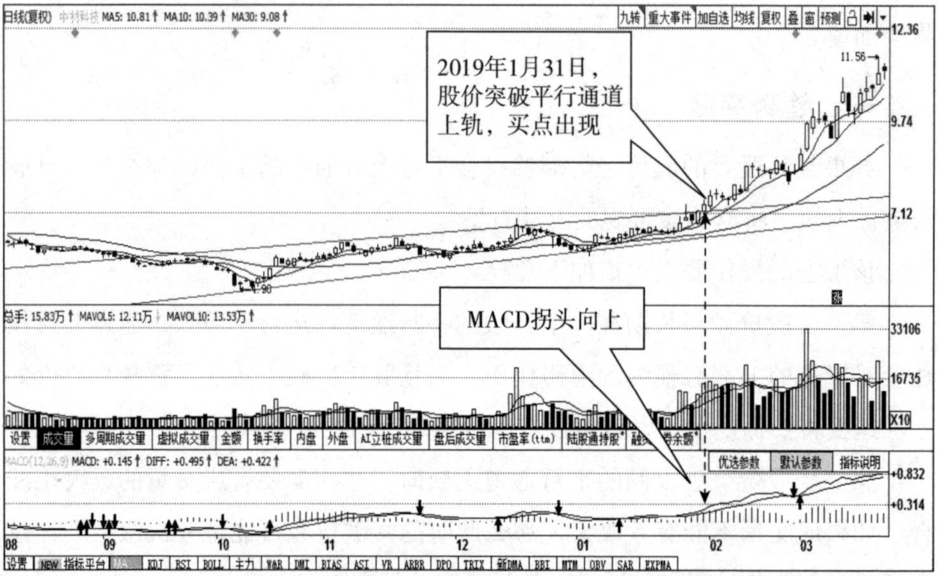

图7-1　中材科技（002080）日K线走势图

二、涨停过顶

涨停过顶是指股价经过一段时间的上涨后来到前期高点附近，此后以涨停的方式突破了前期高点，这是一个重要的趋势中继买入信号。股价涨停过顶的同时，均线如果能呈多头排列，那么股价上涨的概率非常大。

投资者根据“涨停过顶”形态进行操作时，应该注意以下几点。

第一，股价涨停前已经出现了一波上涨行情。

第二，股价到达前期高点位置时，突然以放量涨停的方式突破前期高点。

第三，股价突破前期高点当日，各条均线呈发散排列。

第四，股价突破前期高点前，如果已经数次尝试突破前期高点未果更好。

第五，股价涨停时，MACD 指标若能出现拐头向上迹象或其他买入信号，则可增强股价上攻的有效性。

第六，当股价以涨停方式突破前期高点位置时，往往就是投资者追随股价趋势入场的最佳时机。

下面来看一下太平洋的案例。

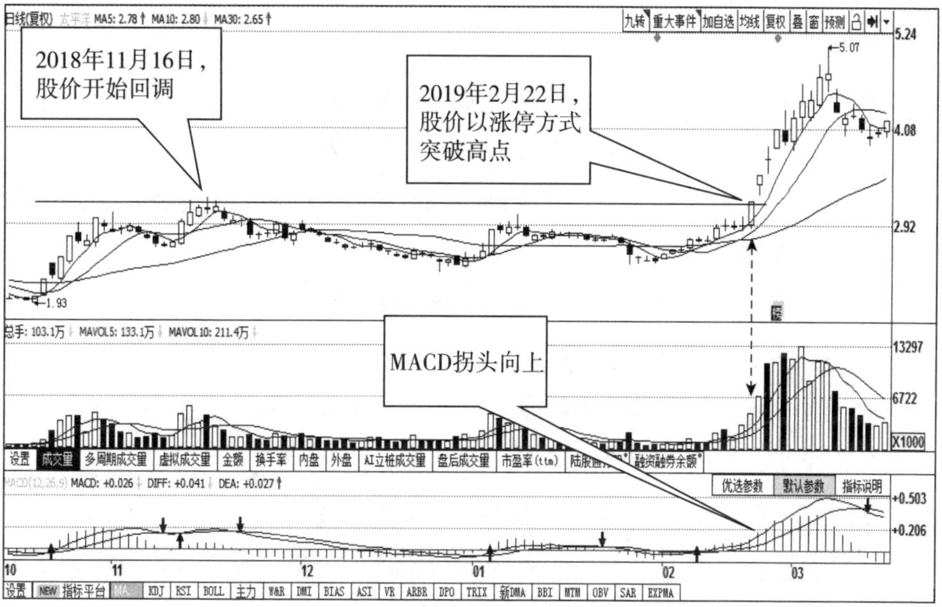

图 7-2　太平洋（601099）日 K 线走势图

如图 7-2 所示，2018 年 11 月 16 日，太平洋的股价在创下一个短期高点后出现下跌走势，其后又出现了震荡反弹行情。

2019 年 2 月初，太平洋的股价在缓慢上涨一段时间后出现走强态势，其后的 2 月 22 日，股价以放量涨停的方式突破了前期高点，这说明股价将走出一波上涨行情。

股价向上突破前期高点时，各条均线呈多头发散排列，股价 K 线位于短期均线上方，MACD 指标拐头向上且位于 0 轴上方，这说明股价短期将呈强势，投资者可买入该股。

三、蛤蟆跳空

蛤蟆跳空是一组由 K 线和均线共同构成、反映了股价中继上攻趋势的上涨信号组合，该信号与均线组合应用，可加大股价上涨的可能性。

投资者根据“蛤蟆跳空”形态进行操作时，应注意以下几点。

第一，股价上涨过程中的两个高点连线构成了股价的上涨压力线。

第二，股价自下而上来到上涨压力线附近时，突然跳空高开高走，形成一个缺口。

第三，股价跳空上涨当天，成交量呈放大态势。

第四，股价跳空上涨时，均线呈多头发散排列。

第五，股价跳空时，MACD 指标若能拐头向上或出现黄金交叉，也是一个重要的辅助买入信号。

第六，当股价突破上涨压力线时，就是该股的第一个买点。

下面来看一下长春一东的案例。

如图 7-3 所示，长春一东的股价经过一波震荡上升后，在 2017 年 1 月 6 日收出涨停板，形成蛤蟆跳空形态，预示股价将要大涨。

2016 年 11 月到 12 月期间，长春一东的股价先后走出了两个短期高点，且后一个高点高于前一个高点，这说明股价逐波走高。投资者可以将两个高点连接成上涨压力线。

2017 年 1 月 6 日，长春一东的股价延续了前一交易日的强势，高开高走直接以涨停价报收，这就与前一交易日的股价走势形成一个跳空缺口，且这一缺口位于上涨压力线之上，标志着蛤蟆跳空形态正式形成。此时，长春一东的各条均线呈多头发散排列，股价 K 线位于短期均线上方位置，MACD 指标在 0 轴上方附近位置形成黄金交叉后拐头向上，这都预示着股价将走出一波上涨行情，投资者可追涨买入该股。

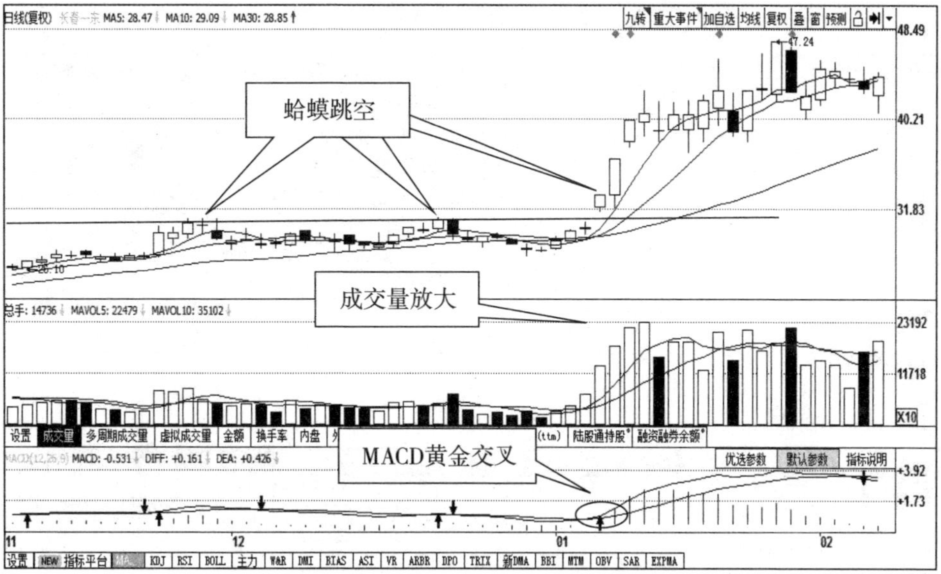

图 7-3　长春一东（600148）日 K 线走势图

四、慢牛提速

慢牛提速与之前的趋势突破非常相近，也是一种上行趋势加速形态，属于典型的看涨信号。当一只处于缓慢上涨中的股票突然出现加速上涨时，投资者要及时追涨买入，以博取股价上涨带来的收益。

第一，当一只处于缓慢上涨的股票突然出现加速上涨的情况时，投资者可以考虑跟进买入该股。

第二，股价由慢涨到加速上涨过程中，往往有一个启动点，这一启动点就是买点或加仓点。股价启动加速过程中，如果成交量也同步放大，那么未来该股上涨的幅度可能会更大。

第三，股价由慢涨转为加速上涨时，往往也是股价上涨即将走到尽头的时候，因而投资者买入该股后，一定要密切关注股价走势，一旦股价结束上涨行情，要第一时间卖出该股，以防被套其中。

第四，当股价由慢涨转为加速上涨时，如果 MACD 指标也能同时发出买入信号，则可增大股价未来上涨的可能性。

下面来看一下士兰微的案例，如图 7-4 所示。

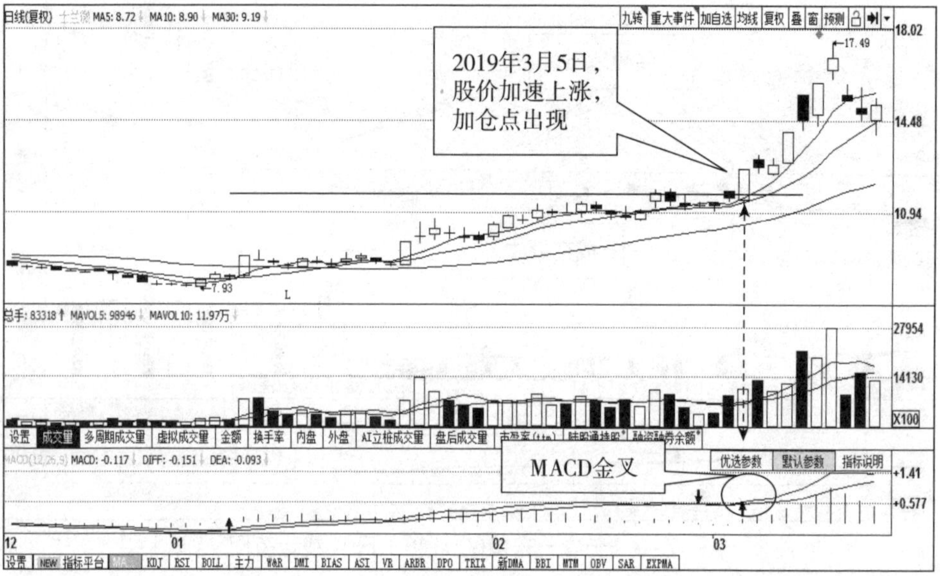

图 7–4　士兰微（600460）日 K 线走势图

如图 7-4 所示，2019 年 2 月到 3 月初期间，士兰微的股价出现了由慢涨到加速上涨的转变态势。

从 2019 年 1 月初开始，士兰微的股价自底部启动，一路缓慢攀升，股价不断创出新高，持有该股的投资者可以稳稳地继续持有。

2019 年 3 月初，士兰微的股价先是出现了小幅横向盘整，其后的 3 月 5 日，该股股价放量突破多条均线，呈现出加速上涨态势。与此同时，成交量也比前一交易日放大了数倍，这说明该股将要启动一波新的快速上涨行情。

观察此时的 MACD 指标可知，3 月 5 日当天，MACD 指标在 0 轴附近位置形成了黄金交叉形态，此后拐头向上，这属于典型的看涨信号，投资者可积极入场做多。

五、上穿中轨线

布林线的中轨线是一条重要的股价走势强弱分界线，当股价运行于中轨线上方时，说明市场处于多方主导的行情，股价继续上攻的可能性很大；反之，当股价运行于中轨线下方，则说明股价由空方主导。当股价K线自底部回升，并向上突破中轨线时，说明股价即将迎来一波上升走势，投资者可考虑入场。

该形态的操作要点包括如下几项。

第一，股价K线经过一段时间调整后启动上升，布林线喇叭口已经由先前的放大转为收缩，这说明股价要重新选择突破方向。

第二，股价突破中轨线之前，已经出现了小幅走高态势，且成交量稳步放大，并未出现异常放量情况。

第三，若股价K线向上突破中轨线时，布林线的喇叭口同步向右上方倾斜且呈放大态势，则可强化买入信号的有效性。

下面来看一下蓝晓科技的案例，如图7-5所示。

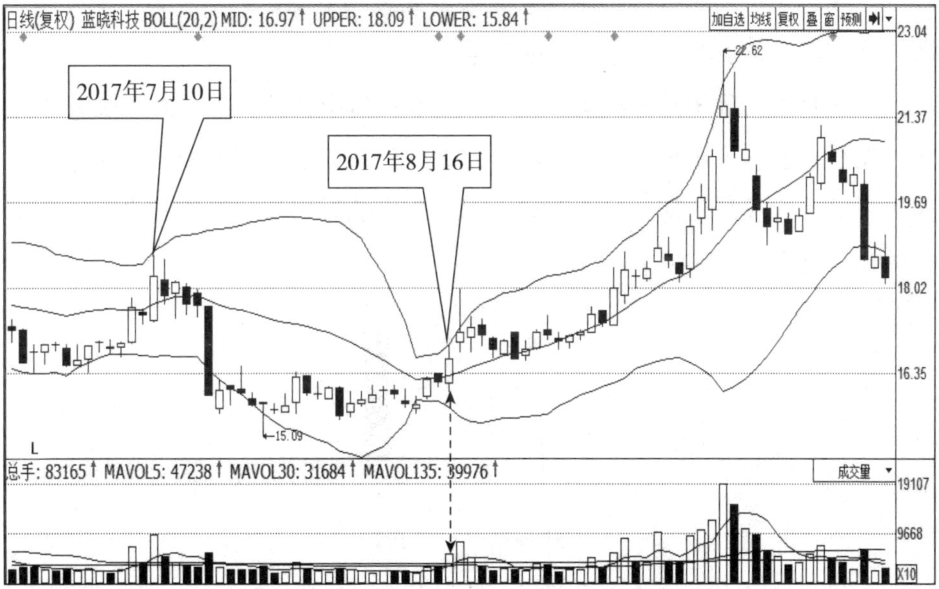

图7–5　蓝晓科技（300487）日K线走势图

如图7-5所示，蓝晓科技的股价自2017年7月10日出现回调走势，成交量随之出现萎缩，布林线喇叭口出现收缩状态。2017年8月16日，蓝晓科技的股价向上突破中轨线，喇叭口同步出现放大态势且向右上方倾斜，成交量同步出现放大态势，这属于典型的买入信号，激进型投资者可考虑执行买入操作。

第二节　简单的K线中继形态

有些典型K线组合的出现，可能会给人一种趋势终结的感觉，但其却属于典型的趋势中继形态。

一、升势延续：三线打击

三线打击中大阴线的出现，总是会让人感到不安，甚至想到了上升趋势的终结，但却属于典型的趋势中继信号。

三线打击又称笨拙三战士，出现在上涨行情中，由三小一大四根K线组成。先是在前三天出现一个红三兵形态，即连续收出三根创新高的阳线，第四天又以接近或高于前一日收盘价开盘，但在收盘时股价却被拉至第一根K线的开盘价之下。如图7-6所示。

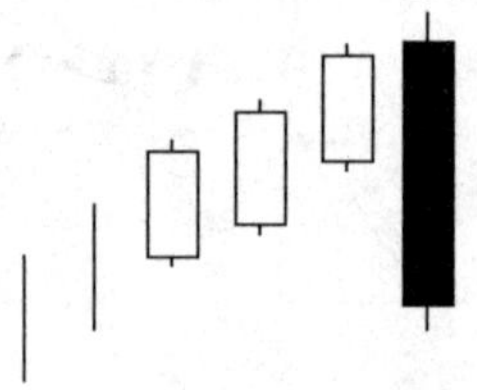

图7–6　三线打击

三线打击形态中的前三根阳线，表示当前的上升趋势延续，但在第四天，市场出现了套利行为，因而使股价下挫到第一日的开盘价之下，完全抵消了前三日的上涨成果。

三线打击一般出现在上涨初期或上涨途中。它的出现虽然打击了股价的上升势头，但却消除了市场上的短期回调情绪，对于市场而言有非常大的好处。

第一，三线打击形态通过一个交易日的深度下跌来进行休整，不仅有夯实多方基础的作用，更避免了横盘调整的不确定性，是一种“不需要进一步证实”的中继形态，表明股价将继续上涨。

第二，出现三线打击形态后，股价重新上涨，且超过大阴线的最高价时，才是最好的买点。投资者不能过早入场，以免形态失败导致自己的投资受损。

第三，在下跌行情中出现与之类似的形态，不能视作三线打击形态。

下面来看一下格力电器的案例，如图 7-7 所示。

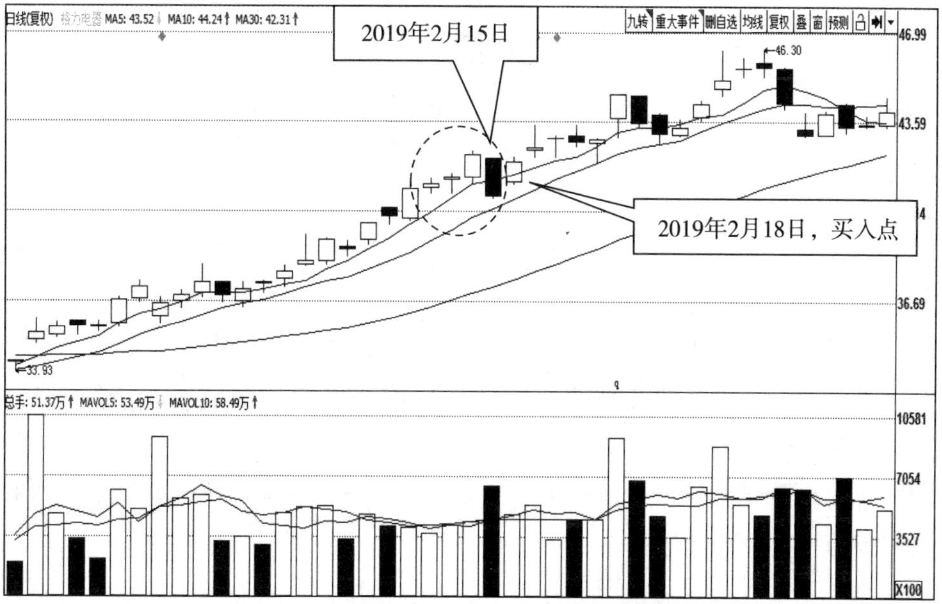

图 7–7　格力电器（000651）日 K 线走势图

如图 7-7 所示，格力电器从 2018 年 12 月底开始了一波上涨行情，2019 年 2 月 12 日到 15 日，该股 K 线图上出现了三线打击形态。

2019 年 2 月 12 日到 2 月 14 日，格力电器接连收出创新高的小阳线。

2019 年 2 月 15 日，该股以低于前一交易日收盘价的价格开盘，此后便急转向下，最终收出一根大阴线，收盘价低于 2 月 12 日的开盘价。

这四个交易日形成的 K 线组合便是三线打击形态，而且最后一根阴线的实体足以吞噬之前三个交易日的涨幅，回调的力度很大，表明后面上涨的可能性也非常大。投资者应该在次日（2 月 18 日）逢低买入。

二、升势延续：上升三法

上升三法又称升势三鸦、上升三步曲，通常出现在上涨行情中，由两阳三阴五根 K 线组成；先是收出一根大阳线或中阳线，然后连续出现三根小阴线（其中可能有十字线），但这三根小阴线都没有跌破前面那根阳线的最低价，最后又拉出一根大阳线或中阳线。如图 7-8 所示。

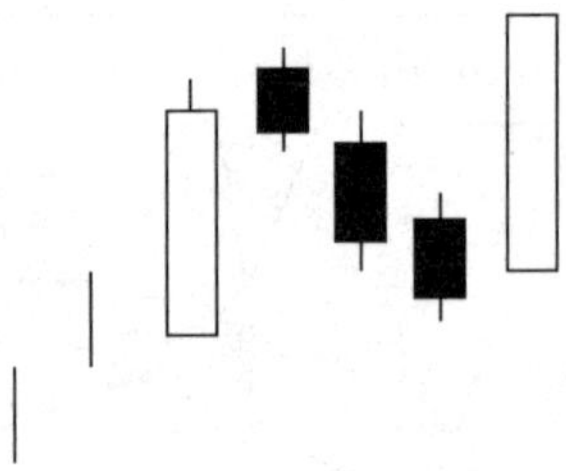

图 7–8　上升三法

上升三法的走势就像大写的英文字母“N”，该形态中三根小阴线的收盘价都在第一根阳线的开盘价之上，且最后一根阳线的收盘价应高于第一根阳线的收盘价，从而一举弥补了三根阴线的跌幅。

上升三法是股价上升过程中的短暂休息，暗示行情稍作调整后会继续上行，因而是一种持续形态。

第一，上升三法表示多方没有失去主导地位，依然保持着强势，因而是看涨信号。投资者看到这种形态后，可以继续持股观望，如仍持有现金，可进行追涨操作。

第二，在上升过程中出现三根连续的小阴线（黑三兵），投资者切勿将其当作转势信号而卖出股票，这样可能会错过之后的上涨行情。

第三，最后一根阳线的实体越大，表明后市上涨的力度越大。

第四，如果出现阳线时的成交量明显放大，出现阴线时的成交量萎缩，则看涨信号的可靠性更高。

第五，如果三根小阴线击穿了第一根阳线的最低价，或者最后一根阳线不能突破第一根阳线的收盘价，则上升三法形态不能成立。

第六，参照上升三法买入股票的投资者，应将止损位设在该形态第一根阳线的开盘价上。

下面来看一下康恩贝的案例，如图 7-9 所示。

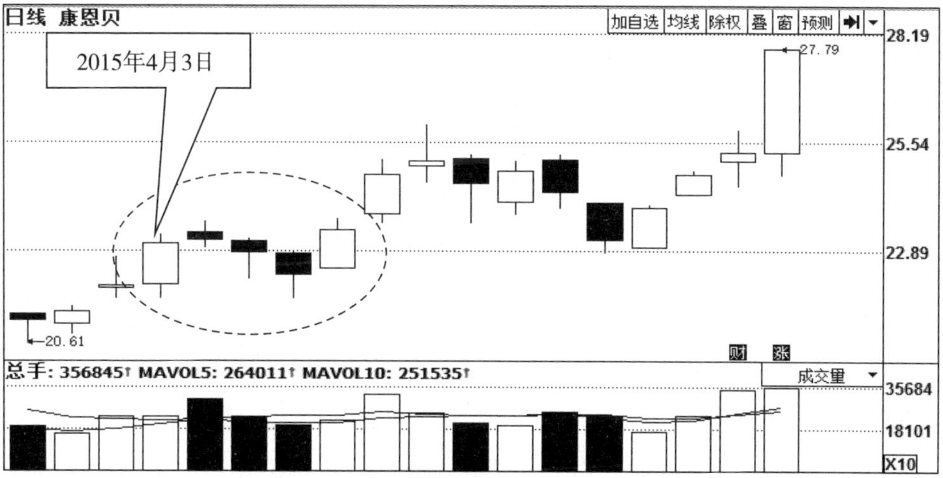

图 7-9 康恩贝（600572）日 K 线走势图

如图 7-9 所示，康恩贝从 2015 年 3 月初开始了稳步上攻行情。2015 年 4 月 3 日到 10 日，处于上涨途中的该股形成了上升三法形态。

2015 年 4 月 3 日，康恩贝的股价高开高走，最终在 K 线图上留下了一根中阳线。

2015 年 4 月 7 日到 9 日，该股连续三个交易日收出小阴线，而且这些小阴线的收盘价都要高于第一根阳线的开盘价。看到这种形态后，投资者不应盲目减仓。

2015 年 4 月 10 日，该股又高开高走收出一根大阳线，完全弥补了前三日的跌幅，这充分证明中间的三根小阴线是庄家的洗盘手法。庄家达到清洗浮筹的目的后，迅速将股价拉升，不给投资者逢低补仓坐轿的机会。

这五个交易日形成的 K 线组合便是上升三法，表明股价将在短期内继续上涨。投资者看到此形态完成后，不但应继续持股，还可在次日逢低买入。

三、跌势延续：下降三法

下降三法又称三阳作客、下降三步曲，通常出现在下跌行情中，由两阴三阳五根K线组成；先是收出一根大阴线或中阴线，然后连续出现三根小阳线(其中可能有十字线)，但这三根小阳线都没有突破前面那根阴线的最高价，最后又拉出一根大阴线或中阴线。如图7-10所示。

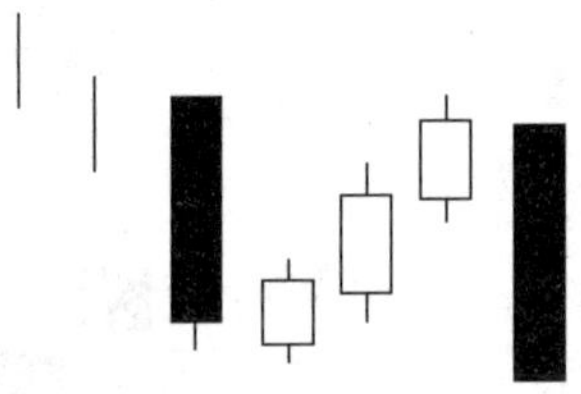

图7-10　下降三法

下降三法形态中，三根小阳线的收盘价都在第一根阴线的开盘价之下，而最后一根阴线的收盘价应低于第一根阴线的收盘价，从而一举吞没了三根小阳线的涨幅。

下降三法是股价下跌过程中的短暂休息，暗示行情在稍作休整后会继续下行，因而是一种持续形态。

第一，下降三法表示空方没有失去主导地位，依然保持着强势，是看跌信号。投资者看到这种形态后，应保持持币观望状态，仍持有股票的投资者应果断割肉止损。

第二，在下跌过程中出现三根连续的小阳线（红三兵），极有可能是庄家使用的障眼法，投资者不要轻易认为行情即将反转而买入股票，这样可能会被套在半空。相反，持股的投资者可以趁机逆市卖出。

第三，最后一根阴线的实体越大，表明后市下跌的力度越大。下降三法与成交量之间没有太大的关系，只要出现该形态，不管是放量还是缩量，都是强烈的看跌信号。

第四，如果三根小阳线突破了第一根阴线的最高价，或者最后一根阴线不能击穿第一根阴线的收盘价，则下降三法形态不能成立。

下面来看一下得利斯的案例，如图7-11所示。

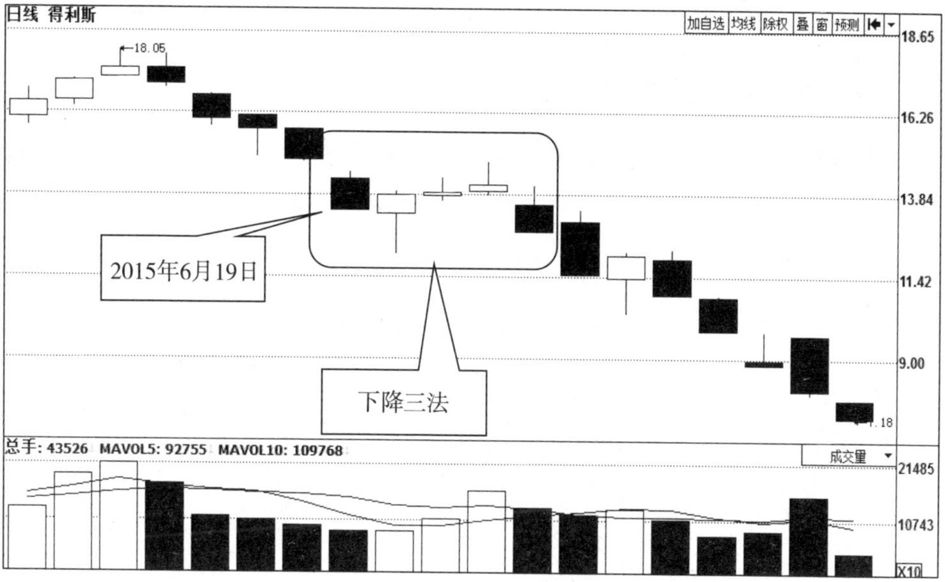

图 7-11　得利斯（002330）日 K 线走势图

如图 7-11 所示，得利斯从 2015 年 6 月中旬进入了下跌行情。2015 年 6 月 19 日到 26 日，该股出现了下降三法形态。

2015 年 6 月 19 日，得利斯收出一根中阴线。

2015 年 6 月 23 日、24 日、25 日，该股连续收出三根小阳线，它们的收盘价都要低于第一根阴线的开盘价。

2015 年 6 月 29 日，该股又出现一根中阴线，且其收盘价低于第一根阴线的收盘价。

这五个交易日形成的 K 线组合就是下降三法。该形态是明显的中继信号，表示股价将继续下跌。看到这种形态后，持币的投资者应该继续观望，持股的投资者应该果断斩仓。

第三节　经典 K 线组合中继模式

相对而言，多根 K 线构成的经典 K 线组合所展现的中继运行态势更为可靠。

一、楔形：上升楔形

上升楔形又称上倾楔形，通常出现在下跌行情中，该形态表现为：在股价下跌过程中出现了一小段向上的震荡整理行情，将反弹的高点和回落的低点分别用直线相连，两条直线方向相同且呈收敛状，从而形成一个向上倾斜的楔子形态。如图 7-12 所示。

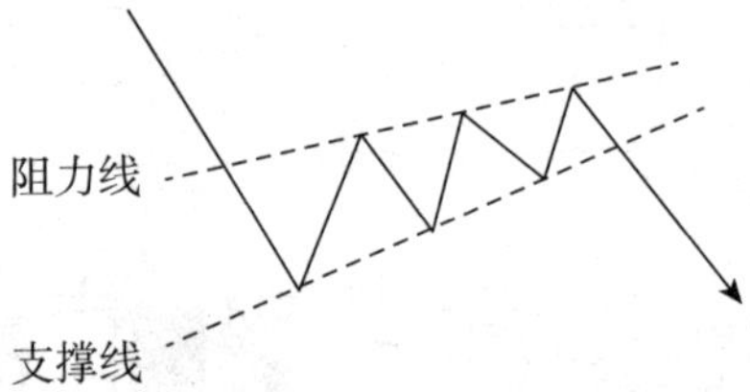

图 7-12　上升楔形

与三角形形态一样,楔形形态的股价走势同样是逐渐收敛的,不同的是，楔形的上下两条边界线的方向相同，而三角形的上下两条边界线方向并不一致。

上升楔形虽然是向上倾斜的，似乎说明上方抛压并不严重，但新的反弹较前面的反弹波幅呈缩小态势，表示买盘力量正在被消化，同时成交量逐渐萎缩也有效证明了多方上攻意愿不强。因此，可以认为这种形态只是下跌途中的一种技术性反弹，并没有强力的多头想要抬升股价。

有时候，上升楔形会成为庄家制造诱多陷阱的一种手段。庄家会利用这一形态故意拉高股价，诱骗散户投资者买入，以达到出货的目的。

在下跌行情中出现上升楔形，大多只是投资者低位补仓或操作所致，一般不会影响下跌趋势的发展。因此，该形态通常表现为下跌中继信号。

第一，形成上升楔形的前半阶段，投资者可以按照楔形的上下边线进行高抛低吸操作，即在股价跌到下边线时买入，等股价涨到上边线时再卖出。但是到了后半阶段，波动幅度已经很小，这时投资者最好不要进行波段操作。

第二，当股价逐渐接近顶点，成交量也越来越少时，这种价升量减的背离现象说明上涨势头不会持久，看到这种情形，持股的投资者可以考虑逢高卖出股票。

第三，当股价跌破上升楔形的下边线时，表明上升楔形正式完成，投资者应该尽快将手中的股票抛空。

第四，上升楔形完成向下突破后，股价往往会急速下跌，但有时也会出现向上的回抽动作，如图 7-13 所示。出现回抽时，空仓的投资者不宜介入，仍然持股的投资者应该抓住这一机会将剩余的股票全部卖出。

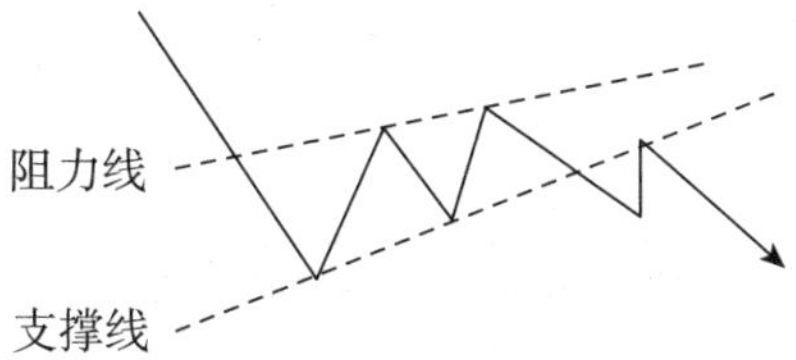

图 7–13　上升楔形的扩展形态

第五，形成上升楔形的过程中，成交量一般会呈持续萎缩状态。在向下突破时可能会有成交量的配合，也可能没有。在股价上升过程中，如果成交量持续放大，则不能看作是上升楔形，而应该视为反转形态。

第六，形成上升楔形的时间较长，一般至少需要三周（15 个交易日），有时甚至会持续 3 ~ 6 个月。持续的时间越长，下跌信号的可靠性越高，之后股价下跌的力度也会越大。

下面来看一下宝钢股份的案例，如图 7-14 所示。2019 年 5 月到 7 月，宝钢股份的日 K 线图上出现了上升楔形形态。

2019 年 4 月 8 日，宝钢股份的股价在创下短期高点后开启一波下跌行情。5 月 23 日，该股收出一根向下跳空的十字线，然后股价进入了整理行情。在波动中，该股反弹高点和回落低点都有逐渐上升的趋势，且高点的连线和低点的连线呈收敛状，从而形成了一个上升楔形形态。

这一上升楔形的上边线比下边线更趋于水平，且形态形成过程中成交量一直维持在较低的水平。

2019 年 6 月下旬，该股股价连续向上拉升，成交量随之放大，给人一种即将大涨的感觉，但当股价向上触及上升楔形的上轨后，立即反转向下，并于 7 月 8 日跌破上升楔形的下轨，这说明之前的上攻纯属主力的诱多行为，此时投资者宜卖出手中的股票。

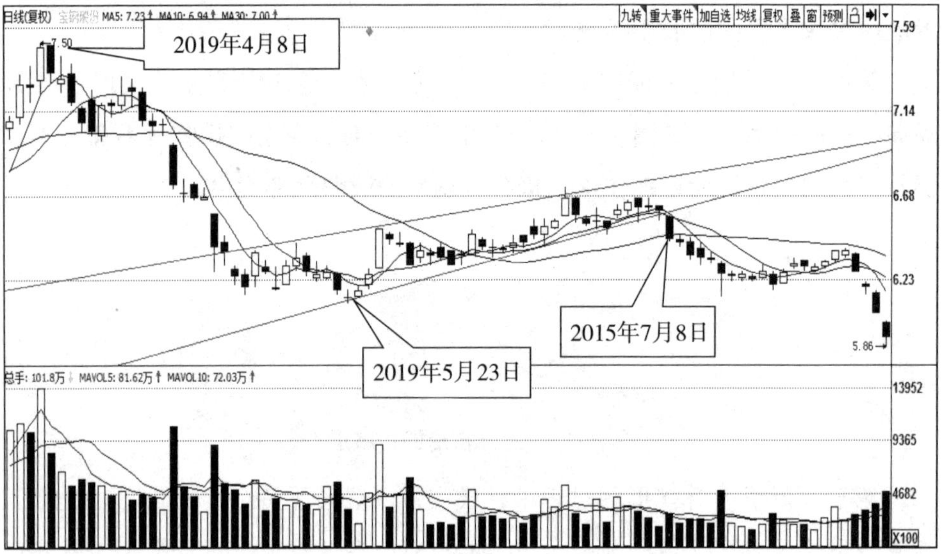

图 7-14　宝钢股份（600019）日 K 线走势图

二、楔形：下降楔形

下降楔形又称下倾楔形，通常出现在上涨行情中。该形态表现为：在股价上升过程中出现了一小段向下的震荡整理行情，将反弹的高点和回落的低点分别用直线相连，两条直线方向相同且呈收敛状，从而形成一个向下倾斜的楔子形态。如图 7-15 所示。

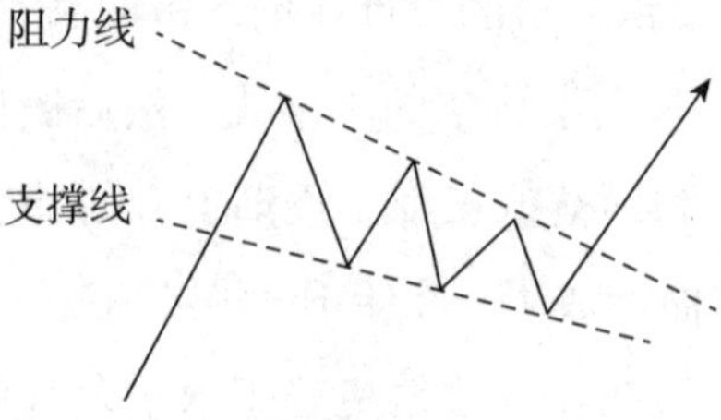

图 7-15　下降楔形

下降楔形虽然是向下倾斜的，似乎说明市场的承接力不强，但新的回落较前面的回落波幅呈缩小的态势，说明卖盘力量正在被消化，同时成交量逐渐萎缩也有效证明了上方抛压在减弱。因此，可以认为这种形态只是上涨行情中的获利回吐，并没有强力的空头想要打压股价。

有时候，下降楔形会成为庄家制造诱空陷阱的一种手段。庄家会利用这一形态清洗掉市场中的浮筹，将大部分股票集中在自己手中，以达到为股价大幅上扬夯实基础的目的。

在上涨行情中出现下降楔形，大多只是前期获利投资者的卖出行为所致，一般不会影响上升趋势的发展。因此，该形态通常属于上涨中继信号。

第一，在形成下降楔形的前半阶段，投资者可以按照楔形的上下边线进行高抛低吸操作，即在股价涨到上边线时卖出，等股价跌到下边线时再买入。但是到了后半阶段，波动幅度已经很小，投资者就必须捂牢股票了。

第二，在下降楔形的后半阶段，也就是形态快要完成之前，投资者无论是持股还是持币，都应该保持观望的态度，最好不要轻举妄动。日后，一旦发现股价突破下降楔形的上边线，投资者便可以积极买入。

第三，下降楔形完成向上突破后，可能会出现一次向下回抽，如图 7-16 所示。如果股价在楔形的上边线获得支撑，则证明突破有效，投资者可再度买入股票。如果股价跌破这一位置，投资者需要考虑斩仓止损。

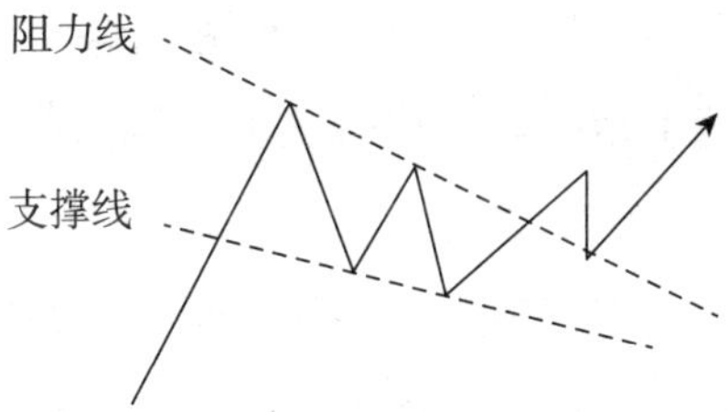

图 7–16 下降楔形的扩展形态

第四，参照下降楔形买入股票的投资者，应该将止损位定在楔形的上边线。

第五，在形成下降楔形的过程中，成交量一般会呈持续萎缩状态，但是在突破上涨时，应该有成交量的放量配合，否则会影响到看涨信号的可靠性。

第六，下降楔形的形成时间较上升楔形稍短一些，但是也至少需要两周（10 个交易日）的时间。

下面来看一下兖州煤业的案例，如图 7-17 所示。

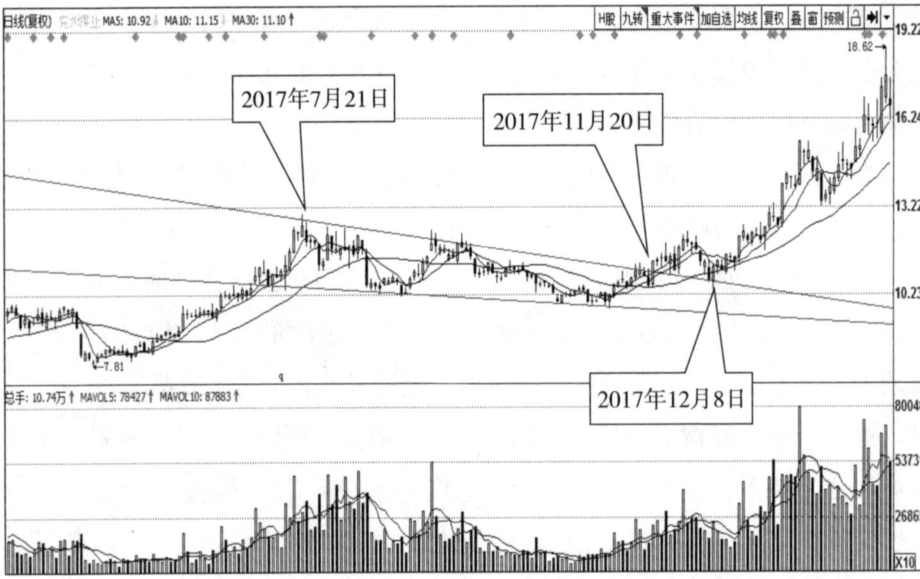

图 7–17　兖州煤业（600188）日 K 线走势图

如图 7-17 所示，2017 年 7 月到 11 月，兖州煤业的日 K 线图上出现了下降楔形形态。

2017 年 7 月 21 日，处于上涨行情中的兖州煤业低开高走，但盘中遭到空头的打压，在 K 线图上留下了一根带长上影线的小阳线，这说明多方力量有所不足。

此后，该股股价进入了整理走势。在波动中，该股反弹的高点和回落的低点都有逐渐下降的趋势，且高点连线和低点连线呈收敛状，从而形成了一个下降楔形形态。

下降楔形的下边线比上边线更趋于水平，且在形态形成的过程中成交量逐渐萎缩，因而可以认为下方存在较强的支撑力，股价很可能在调整结束后重回上升轨道。这时，持股的投资者不宜将股票卖出，持币的投资者应该对其保持关注。

2017 年 11 月 20 日，股价放量突破下降楔形的上边线，买点出现。投资者应该把握机会，积极买入。之后，该股在上涨几个交易日后出现了回调走势，12 月 8 日，当股价回调至上升楔形的上边线位置时，因受到支撑而重新上攻。

三、旗形：上升旗形

上升旗形通常出现在一段上涨行情之后，该形态表现为：股价在上升过程中出现了一小段震荡下跌行情，将下跌的低点和回升的高点分别用直线连接起来，就形成了两条向下倾斜的平行线，看上去就像一面迎风飘扬的旗帜。如图 7-18 所示。

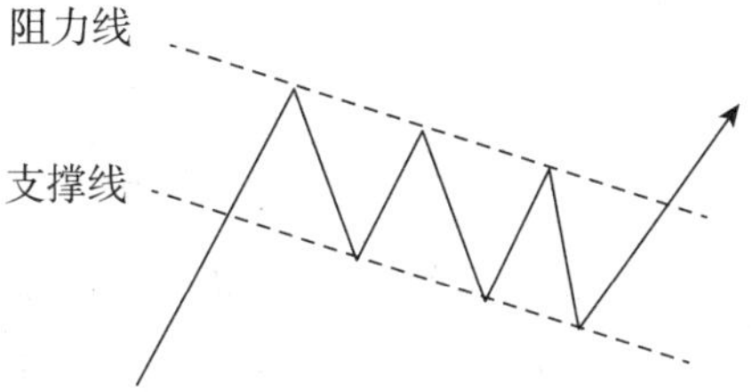

图 7-18　上升旗形

上升旗形的形成经历了这样的过程：在股价急速上升的过程中成交量逐渐增加，最后达到一个短期高点，这时前期获利的投资者开始卖出股票，由于上方抛压严重，股价开始下跌，经过一番紧密的短期波动后，形成了一个向上倾斜的平行四边形。人们将这一平行四边形形象地比喻为“旗面”，而将之前的上涨行情比喻为“旗杆”。股价一般会以向上突破的方式结束上升旗形整理，从而再次进入上升轨道。

上升旗形常常会被庄家用来清洗市面上的浮动筹码，一旦散户投资者纷纷看空而卖出股票，庄家就会迅速将股价拉升到一个很高的价位。

股价在震荡下跌行情中迟早要找到突破方向，而在上升旗形形态完成后，一般会以向上突破居多，向下突破的情况很少发生。因此，上升旗形通常被认为是上涨中继形态，可以看作是对之前快速上涨的一个消化过程。

第一，当在快速上涨后出现了上升旗形形态，且成交量呈逐渐萎缩态势，投资者不宜将股票卖出，以观望为佳。

第二，当股价突破上升旗形的上边线时，表示股价已经整理完毕，将继续上涨。这时投资者应该把握买入机会，适量买入。

第三，股价向上突破后可能会有小幅回抽，但回抽的力量往往很弱，会在旗形的上边线附近获得支撑，然后再度上涨，如图 7-19 所示。当投资者看到回抽后重新上涨的情形，便可考虑加仓买入。不过，这种小幅回抽有时候也可能不会出现。

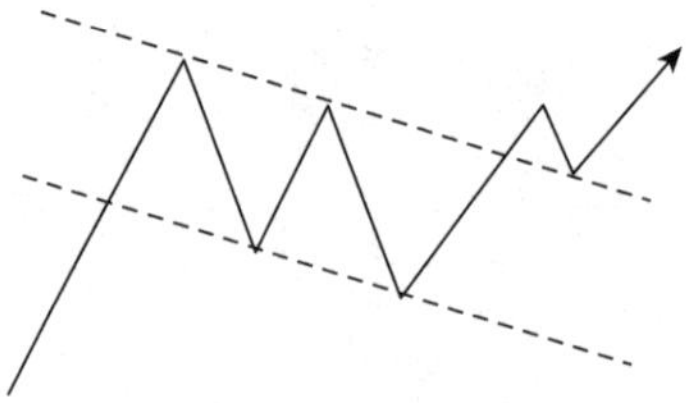

图 7–19　上升旗形的扩展形态

第四，参照上升旗形形态买入股票的投资者，应该将止损位设在上升旗形的上边线。当股价跌穿这一位置时，投资者应果断止损。

第五，上升旗形必须出现在一段快速上涨行情之后才有意义，在下跌行情中出现倾斜向下的平行四边形不能看作是上升旗形。

第六，旗杆的长度，即从股价开始大幅快速上涨（旗杆的形成点）到旗杆的顶点之间的垂直距离越大，那么后市上涨的幅度也就越大。这一距离也是上升旗形理论上的最小升幅。

第七，整个旗形（不包括旗杆）的形成时间应该在 4 周（20 个交易日）之内，但如果在 3 周（15 个交易日）内没有形成有效突破，投资者就要提高警惕，注意下跌风险。

第八，如果股价形成了上升旗形，但成交量并没有缩减，而是呈不规则状态甚至是放大趋势，则暗示市场正在悄然发生变化，行情可能继续向下。这时投资者应卖出部分股票，轻仓观望。

下面来看一下国投资本的案例，如图 7-20 所示。

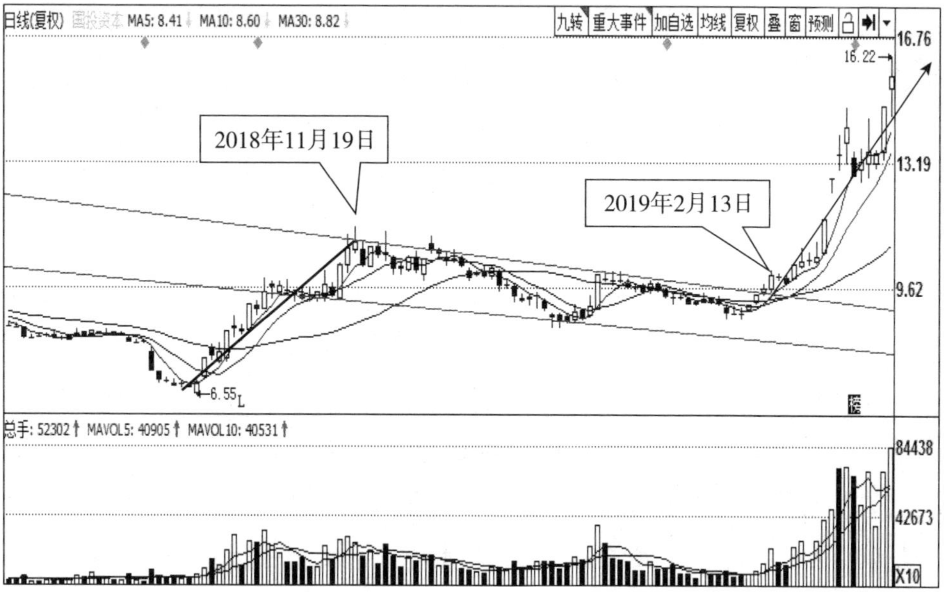

图 7-20　国投资本（600061）日 K 线走势图

如图 7-20 所示，2018 年 11 月到 2019 年 2 月，国投资本的日 K 线图上出现了上升旗形形态。

2018 年 10 月中旬，国投资本的股价经过微调后开始了加速上涨。11 月 19 日，该股收出一根带长上影线的中阳线，然后股价掉头向下，这一天的收盘价也就成为该股走势的短期高点。

由此开始，国投资本走出了一段震荡下跌走势，成交量也呈现出逐渐萎缩的态势。将股价震荡下降的高点和低点分别相连，形成了一个向下倾斜的平行四边形。这是典型的上升旗形形态，预示后市将会上涨。看到这种形态后，投资者应保持观望，不宜卖出股票。

2019 年 2 月 13 日，股价成功突破上升旗形的上边线，上升旗形构筑完成。投资者可以在当日逢低买入。

四、旗形：下降旗形

下降旗形通常出现在一段下跌行情之后，该形态表现为：股价在下跌过程中出现了一小段反弹行情，将反弹高点和回落低点分别用直线连接起来，就形成了两条向下倾斜的平行线，看上去就像一面倒置的旗帜。如图 7-21 所示。

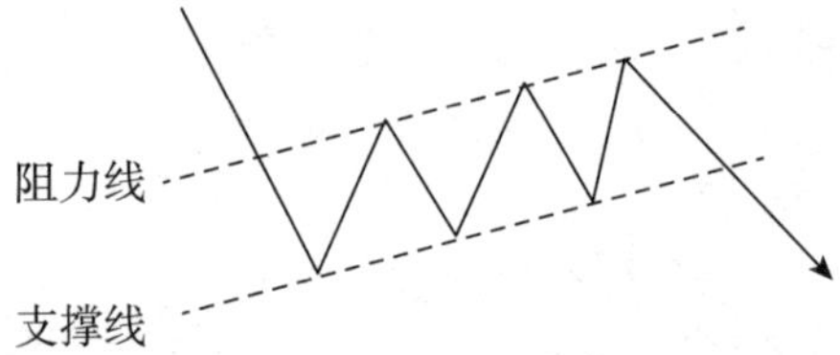

图 7–21　下降旗形

下降旗形的形成经历了这样的过程：在股价急速下降的过程中成交量逐渐增加，最后达到一个短期低点，这时一些投资者认为股价已经见底而开始购买，甚至前期被深套的投资者也希望补仓以摊薄自己的成本，因此股价出现反弹，形成一个向上倾斜的平行四边形旗面。由于市场上的投资者对上涨信心不足，所以股价一般会以向下突破来结束下降旗形整理，从而再次进入下跌轨道。

庄家常常用下降旗形制造底部抬高的上升假象，诱骗散户投资者接盘，以达到出货的目的。一旦投资者看到股价上升而一头扎进去，十有八九会陷入庄家构筑的诱多陷阱。

股价走势出现下降旗形后，一般以向下突破居多，向上突破的情况极少出现。因此，下降旗形通常被认为是下跌中继形态，可以看作是下跌途中的一次抵抗性调整。

第一，当在快速下跌后出现了下降旗形形态，后市看跌的可能性很大，空仓的投资者宜保持观望状态，持股的投资者则适用逢高卖出策略。

第二，当股价跌破下降旗形的下边线时，表示股价已经整理完毕，将继续下跌。这时投资者应该尽快将手中的股票卖出，以减少损失。

第三，股价向下突破后可能会有小幅回抽，但回抽的力量往往很弱，会在旗形的下边线附近遇到阻力，然后再度下跌，如图 7-22 所示。看到此情形后，仍持有股票的投资者应该果断清仓。不过，这种小幅回抽有时候也可能不会出现，所以投资者还是卖得越早越好。

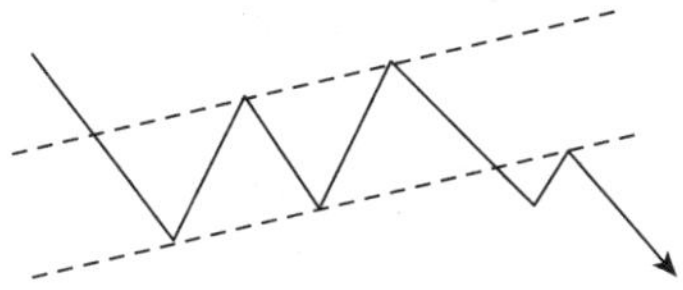

图 7–22　下降旗形的扩展形态

第四，下降旗形必须出现在一段快速下跌行情之后才有意义，在上涨行情中出现倾斜向上的平行四边形，则不能当作下降旗形来看待。

第五，旗杆的长度，即从股价开始大幅快速下跌（旗杆的形成点）到旗杆顶点之间的垂直距离越大，那么后市下跌的幅度也就越大。这一距离也是下降旗形理论上的最小跌幅。

第六，整个旗形（不包括旗杆）的形成时间应该在 4 周（20 个交易日）之内，但如果在此期间没有形成有效突破，则股价有可能形成向上突破。

第七，一般情况下，下降旗形在开始形成时成交量会有所放大，但在形成过程中会呈现一种价量背离态势，即成交量没有随着股价的上升而放大。如果投资者在下降旗形快要形成前看到成交量突然放大的现象，就要警惕突然出现反转。

下面来看一下中远海特的案例，如图 7-23 所示。2015 年 7 月到 12 月，中远海特的日 K 线图上出现了下降旗形形态。

2015 年 6 月中旬，中远海特股价触顶后，经过一波调整开始加速下跌。7 月 9 日，该股股价触底后开始反弹向上，这一日的最低价也成了该股走势的短期低点。

之后，该股开始了一波震荡上涨行情。将其逐渐升高的高点和低点分别连接，就形成了一个向上倾斜的平行四边形，这是典型的下降旗形形态。这时，投资者应保持理智，不要盲目买入。

2015 年 12 月 16 日，中远海特的股价延续了之前的跌势（由于该股在形成上升旗形期间出现了一段时间的停牌，因而，股票复牌后有一波补跌行情），直接以一字板跌破了上升旗形整理区域，投资者需要耐心等待卖出的机会。随后股价反弹至旗形下边线，12 月 18 日遇到阻力后再度下跌，这就是该股的最佳卖出时机。

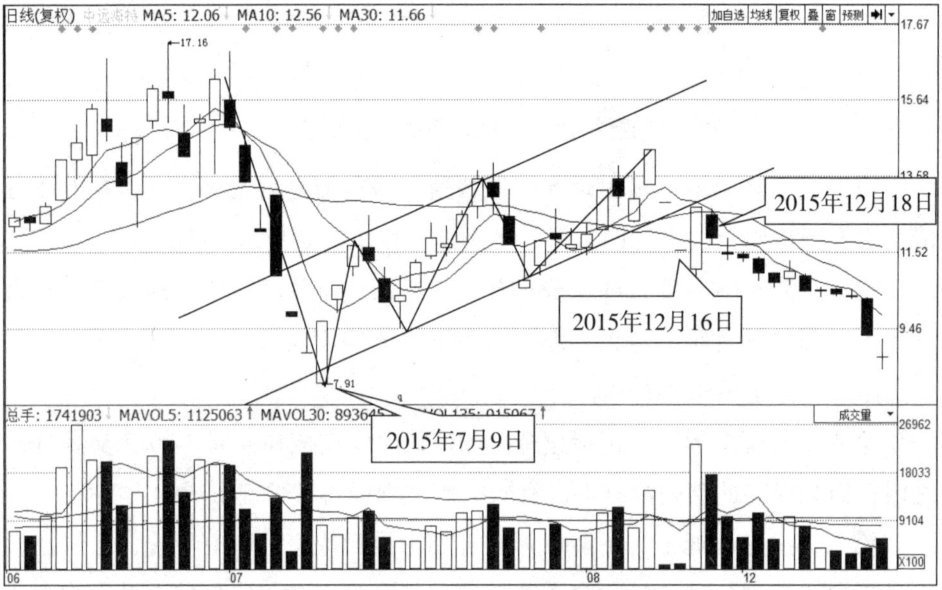

图 7-23　中远海特（600428）日 K 线走势图

五、三角形形态：上升三角形

上升三角形通常出现在上涨途中或下跌末期，该形态具有这样的特征：在股价反复震荡的过程中，每次上涨的高点基本处于同一水平位置，每次回落的低点却不断上移。随着形态的发展，股价波动幅度越来越小，即高点和低点逐渐靠拢。将这些高点和低点分别用直线连接，就形成了一个向上倾斜的三角形。如图 7-24 所示。

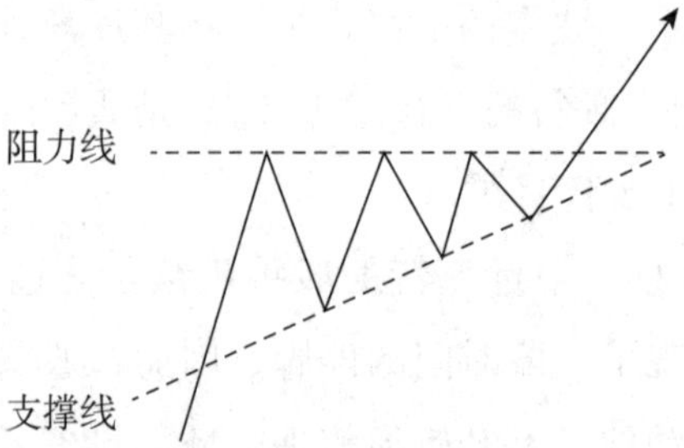

图 7-24　上升三角形

上升三角形的形成一般经历了这样的过程：股价每次上升到某一价位后，便会因上方沉重的抛压而出现回落，从而在上方形成了一条阻力线。但由于市场看好该股，所以股价每次都会在低点反弹，且这些低点的位置越来越高，这一态势瓦解了空方的斗志。最终，股价在多方的强力推动下实现了对阻力线的突破，上升三角形形态正式形成。

上升三角形是一种常见的整理形态，出现该形态说明买方力量正在不断加强，而卖方力量却在逐渐减弱，预示着市场有可能进入多头行情。

第一，在上涨行情中出现上升三角形，通常表现为中继信号，在下跌行情中出现，则具有一定的转势意味。一旦股价放量突破上升三角形的上边线，投资者应该果断买入。

第二，上升三角形的上边线一开始是阻力线，被突破后就变成了股价支撑线。参照形态买入股票的投资者，应该将止损位定在上升三角形上边线上。

第三，有时候，股价向上突破上升三角形后会有一次回抽，以确认突破是否有效，如图 7-25 所示。如果股价在三角形的上边线止跌回升，就证明突破有效，投资者可在股价回升时迅速介入；如果股价又重新回到三角形之内，则表示形态失败，投资者应及时止损。不过，这种回抽动作有时并不会出现。

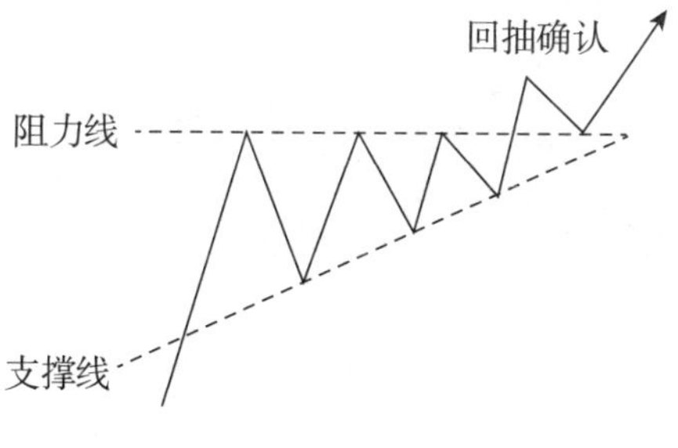

图 7-25　上升三角形的扩展形态

第四，通常来说，在形成上升三角形的过程中，成交量会不断萎缩，但在向上突破时，成交量却会明显放大。如果在突破时没有成交量的配合，那么看涨信号的可靠性将减弱，投资者最好仍保持观望。

第五，上升三角形形态常被庄家用来故意打压股价，目的是在震荡走势中更多地吸收浮筹。

第六，一般情况下，上升三角形高点与低点之间的最大垂直距离越大，后市上涨的空间相应地也会越大。

第七，上升三角形的完成时间不应过长，也不应在股价达到三角形上边线时才发生突破，否则，股价突破后上升空间会十分有限，甚至可能演化成横盘整理走势。

第八，上升三角形在绝大多数情况下是向上突破的，少数情况下也可能会跌破支撑位。一旦出现向下破位，持币的投资者不宜介入，持股的投资者可暂时离场。

第九，当在高价位区域出现上升三角形，但股价却迟迟不能突破上边线时，走势极有可能演变成 M 形顶或三重顶等类型的顶部三角形形态，这时投资者应实施减仓操作以回避风险。

下面来看一下海峡股份的案例，如图 7-26 所示。

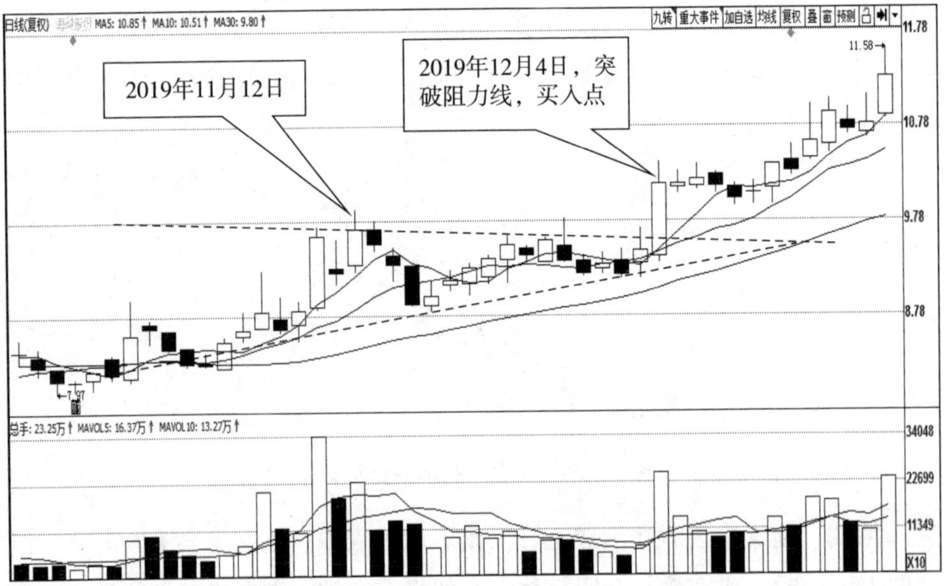

图 7-26　海峡股份（002320）的日 K 线图

如图 7-26 所示，2019 年 11 月到 12 月，海峡股份的日 K 线图上出现了上升三角形形态。

2019 年 11 月中旬，处于上涨途中的海峡股份进入了横盘整理行情。在此阶段，股价上涨到某一位置附近时都遇到了强大的阻力，在上方形成了一条水平的阻力线，而股价回落的低点却呈现逐渐升高的趋势，将它们连接起来，形成一条近似向上的斜线。从形态上看，股价具有形成上升三角形的潜质。

2019 年 12 月 4 日，该股开盘后不久就开始放量拉升，当股价突破三角形上边线时，投资者应该果断买入。

六、三角形形态：下降三角形

下降三角形通常出现在下跌途中或上涨末期，该形态具有这样的特征：在股价反复震荡的过程中，每次下跌的低点基本处于同一水平位置，而每次反弹的高点却不断下移。随着形态的发展，股价波动的幅度越来越小，即高点和低点逐渐靠拢。将这些高点和低点分别用直线连接，就形成了一个向下倾斜的三角形。如图 7-27 所示。

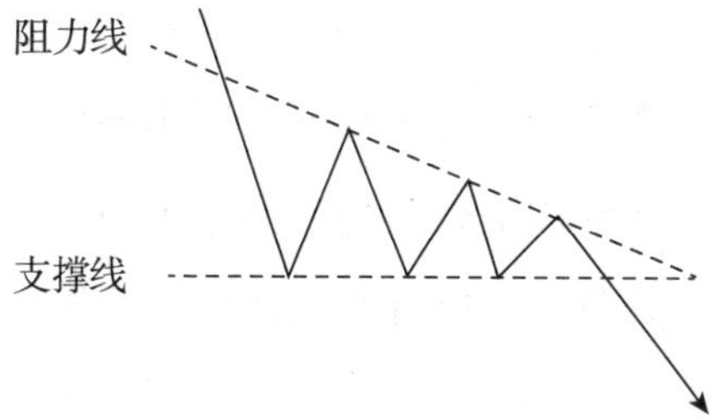

图 7–27　下降三角形

下降三角形的形成一般经历了这样的过程：股价每次下跌到某一价位后，便会因获得支撑而出现回升，从而在下方形成了一条支撑线。但由于市场看淡该股，所以股价每次都会在高点回落，且这些高点的位置越来越低，这一态势严重打击了多方的意志。最终，股价在空方的强力打压下跌破了支撑线，下降三角形形态正式形成。

下降三角形是一种常见的整理形态，出现该形态，说明卖方力量正在不断加强，而买方力量却在逐渐减弱，预示着市场有可能进入空头行情。

第一，在下跌行情中出现下降三角形，通常表现为中继信号，在上涨行情中出现，则具有一定的转势意味。一旦股价跌破下降三角形的下边线，投资者应该坚决卖出离场。

第二，下降三角形的下边线一开始是支撑线，被突破后就变成了对股价的阻力线。之后，股价一旦上升到该线附近，便有可能遇阻回落。

第三，有时候，股价向下突破下降三角形后会有一次回抽，以确认突破是否有效，如图 7-28 所示。如果股价在三角形的上边线受阻回落，就证明突破有效，这时仍持有股票的投资者应该选择清空仓位；如果股价又重新回到三角形之内，则表示形态失败，这时投资者最好保持观望姿态，不要贸然介入。不过，这种回抽动作有时并不会出现。

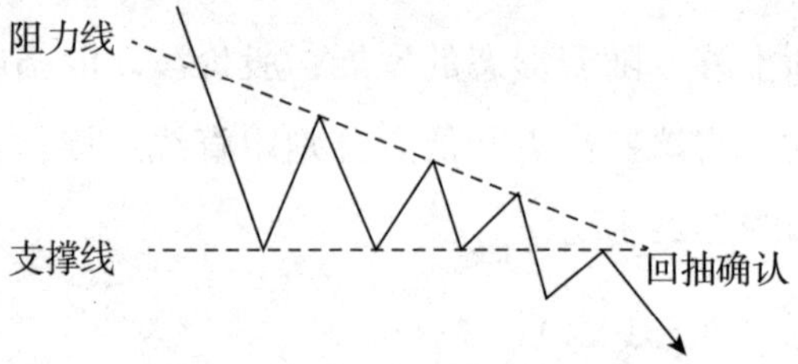

图 7-28　下降三角形的扩展形态

第四，通常来说，在形成下降三角形的过程中，成交量不会出现极度萎缩的情况，有时候甚至会出现量价背离。在向下突破时，成交量也不会有太大的变化。

第五，一般情况下，下降三角形高点与低点之间的最大垂直距离越大，后市下跌的空间相应地也就越大。

第六，下降三角形在绝大多数情况下是向下突破的，但也有例外。一旦股价形成向上突破，持股的投资者不宜再卖出，持币的投资者应以观望为佳。

第七，下降三角形完成时间一般不会太长，如果股价持续整理，迟迟没有出现向下突破，那么走势极有可能演变成 W 形底或三重底等类型的底部三角形形态。这个时候，投资者最好不要轻易卖出股票。

下面来看一下亿嘉和的案例，如图 7-29 所示。

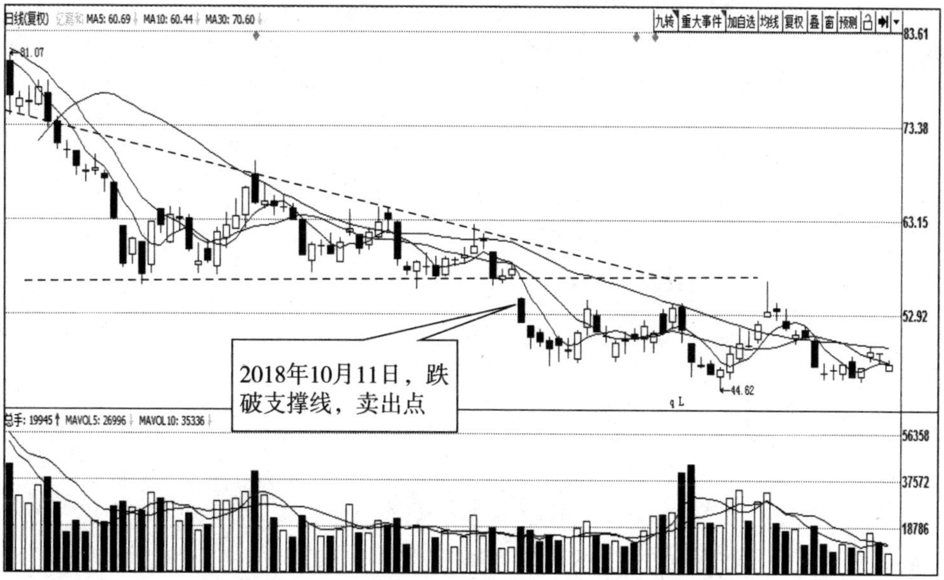

图 7-29 亿嘉和（603666）的日 K 线图

如图 7-29 所示，自 2018 年 7 月中旬开始，亿嘉和的股价在经历了上市初期的拉升后就进入了一个下行通道，出现了下降三角形形态。在这段时间内，处于下跌途中的亿嘉和进入了震荡下跌行情。在反复震荡的过程中，股价几乎在同一趋势线上获得支撑，而反弹所形成的高点却越来越低，说明多方已经有些力不从心了。

2018 年 10 月 11 日，亿嘉和的股价跳空跌破了下降三角形的下边线（支撑线），这预示着股价将走向下跌之路，投资者应及时卖出股票。

其后，股价虽出现了两次反弹，但每次反弹的高点都距离下降三角形的下边线较远的距离就夭折了，投资者宜迅速清空仓位。

第八章

重要的趋势整理模式

一波上升趋势或下降趋势后，必定会积累大量的获利盘或套牢盘，这对主力继续拉升或打压股价都会造成一定的困难，这时候，股价很可能会出现一段与之前运行趋势相反的整理走势。当然，整理走势出现后，投资者通常很难直接判断股价突破的方向，只有等股价整理结束后，才能清楚地看出股价是上升还是下跌。

第一节　经典 K 线整理模式

一些经典的 K 线整理模式出现时，投资者往往无法预先判断股价 K 线未来的突破方向，只能跟随股价波动趋势伺机而动。

一、收敛三角形及突破

收敛三角形，又叫做对称三角形，可以出现在任何行情中，其形态表现为：股价在一段时间内出现反复震荡整理局面，每次上升的高点都低于前一个高点，而每次下降的低点都高于前一个低点，于是股价波动幅度越来越小。将这些高点和低点分别用直线连接，就形成了一个逐渐收敛的三角形。如图 8-1 所示。

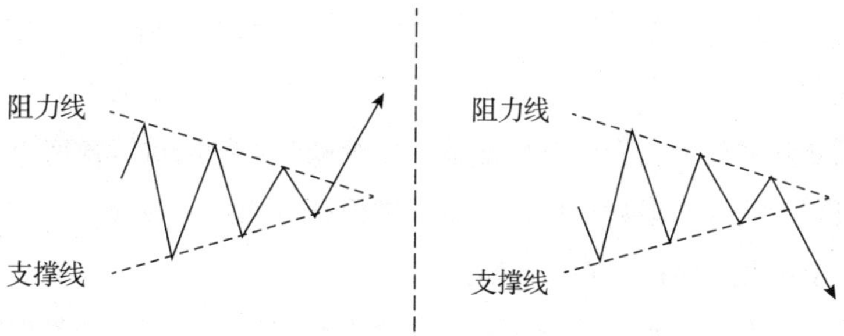

图 8-1　收敛三角形

收敛三角形有可能出现在大幅上涨后的顶部区域，亦有可能出现在深度下跌后的底部区域，但更多的时候会出现在上涨或下跌的途中，是对前一段行情的一种阶段性整理。

一个收敛三角形至少应该有两个明显的高点和两个明显的低点。不断下降的高点和不断上升的低点，说明在多空双方的对峙中，多方对前景并没有太大的信心，只是不希望股价掉下去；而空方不愿低价贱卖或对后市仍保留着一丝希望，所以上方压力不大。由于很难看清后市走向，所以越来越多的投资者选择了观望，成交量也因此持续萎缩。此时，只要有一方力量增强，就有可能打破这种势均力敌的平衡状态，进入上涨或下跌行情。

收敛三角形是一种整理形态，表示多空双方陷入了僵持局面，后市具有不确定性——既有可能上行，也有可能向下。

第一，收敛三角形是一种观望信号，在该形态的形成过程中，无论是持股的投资者还是持币的投资者，都应该采取冷静观望的态度，不宜盲目操作。

第二，在上涨行情中出现收敛三角形形态，股价如突破该形态的上边线，就可以考虑买入，如果跌破该形态的下边线，就应该尽快卖出。

第三，在下跌行情中出现收敛三角形形态，股价如果跌破该形态的下边线，应该果断卖出，如果冲破该形态的上边线，则不能急于买入，应该等涨势确立后再买进。

第四，收敛三角形如果出现在上涨行情中，那么最终选择向上突破的可能性较大；如果出现在下跌行情中，那么最终选择向下突破的可能性较大。

第五，一般来说，收敛三角形完成后，如果股价选择向上突破，则必须伴随着成交量的放大，否则有可能造成假突破。如果股价选择向下突破，成交量可能略微放大，但如果放出巨量，则极有可能是主力为了骗钱采取的洗盘动作，投资者应多加小心，谨防上当。

第六，收敛三角形向上突破后，股价上升到第一个高点的价位附近才会遇到阻力，因此，投资者可以通过这一高点画一条水平直线，并以此来度量突破后的最小涨幅。如果股价向下突破，也可以基于同样的方法来预测最小跌幅。

下面来看一下远达环保的案例，如图 8-2 所示。

图 8-2　远达环保（600292）日 K 线走势图

如图 8-2 所示，2017 年 5 月到 2017 年 6 月，远达环保的日 K 线图上出现了收敛三角形形态。

2017 年 5 月初，处于下跌途中的远达环保开始进入横向震荡。在波动中，上涨的高点逐渐降低，下降的低点逐渐升高，呈现收敛的三角形形状，且成交量呈现减少趋势，这说明多空双方势均力敌，但力量均消耗严重，后市发展具有不确定性。

这一整理走势持续了一个多月，2017 年 6 月 22 日，该股以一根大阴线跌破了收敛三角形的下边线，预示着股价将继续下跌。看到这一信号，持有股票的投资者应该立即出货。

随后，远达环保的股价出现了一波反弹，但很快又重归跌势，仍持有该股的投资者应立即清仓。

二、矩形整理形态及突破

矩形整理形态又叫做箱型整理形态，是股市中最典型的整理形态，可以出现在任何行情中。该形态表现为：股价在一定的价位区间内上下波动，将上涨的高点和下跌的低点分别相连，就形成了两条平行的水平直线。如图 8-3 所示。

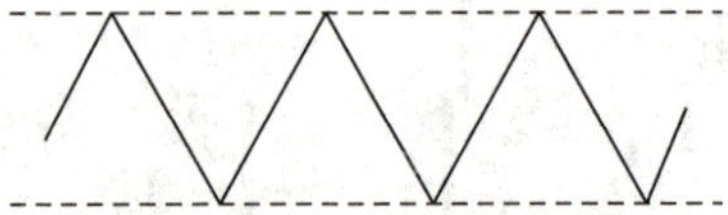

图 8-3 矩形整理形态

矩形整理形态的形成经历了这样的过程：股价在上涨或下跌了一段时间之后出现了横向移动。当股价上涨到某一高点时遇到阻力而回落，下跌到某一低点时获得支撑而回升，然后每次回升到前一个高点附近都会受阻回落，每次回落到前一个低点附近时又止跌反弹，如此反复，便形成了一条水平的整理通道。

矩形是一种冲突均衡的整理形态，显示多空双方互不相让，你争我夺。由于双方实力相当，所以基本在这一范围内达到了均衡状态。当然，出现这种形态有时也可能是庄家为了吸筹或出货而有意控制波动幅度。

矩形的上边线是股价的阻力线，下边线是股价的支撑线，一旦股价有效突破了其中的任何一条线，都标志着矩形形态构筑完成。

出现矩形整理形态，表示多空双方在战斗中互有胜负，保持着势均力敌的僵持局面。如果某一方力量削弱，另一方力量加强，这种僵局便会被打破。

第一，绝大多数情况下，矩形表现为一种中继形态，表示股价经过整理后仍然会按照原来的趋势运行。但是出现矩形整理形态后，投资者仍需要根据股价的历史走势和其他技术指标来判断其是否有演变成反转形态的可能。

第二，矩形整理形态常常是庄家强行洗盘形成的，上方的阻力线是庄家预定的洗盘位置，下方的支撑线是护盘底线。因而，该形态出现在上涨途中的概率较高，也是最具有价值的。

第三，当矩形整理形态出现在深跌之后的低价位区域，通常表现为反转形态，是潜伏底的变形。

第四，在矩形整理形态没有形成有效突破之前，如果矩形的上下边线距离较远，投资者可以在前期采取高抛低吸的策略。如果矩形的波动幅度较小，投资者最好保持观望姿态。

第五，经过一段时间的横向整理后，当股价向上有效突破矩形的上边线时，表示多方开始占据优势，投资者可以考虑买入股票，并将止损位设在矩形的上边线上；当股价向下有效突破矩形的下边线时，表示空方开始占据优势，投资者应该考虑卖出股票。

第六，股价形成有效突破的标准：股价突破边界线后的涨幅或跌幅不小于3%，或者股价连续三天没有重新回到矩形区域之内。

第七，在矩形整理形态形成的过程中，成交量应该不断减少。特别是从高点回落时，成交量必须呈现逐渐萎缩的态势。

第八，股价向上突破矩形的上边线时，必须伴随成交量的放大才有意义；向下突破时，则不必有成交量的配合。

第九，矩形作为中继形态出现，股价突破后可能会有一个回抽动作。在回抽过程中，如果股价没有回到原来的矩形整理区间，则是投资者第二个买入或卖出的机会，如图8-4所示。不过，这一回抽动作有时候并不会出现，所以投资者不能把它作为唯一的买卖点。

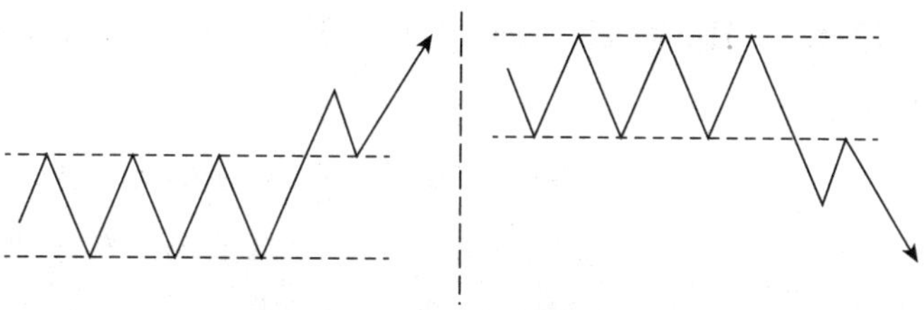

图8-4 矩形整理形态

第十，形成矩形的过程中，成交量一直持续在较高的水平，则有可能是庄家托盘出货，即使之后向上突破，也可能是一个诱多陷阱，投资者对此要多加提防。

第十一，根据经典理论，矩形整理形态完成之后，股价上升或下跌的空间至少应该等于矩形的宽度，但实战操作中会有一定的出入。不过，可以确信的是，这一宽度越宽，后面的上涨或下跌空间越大。

第十二，矩形整理形态的形成时间要比三角形、旗形等整理形态都长，通常会超过 4 周（20 个交易日）。矩形整理形态的周期越长，完成突破后上涨或下跌的幅度相应也会越大。

下面来看一下云天化的案例，如图 8-5 所示。

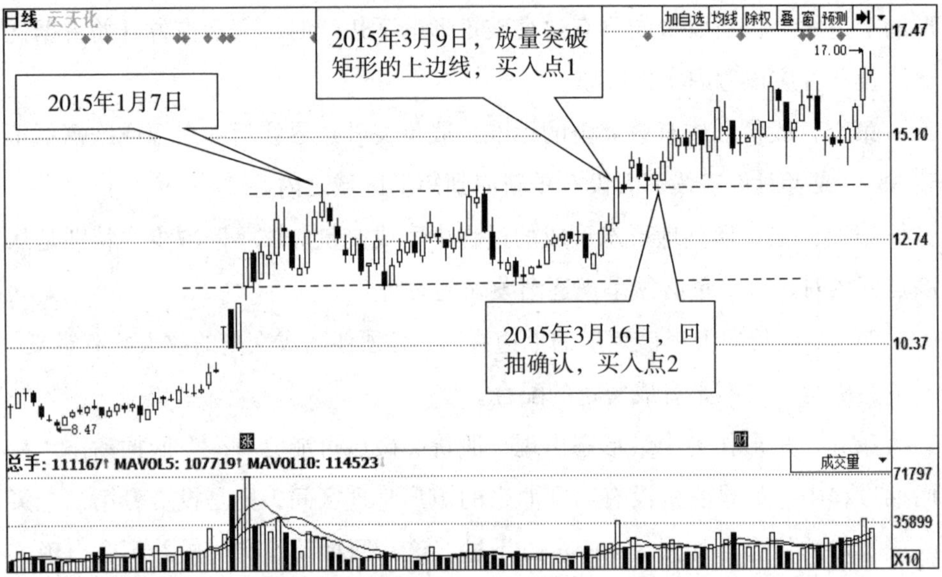

图 8-5　云天化（600096）的日 K 线图

如图 8-5 所示，2014 年 12 月到 2015 年 3 月，云天化的日 K 线图上出现了矩形整理形态。

2015 年 1 月 7 日，云天化收出一根带上影线的阳线，这天的最高价也成为短期内的一个高点。之后该股开始回落，并在前期的密集成交区域受到支撑反弹，从而形成一个低点。然后，股价便一直在高点和低点之间的水平通道中运行，形成矩形整理走势。

2015 年 3 月 9 日，该股股价放量突破矩形的上边线，此时投资者可以买入股票，持股待涨。3 月 16 日，该股回抽到矩形上边线附近获得支撑，再次上涨，此时投资者可加仓买入。

三、菱形整理形态及突破

菱形整理形态又称钻石形态，是股市中一种较为特殊且罕见的形态，通常出现在上涨行情的末尾。菱形其实是由两种不同类型的三角形形态组合而成的，前半部分是扩散三角形，后半部分是收敛三角形。也有人将菱形整理形态看作是头肩顶的延伸形态，而它的颈线则呈现 V 字状。如图 8-6 所示。

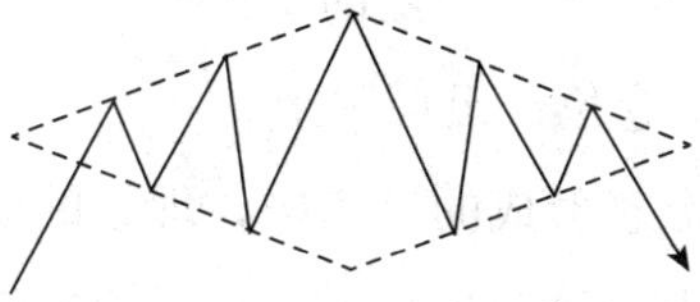

图 8-6　菱形整理形态

菱形整理形态的形成经历了这样一个过程：当市场上价格越升越高时，投资者显得冲动，买方力量强力释放，股价的波动幅度随之增大。不久之后，投资者的情绪逐渐冷静，成交量减少，股价的波幅收窄，市场从高涨的交易热情转为观望。这种菱形整理形态常常预示着行情将发生反转。

在实际操作中，菱形整理形态可能会以不标准的形态出现，但这并不会影响其形态的效果。一般情况下，只要股价的波动幅度先由小变大，再由大变小，便可以看作是菱形整理形态。所以，投资者可能会看到以下几种菱形整理形态的变形，如图 8-7 所示。

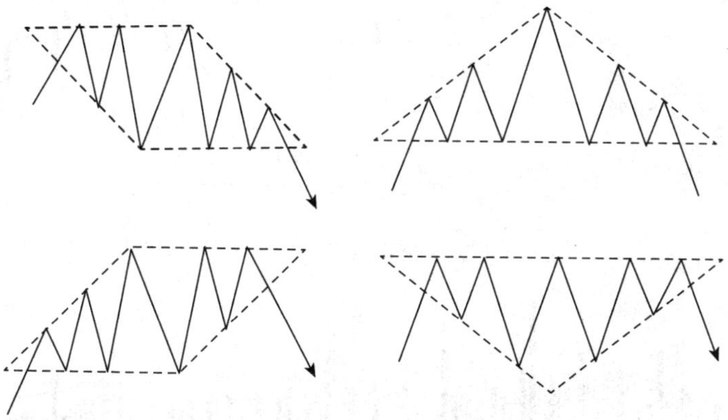

图 8-7　菱形整理形态的各种变形

菱形整理形态表示市场交易由活跃趋于清淡，通常情况下，由于参与者减少，使得股价在盘整后会向下突破，因而它是看空信号。

第一，菱形整理形态通常以顶部反转形态的模式出现在上涨行情中。在盘整过程中，稳健的投资者应该以静制动，保持观望；激进的投资者则可先人一步，在形成扩散三角形的时候逐步实施减仓操作。

第二，当股价向下突破菱形右侧的支撑线，便宣告菱形形态正式完成，此时投资者应该果断清空仓位，出局观望。

第三，在菱形整理形态形成的过程中，理想的成交量变化应该是：在前期的扩散三角形阶段，成交量逐步放大；在后期的收敛三角形阶段，成交量逐步缩小。

第四，当菱形最终形成向下突破时，常常会伴有成交量的放大，但这并不是有效突破的必要条件。

第五，菱形整理形态完成向下突破后，下跌的最小幅度理论上是菱形内最高点和最低点之间的垂直距离。

下面来看一下喜临门的案例，如图 8-8 所示。

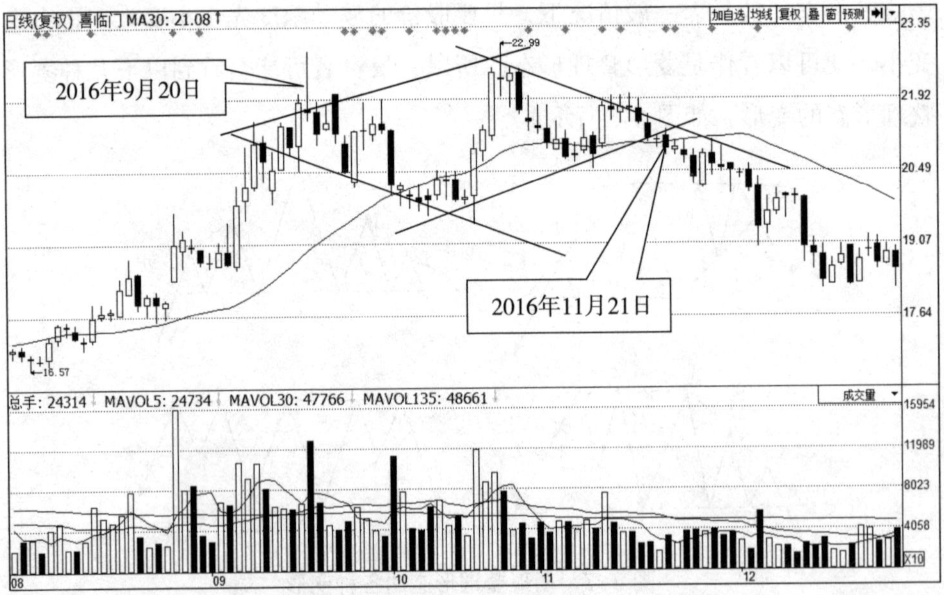

图 8-8　喜临门（603008）日 K 线走势图

如图 8-8 所示，2016 年 9 月到 11 月，喜临门的日 K 线图上出现了菱形整理形态。

2016 年 9 月 20 日，处于上涨行情中的喜临门开始了横向整理。开始时，股价波动幅度由小到大，呈现扩张趋势，之后股价又出现收敛形态。其中，2016 年 10 月 26 日，该股股价一度上涨至 22.99 元，然后见顶下跌，这一价格也成为当时的最高点。

2016 年 11 月 21 日，该股股价跌破了菱形整理形态的右侧下边线。看到这种情形，投资者应该将手中的股票彻底抛空。

第二节　股价横向盘整与技术指标黏合

在股价横向盘整过程中，很多技术指标都会同步呈现黏合状态，当技术指标结束黏合时，往往就是股价重新选择突破方向的时刻。

一、均线黏合与横向盘整

均线低位黏合后重新发散，就是股价重新选择突破方向的时候。不过，为了避免决策失误，投资者还需做到以下几点。

第一，为股价盘整划定震荡区间或阻力线、支撑线。

第二，当股价向上或向下跌破震荡区间、阻力线、支撑线时，不要立即采取行动，而是等待 3 个交易日，待突破获得确认后再采取行动。通常情况下，长时间的横向盘整，必然会有一波较大规模的行情，几个交易日内是不会完成的，所以投资者也不要害怕错过行情。

第三，若长周期均线（如 60 日、120 日均线甚至 250 日均线）也能与短周期均线黏合在一处，则可增大未来大幅上涨的可能性。

第四，股价向上或向下突破整理区域时，若成交量同步放大，则可增强其突破信号的有效性。

下面来看一下渝开发的案例，如图 8-9 所示。

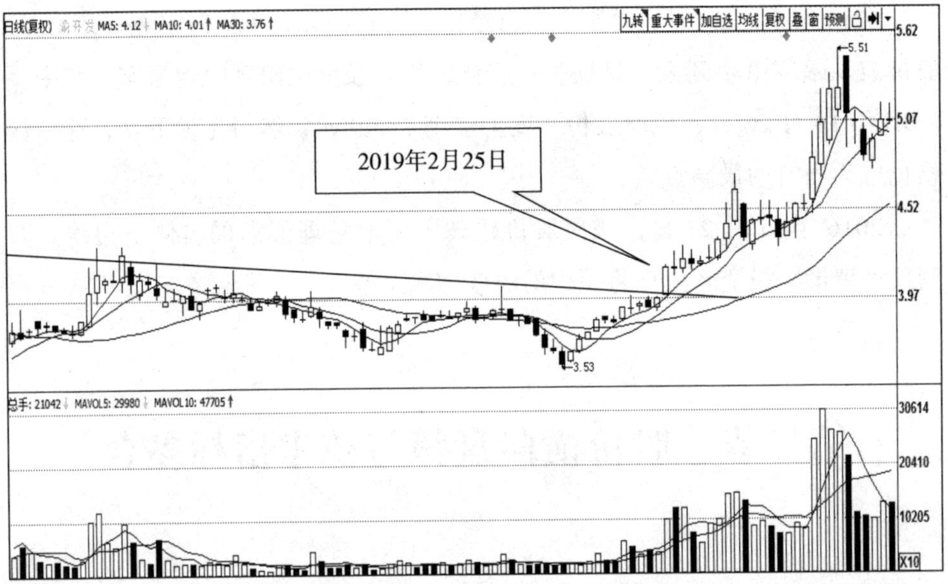

图 8-9　渝开发（000514）日 K 线走势图

如图 8-9 所示，渝开发的 K 线图上出现了均线黏合后向上发散的形态。开始阶段，该股在 3.90 元位置逐渐缓慢下行震荡盘整。随着调整的深入，5 日、10 日和 20 日均线逐渐黏合在一起。经过较长时间的蓄势之后，2019 年 2 月 25 日，多方已经聚集了足够的上攻能量，场外投资者纷纷抄底买入，带动股价放量上涨并突破压力线区域，均线系统也呈现明显的向上发散状。这种 K 线图上的均线黏合向上发散形态，极有可能催生大牛股。之后，该股股价连续三个交易日没有跌破之前的阻力线区域，可见该突破为有效突破。看到此图形后，投资者应及时跟进买入。

当然，股价出现低位黏合并不一定会引发股价上涨，还有可能成为一种下跌的中继整理形态。

下面来看一下百润股份的案例，如图 8-10 所示。百润股份的 K 线图上在 2015 年年底出现了均线黏合向下发散的形态。开始阶段，该股在 40 元附近小幅盘整。随着盘整的深入，5 日、10 日和 30 日均线逐渐黏合在一起。经过较长时间的蓄势之后，2016 年 1 月 18 日，空方已经聚集了足够的打压能量，持股者纷纷卖出，带动股价下跌并跌破支撑线区域，均线系统也呈现明显的向下发散状。这种 K 线图上的均线黏合向下发散形态，极有可能导致股价在短期内走出暴跌行情，投资者宜远离这样的股票。

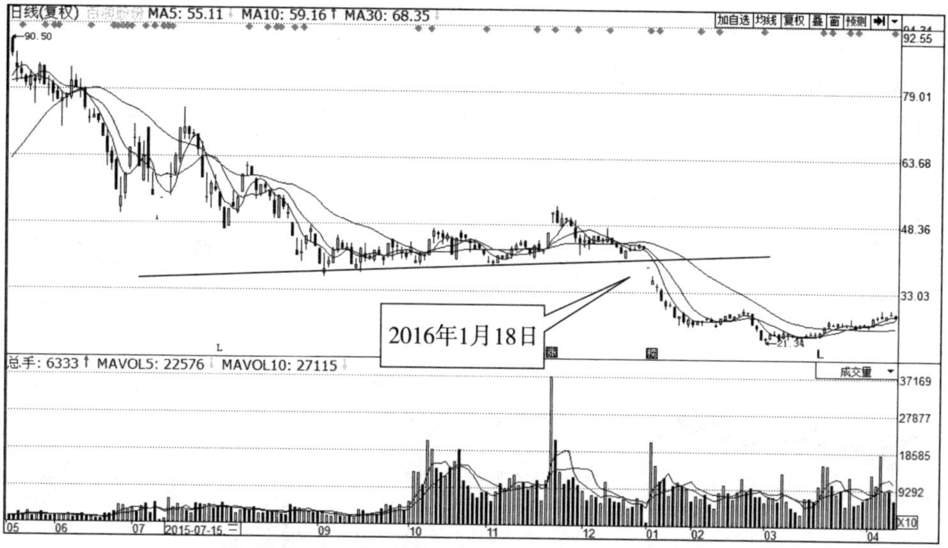

图 8–10　百润股份（002568）日 K 线走势图

二、三线黏合再爆发

三线黏合是均线黏合形态中一种非常典型的形态，常用的是 5 日、10 日和 30 日均线，其波动范围一般在 2% 以内，最多不能超过 5%。均线黏合说明股价开始盘整，一旦均线结束黏合，股价呈现放量向上突破形态，则意味着股价将迎来一波上升行情。

该形态的操作要点如下。

第一，随着股价的横向盘整，均线黏合在一起超过两周时间，且股价横向震荡过程中，大盘指数同步横向震荡或上升。

第二，股价向上突破，均线结束黏合时，大盘呈现上升态势。

第三，随着 5 日均线、10 日均线和 30 日均线黏合在一处的时间越来越长，成交量同步出现萎缩的情况。

第四，均线结束黏合后，出现拐头向上形态，且均线呈多头排列，这往往意味着股价将出现一段上涨行情，投资者宜买入股票。

第五，均线黏合结束时，如果均线方向向上，同时有成交量放大相配合，那么后期上涨的可能性加大；如果均线方向向下，有成交量放大相配合，后期下跌的可能性较大。

下面来看一下浙江医药的案例，如图 8-11 所示。

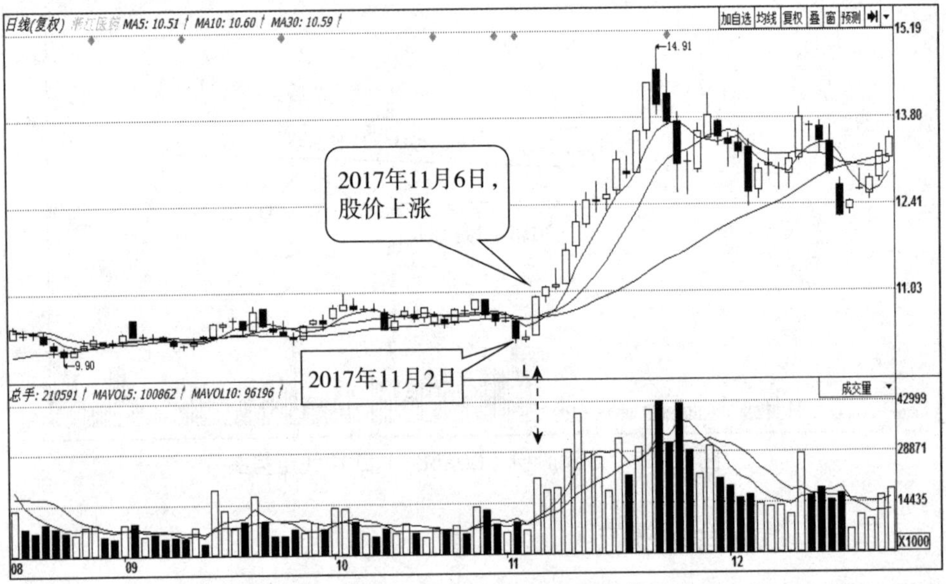

图 8-11　浙江医药（600216）日 K 线走势图

如图 8-11 所示，浙江医药的股价自 2017 年 8 月底开始出现一段整理行情，5 日、10 日和 30 日均线呈黏合状态，成交量也同步出现了萎缩态势，这说明主力正在选择突破的方向，投资者不宜轻易入场。

2017 年 11 月 2 日，该股股价突破下跌，给人一种股价将向下突破的感觉，此时投资者只需继续观望即可。

2017 年 11 月 6 日，该股股价并未延续前一交易日的下跌走势，而是反向上攻，均线由黏合变成发散，且均线呈多头排列。与此同时，成交量呈放大的态势，这说明该股已经开始进入上升通道，投资者宜买入股票。

三、MACD 指标黏合

MACD 指标黏合与其他技术指标不同，该指标黏合说明股价处于一种均衡波动状态，即股价朝着某一方向小幅运行。比如，股价若处于缓慢上升状态，此时 MACD 指标处于黏合状态，则说明股价还将延续当前的运行态势。一旦 MACD 指标结束黏合，则意味着股价将重新选择突破的方向。

该形态的操作要点如下。

第一，DIFF 线与 DEA 线黏合在一起时，说明多空双方处于相对均势的状态，也就是说，股价若处于下跌过程中，那么还将持续下跌；若处于上涨态势中，还将继续上涨。

第二，DIFF 快线与 DEA 慢线黏合状态结束时，若两条 MACD 指标线同步向上拐头，则说明股价上涨的概率很大，投资者可积极入场做多，反之，则不宜入场。

第三，股价向上突破时，若成交量同步放大，则可增强买入信号的有效性。

下面来看一下立讯精密的案例，如图 8-12 所示。

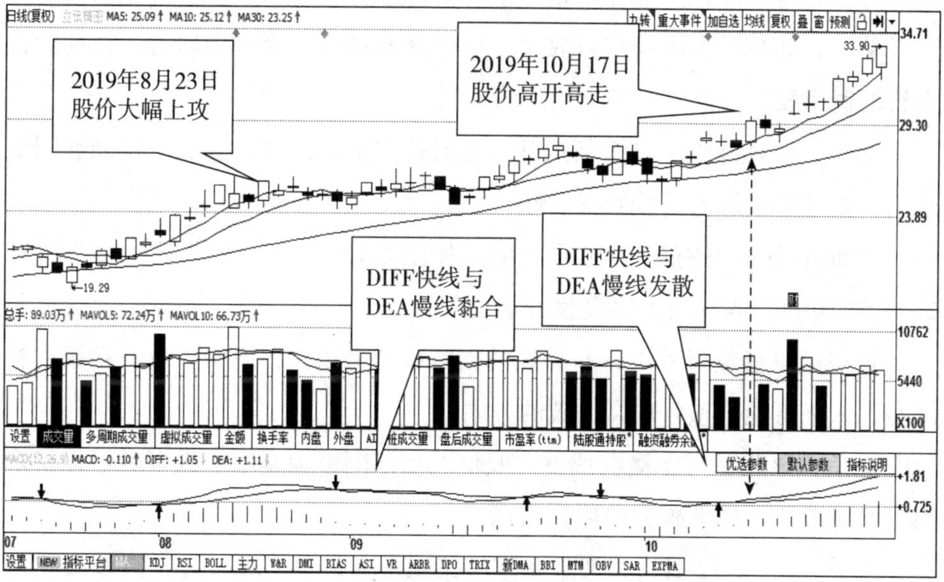

图 8–12　立讯精密（002475）MACD 走势图

如图 8-12 所示，立讯精密的股价在 2019 年 8 月下旬连续几个交易日上攻，并在 8 月 23 日创出短期高点后开始横向震荡。DIFF 快线逐渐向 DEA

慢线靠拢，此后该股股价开始了缓慢的震荡上涨之路。与此同时，DIFF 快线与 DEA 慢线黏合在一起，这说明多空双方暂时处于力量均衡状态。

2019 年 10 月 17 日，该股在前一交易日上涨的基础上再度高开高走。与此同时，DIFF 快线快速拐头向上与 DEA 慢线之间的距离逐渐拉大，这说明 DIFF 快线与 DEA 慢线之间的黏合状态结束，未来将出现一波上升走势。

四、喇叭口收缩与股价盘整

当布林线喇叭口逐渐收缩，即布林线指标的上轨线向下移动，下轨线向上移动，呈现缩口喇叭形态，表示股价的波动幅度正在缩小，行情即将进入盘整阶段。当喇叭口重新敞开时，就是股价重新选择方向的时候。

该形态的操作要点包括如下几点。

第一，股价在布林线中轨附近波动，且喇叭口逐渐收缩，属于典型的盘整走势，此时，持仓投资者最好先进行减仓操作。

第二，布林线喇叭口重新放大，且股价 K 线向上突破中轨时，往往股价上行的概率较大，投资者可适当追涨入场。

第三，布林线喇叭口重新敞开，且股价向上突破时，若成交量能够同步放大，则可增强买入信号的有效性。

下面来看一下有研新材的案例，如图 8-13 所示。有研新材的股价在 2018 年 10 月进入一波震荡盘整行情。

该股股价盘整过程中，布林线的喇叭口越来越小，说明股价波动幅度在减小，未来可能会重新选择突破的方向。

此后，该股一直在横盘调整，股价波动范围极为有限，投资者可保持观察，静待股价选择突破方向后再入场。

2019 年 2 月 12 日，该股股价连续第三个交易日上攻，且股价 K 线上涨至布林线中轨位置，喇叭口重新开始放大，这说明股价将启动上涨行情，投资者可考虑追涨买入。

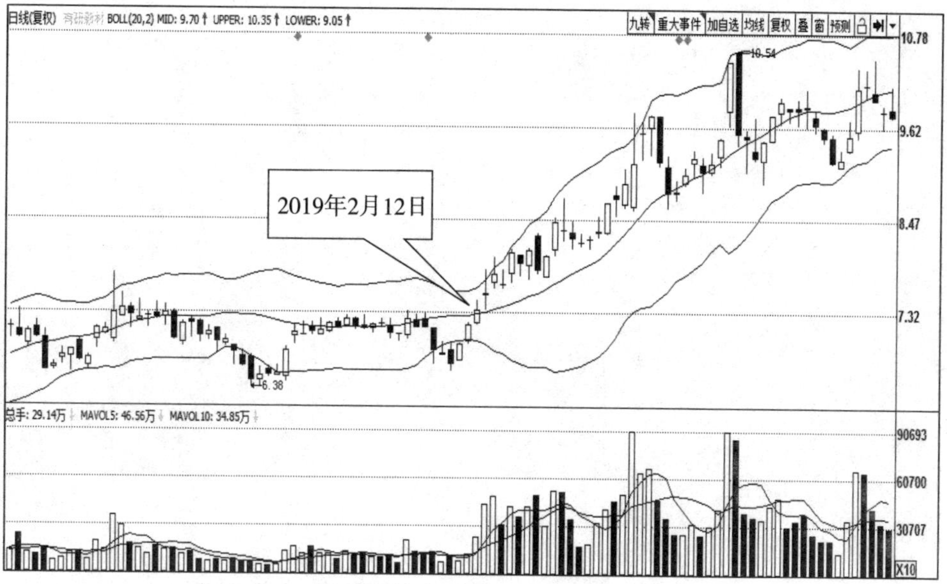

图 8-13　有研新材（600206）布林线指标走势图

第九章

构建趋势交易系统

严格意义上来说，趋势交易并不需要投资者过分关注股票的基本面和消息面情况，只需追随趋势，择时而动。然而，在实际交易过程中，出于对A股特殊性（包括市场还不够成熟，投资者的心理也不成熟，实行涨跌停板制度，执行T+1交易规则等）的考量，投资者还是需要对股票本身质地进行一定的了解，至少不能参与垃圾股的炒作。垃圾股这类股票尽管从短期趋势来看可能处于强势上行状态，但其一旦下跌，由于跌停板制度的影响，也可能会让投资者想出都出不来。

第一节 交易系统的基本构造

通常情况下，一套完整的趋势交易系统至少包括三个基本要件，即市场环境与投资偏好控制、交易执行控制以及资金仓位控制。

一、市场环境与投资偏好控制

尽管投资者在实际交易活动中以操作个股为标的，但市场和大盘的环境都可能对个股走势产生重大的影响。比如，在大盘大幅跳水时，即使是强势上攻的个股也会随之下跌。因此，在入场交易前，投资者首先要识别当前的市场环境，并根据市场环境确定交易模式和股票投资标的。

1. 市场环境

这里的市场环境主要是指整个股票市场所处的大势氛围，即目前股市处于上升趋势、下跌趋势还是盘整趋势。对于趋势交易者来说，当股市处于上升趋势时，入场交易获利的可能性会非常大，反之，入场交易获利的可能性则会很低。

如图 9-1 所示，2019 年 1 月初，上证指数从 2440 点附近启动上涨行情，一路上涨至 3288 点。在此期间，投资者如果选择买入个股，并持股不动，那么盈利的可能性将非常高。从 A 股市场的历史走势来看，投资者如果能够在 3000 点以下时买入股票，未来实现盈利的概率都比较高。

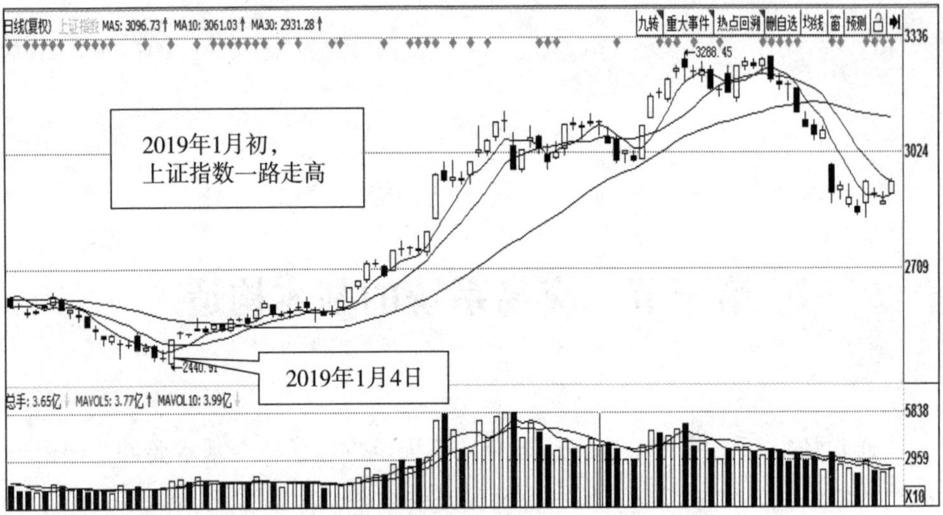

图 9-1　上证指数（000001）日 K 线走势图

2. 交易模式

交易模式是指投资者根据对市场大势的判断和个人偏好设置的交易路径。趋势交易者可选择的交易模式包括波段交易、短线投机，也包括左侧交易与右侧交易等。

3. 股票投资标的

股票投资标的，是指投资者根据市场大势判断、选择的交易模式以及个人偏好确定的备选投资股票。对于趋势交易者来说，预期持仓的时间会成为影响股票标的选择的主要因素。偏向于小型趋势交易的投资者，对股票标的的要求不高，而侧重于大型趋势交易的投资者，则必须对股票标的进行深入的研究。

二、交易执行控制

交易执行控制是整个交易系统的核心，是指投资者对整个交易过程进行的详细规划。

交易执行控制包括如下几点。

1. 入场方法及条件

从理论上来说，每一波趋势的启动点就是交易的最佳入场点。通常情况下，趋势交易者可通过大盘环境和个股走势分析的双重方法设置入场条件，也就是说，当大盘方向向好时，若能发现某只股票有启动上涨的迹象，则可入场交易。如大盘位于 10 日均线上方，且各条均线呈发散排列时，股价向上突破 10 日均线且 MACD 指标金叉买入等。

初次买入股票时，要尽量控制好仓位，不宜全仓进入，以免判断失误，给自己的本金带来风险。

2. 加仓方法及条件

买入股票后，当股价突破某一重要阻力位或回调遇某支撑位支撑再度上升时，可考虑适当加仓。加仓无须一次到位，可分批次进行。原则上，前期加仓量可以大一些，股价上涨到高位时加仓宜谨慎。

3. 减仓方法及条件

买入股票后，当股价运行趋势与预期不一致，即遇到某一重要阻力位受阻或出现回调时，可考虑适当减仓。与加仓相似，减仓也可以分批次进行。

4. 止损设定

止损位的设定需要与买入条件相统一，如买入条件为 MACD 指标金叉，卖出条件为 MACD 指标死叉，这时就需要设定止损位为 MACD 指标死叉。

5. 止盈设定

为了确保趋势交易盈利能够及时兑现，在趋势交易操作前必须确定止盈位。当股价上升至某一明显上升趋势终结或股票显露出明显的筑顶迹象时，必须立即止盈撤出。

三、资金仓位控制

资金仓位控制主要包括对整体仓位和个股所占仓位控制、预留资金控制等。

1. 整体仓位控制

投资者可将总仓位水平线划分为空仓、30%线、50%线、70%线、满仓五个水平。不过，鉴于股市中没有绝对安全的时间，因而满仓是应该尽量避免的。通常情况下，当股市处于上升趋势时，可适当提升仓位水平，反之，当股市处于下跌趋势中，应降低仓位水平，直至空仓。

2. 单只股票仓位占比

通常情况下，单只股票的仓位占比不应超过30%。当然，如果资金量过小，还是可以突破这一限制的。控制单只股票的仓位占比，本意是要分散风险，如果资金量太小，就失去分散风险的意义了。

3. 预留资金比例控制

预留资金的比例，因投资者个人投资偏好和风险承受能力的不同而异，一般应不少于20%。牛市时，可以直接设定在20%的水平，熊市时，则要提高预留资金的比例。即使是一次非常强劲的反弹，也要保证预留资金不低于30%，而且投入预留资金时，还要做好资金回收的计划。

第二节　止盈止损设置

买入股票后，股价有时会按照计划的轨迹运行，但更多的时候会朝相反的方向运行。这时候，按计划止盈或止损就是必须要采取的行动了。

一、止盈位设置

通常情况下，止盈位的设置主要有两种方法：一是静态止盈，二是动态止盈。

1. 静态止盈

静态止盈是指预先设定固定的点位作为止盈条件，一旦股价上涨到止盈位附近就主动选择卖出止盈的方法。

静态止盈的点位选择一般有两种。

一是固定比率点位。例如，投资者可以设定上涨 20%、10% 作为止盈位，一旦股价上涨到止盈位附近，投资者就需要卖出止盈了。

二是某一特殊点位。例如，投资者可以设定前期高点为止盈位，也可以设定某一整数价位为止盈位等。

下面来看立讯精密的案例，如图 9-2 所示。

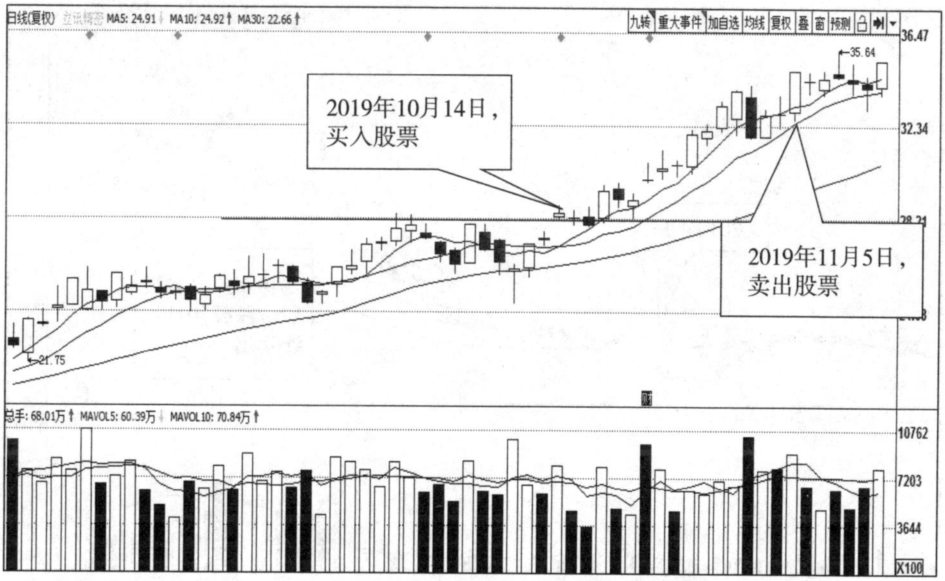

图 9-2　立讯精密（002475）日 K 线走势图

如图 9-2 所示，立讯精密的股价从 2019 年年初开始启动了一波上涨行情，假如投资者以 28.50 元的价位在 10 月 14 日当天买入，就可以为自己设定一个静态止盈位，如止盈位设定为股价向上 20%。那么，当股价在 2019 年 11 月 5 日上涨达到 34.20 元的价位时，投资者就要坚决执行卖出操作，不能因为感觉股票还会继续上涨而犹豫不决。

2. 动态止盈

动态止盈是指将某条均线或者趋势线等作为止盈的标准线，一旦股价下跌到这条线以下就卖出止盈的方法。

动态止盈的点位选择一般有两种。

一是选择某一条均线。在实际交易活动中，一般会选择 10 日均线或 20 日均线作为止盈线。

二是选择趋势线作为标准线。当股价下跌到趋势线以下时，投资者就卖出止盈。

下面以海通证券为例进行说明，如图 9-3 所示。

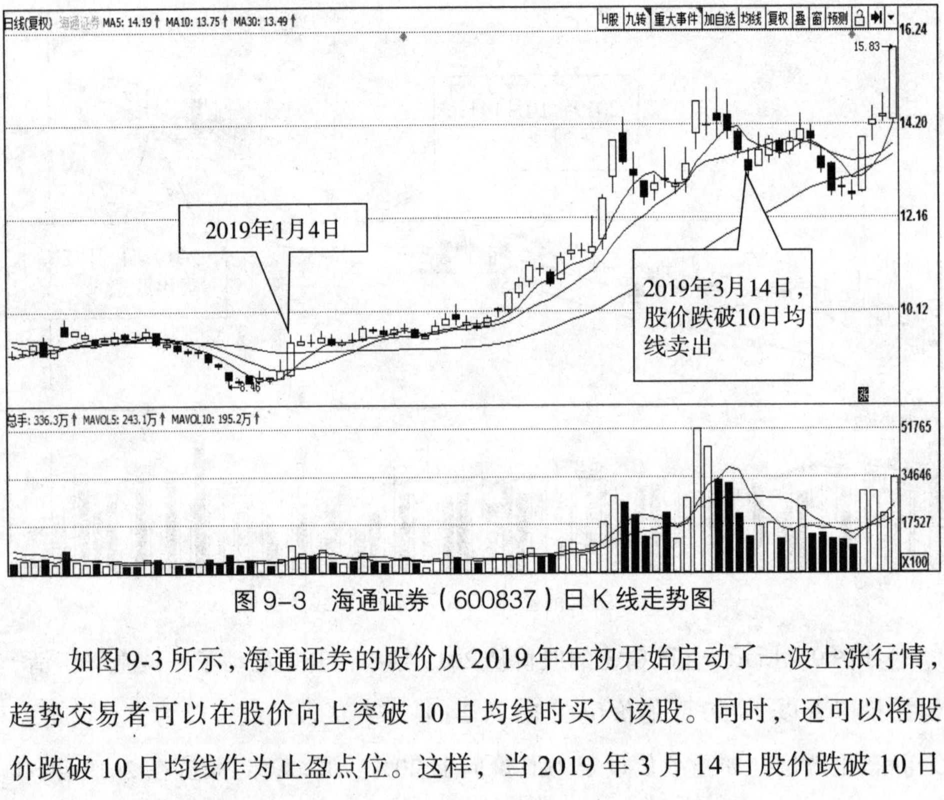

图 9-3　海通证券（600837）日 K 线走势图

如图 9-3 所示，海通证券的股价从 2019 年年初开始启动了一波上涨行情，趋势交易者可以在股价向上突破 10 日均线时买入该股。同时，还可以将股价跌破 10 日均线作为止盈点位。这样，当 2019 年 3 月 14 日股价跌破 10 日均线时，投资者就可以进行止盈操作，从而保住到手的利润。

二、止损位设置

止损位的设定因人而异，因股而异。

通常情况下，止损位的设定方法有以下几种。

1. 移动平均线止损

投资者可以将某一条移动平均线作为止损位，股价跌破该移动平均线就卖出。例如，投资者可以将 5 日、10 日或者 30 日均线作为止损位，如图 9-4 所示。

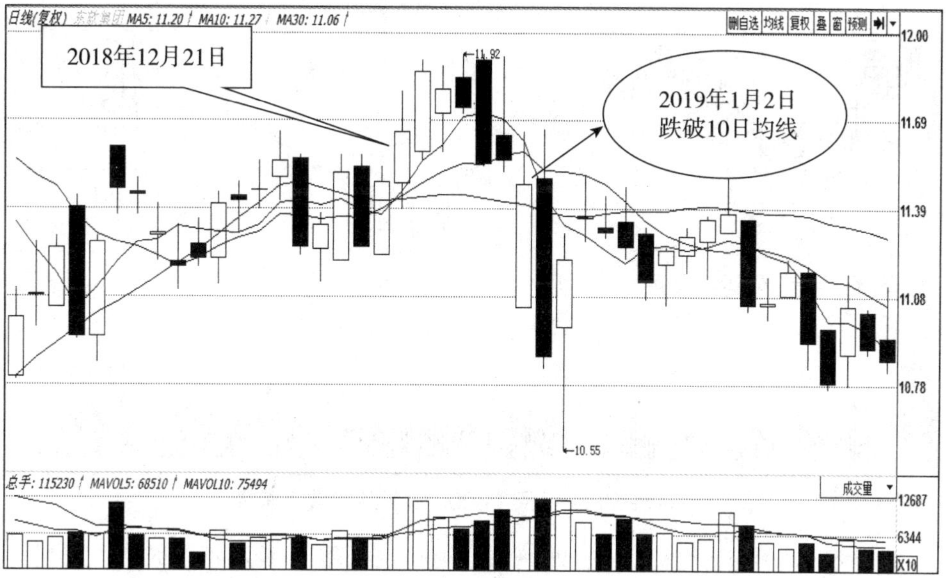

图 9-4 东软集团（600718）日 K 线走势图

投资者如果以 10 日均线作为参照标准，在股价向上突破 10 日均线时买入股票建仓，其后也可将 10 日均线作为止损位。一旦该股股价跌破 10 日均线，投资者就必须卖出该股。

如图 9-4 所示，东软集团的股价在 2018 年 12 月 21 日向上突破了多条均线，并站稳于 10 日均线之上，投资者此时可执行买入建仓操作。

其后，该股经历了几个交易日的上涨之后，在 2019 年 1 月 2 日突然大幅低开并一连跌破了多条均线，此时投资者可坚决执行止损操作。

2. 固定比率止损

投资者在买入股票时，可以设定一个向下的最大幅度，跌破该幅度就止损。例如，有的投资者喜欢把 8% 或 10% 作为自己的止损位。投资者在这里需要注意，止损位不能设定得离股票买入价过近，否则一旦股价出现震荡，就容易把自己震荡出局，但止损位也不能设定得过远，以免给自己造成过大的损失，如图 9-5 所示。

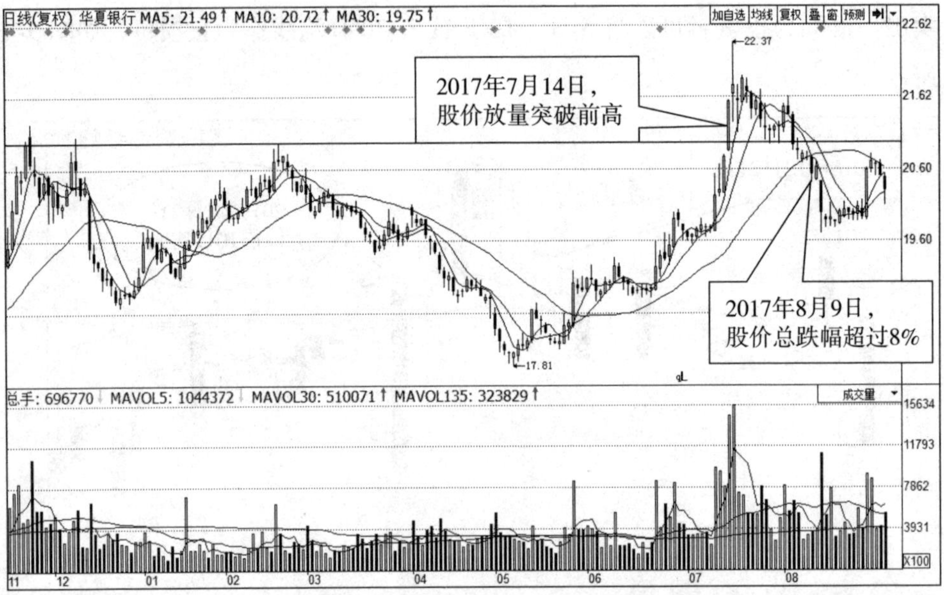

图 9–5　华夏银行（600015）日 K 线走势图

如图 9-5 所示，投资者如果把华夏银行选为将要买入的目标股，就需要好好选择一个买入点。2017 年 7 月 14 日，该股放量突破了前期创下的最高点。由于前两次该股股价都是拉高遇阻回调，而这次却成功实现了突破，所以，投资者这时可以选择买入该股。投资者可在下一交易日也就是 7 月 17 日买入该股，并把下跌 8% 作为止损位。一旦该股跌破这一位置，就可以卖出。其实，投资者也可以将前期最高点设为止损位，但由于买入价距离止损位太近，所以还是将止损位设置得与买入价稍稍有点距离为好。

华夏银行在创下 22.37 元高点后一路下跌。2017 年 8 月 9 日，该股距离买入位置下跌幅度超过 8%，投资者宜卖出该股。虽然这是一次失败的短线操作，但把损失控制在了一个很小的范围，避免了该股后续的下跌。

3. 趋势线止损

趋势线止损是趋势交易中应用比较广泛的止损方法。在股价上涨过程中，一般会沿着一定的上升通道运行，这时就会出现上升趋势线。投资者将股价上升过程中的最低点连线，就构成了一条向上的趋势线，一旦股价跌破这一趋势线，就可以卖出止损了，如图 9-6 所示。

图 9-6　大连友谊（000679）日 K 线走势图

如图 9-6 所示，大连友谊的股价在 2016 年下半年开始了一波上涨走势，投资者把该股上涨过程中的低点用直线连接，就构成了一条趋势线，股价也一直沿趋势线攀升。2016 年 12 月 12 日，股价继续前一交易日的下跌，并跌破了趋势线，至 12 月 14 日，该股已经连续 3 个交易日位于上升趋势线下方，可以确认股价有效跌破上升趋势线，此时投资者可以考虑卖出该股止损。

该股后期走势出现了大幅下跌，投资者如果此时卖出该股，就能回避这次下跌造成的损失。

第三节　趋势交易系统示例

在实战交易活动中，投资者可选择以均线系统为基础、以 MACD 指标系统或以布林线系统为基础构建趋势交易系统，当然，也可以其他技术指标为基础设计趋势交易系统。但无论选择何种技术指标作为基准，都必须保证标准的一致性。比如，投资者按照均线系统的标准执行买入操作，就必须按照均线的标准执行卖出或止损止盈操作，不能选择其他标准。

一、以 MACD 指标为核心的趋势交易系统

基于 MACD 指标的趋势交易系统设计如下。

1. 买入条件设定

（1）大盘环境。

中短线良好的大盘环境是进行趋势操作的前提。若大盘指数位于 30 日均线上方，且 30 日均线方向向上，则可认定此时属于较佳的操作环境（激进型投资者可将 30 日均线更换为 20 日均线）。

（2）个股趋势。

个股处于超跌反弹或上升趋势中，是趋势交易成功的保证。若个股股价位于 30 日均线上方，且 30 日均线方向向上，则可认定适宜趋势交易操作（激进型投资者可将 30 日均线更换为 20 日均线）。

（3）MACD 指标走势。

DIFF 快线自下而上穿越 DEA 慢线形成黄金交叉，且交叉点位于 0 轴上方附近。若交叉点位于 0 轴下方较近位置，且 DIFF 快线已经显露出上攻迹象亦可。

2. 仓位设置

初次投入资金占计划投入量的比重为 50% 左右。

3. 加仓条件设定

（1）DIFF 快线回调不破 DEA 慢线，若买入时 DIFF 快线位于 0 轴下方，可将第一次加仓点设置在 DIFF 快线向上突破 0 轴时。

（2）DIFF 快线与 DEA 慢线形成死叉后，很快又再度形成金叉。

4. 减仓条件设定

DIFF 快线与 DEA 慢线形成死叉。

5. 止损位设置

（1）股价自高位下跌 10%（若股票涨势较猛，可适当放宽止损位，如下跌 10% ~ 15%；反之，若股价涨势较慢，则应收紧止损位，如下跌 5% ~ 8%）。

（2）DIFF 快线跌破 0 轴。

6. 止盈位设置

通常情况下，投资者应该为每次趋势交易设置大致的止盈位，股价到达止盈位后，出现任何卖出信号，可立即清仓止盈。

如涨幅超过 50% 时，MACD 指标形成高位死叉（投资者可根据个人偏好设置盈利比例）。

下面来看一下乐普医疗的案例，如图 9-7 所示。

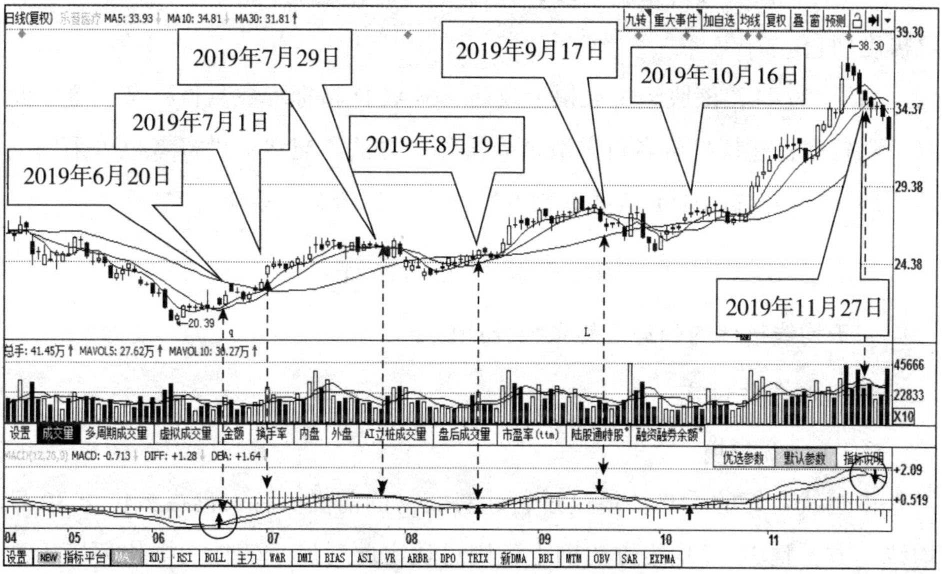

图 9-7　乐普医疗（300003）波段走势图

如图 9-7 所示，乐普医疗的股价在 2019 年下半年随着大盘的上涨出现了一波震荡上升走势。该股 MACD 指标在 2019 年 6 月 20 日形成了低位金叉，但此交叉点位于 0 轴下方，且股价仍在 30 日均线下方，说明该股上攻的条件并不成熟，投资者可继续观察。

2019 年 7 月 1 日，该股股价成功上攻 30 日均线，且 MACD 指标向上突破 0 轴，属于一个较佳的入场点。投资者可在此时设置完整的交易计划，并入场买入 50% 左右仓位的股票。

7 月 29 日，该股股价出现回调，DIFF 快线向下跌破了 DEA 慢线，投资者此时可进行的操作包括：其一，清仓该股，获利 30% 左右；其二，减仓，即减持持有股票数量的 50%。此时该股上升幅度并未超过 50%，且 DIFF 快线仍位于 0 轴上方，建议投资者采取减持策略。

8 月 19 日，该股再度上攻，且 MACD 指标形成二度金叉，属于比较典型的买入信号，投资者可在此时加大仓位买入该股。

9 月 17 日，该股 MACD 指标形成高位死叉，投资者可再度实施减仓操作。10 月 16 日，该股股价重新上攻，并再度在 0 轴上方形成黄金交叉，投资者可再度加仓。

11 月 27 日，该股经过大幅上攻后，MACD 指标形成高位死叉，鉴于此时盈利较多，建议投资者可采取清仓操作的方法。当然，投资者也可采用减持大部分股票，待 DIFF 快线跌破 0 轴时再全部清仓的策略。

二、以均线指标为核心的趋势交易系统

基于均线指标的趋势交易系统设计如下。

1. 买入条件设定

（1）大盘环境。

中短线良好的大盘环境是进行趋势交易的前提。若大盘指数位于 30 日均线上方，且 30 日均线方向向上，则可认定此时属于较佳的操作环境（激进型投资者可将 30 日均线更换为 20 日均线）。

（2）个股趋势。

个股处于超跌反弹或上升趋势中，是趋势交易成功的保证。若个股股价

位于60日均线上方，且60日均线方向向上，则可认定适宜趋势交易操作。

（3）均线指标走势。

基于对各均线组合的研究，将10日均线、20日均线和60日均线组合，可以更好地把握趋势操作行情。其具体设计思路如下。

第一，60日均线可以作为中长期趋势交易的指导线，即当60日均线放平或向右上方倾斜时，方可入场进行趋势交易操作（投资者可根据个人需要，适当将60日均线替换为30日或40日均线。不过，均线周期过长，就会存在交易信号滞后的问题）。

第二，10日均线与20日均线作为具体的交易指示线，即当10日均线自下而上穿越20日均线时，买入；当10日均线自上而下跌破20日均线时，卖出。

2. 仓位设置

初次投入资金占计划投入量的比重为50%左右。

3. 加仓条件设定

（1）股价沿10日均线上攻过程中，若出现回调且回调至20日均线位置，因受20日均线的支撑再度上升，可考虑加仓。

（2）股价跌破20日均线后，遇60日均线支撑再度上攻，可考虑加仓买入。

4. 减仓条件设定

（1）股价跌破20日均线可考虑减仓操作。

（2）10日均线与20日均线形成死叉，但60日均线仍向右上方倾斜，可适当减仓。

5. 止损位设置

（1）股价自高位下跌10%（若股票涨势较猛，可适当放宽止损位，如下跌10%～15%；反之，若股价涨势较慢，则应收紧止损位，如下跌5%～8%）。

（2）股价跌破60日均线。

6. 止盈位设置

通常情况下，投资者应该为每次趋势交易设置大致的止盈位置，股价到达止盈位后，出现任何卖出信号，可立即清仓止盈。

如涨幅超过 50% 时，均线形成高位死叉（投资者可根据个人偏好，设置盈利比例）。

下面来看一下爱尔眼科的案例，如图 9-8 所示。

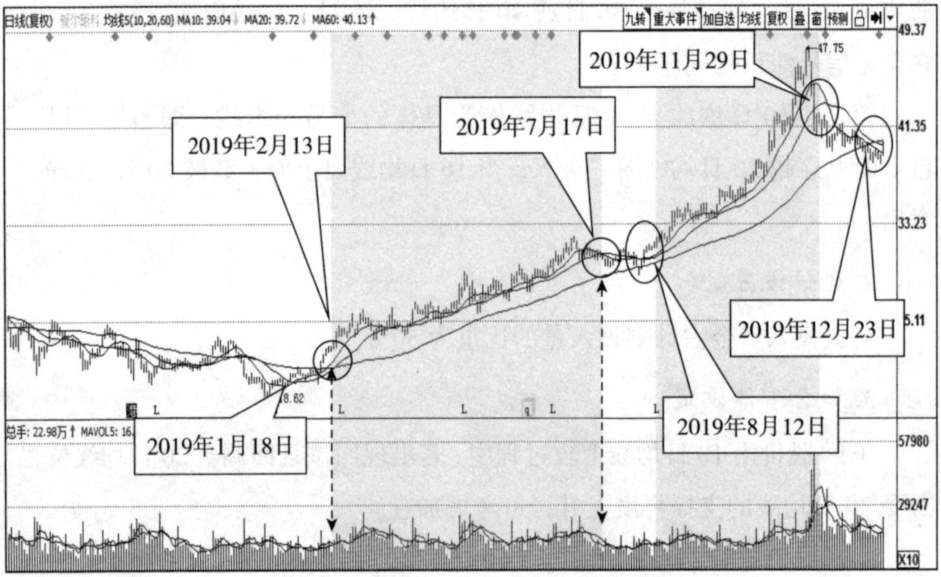

图 9-8　爱尔眼科（300015）波段走势图

如图 9-8 所示，爱尔眼科的股价在 2019 年年初随着大盘的上涨而出现了一波震荡上升走势。该股均线指标在 2019 年 1 月 18 日形成了低位金叉，但此交叉点位于 60 日均线下方，这说明该股上攻的条件并不成熟，投资者可继续观察。

2019 年 2 月 13 日，该股股价继续上攻，带动 10 日均线向上穿越 20 日均线形成金叉，此交叉点位于 60 日均线上方，属于一个较佳的入场点。投资者可在此时设置完善的交易计划，并入场买入 50% 左右仓位的股票。

7 月 17 日，该股股价连续几个交易日出现回调，股价跌破 10 日均线和 20 日均线，随后 10 日均线跌破了 20 日均线，投资者此时可进行的操作包括：其一，清仓该股，获利 30% 左右；其二，减仓，即减持持有股票数量的 50%。此时该股上升幅度并未超过 50%，且 60 日均线仍向右上方倾斜，建议投资者采取减持策略。

8 月 12 日，该股再度上攻，均线指标再度形成金叉，属于比较典型的买入信号，投资者可在此时加大仓位买入该股。

11 月 29 日，处于顶部震荡形态的该股均线指标形成高位死叉，鉴于此时盈利较多，建议投资者可采取清仓操作的方法。当然，投资者也可以采取减仓大部分筹码，仅保留少量筹码的策略。12 月 23 日，该股股价跌破了 60 日均线，这说明股价中长期运行趋势存在改变的可能，必须进行清仓操作。

三、以布林线指标为核心的趋势交易系统

基于布林线指标的趋势交易系统，主要由以下几部分构成。

1. 买入条件及仓位控制

（1）股价处于上涨途中。股价自底部反弹向上，并放量突破布林线中轨，且布林通道由收缩转为发散时，是执行买入操作的最佳时机。

（2）趋势交易入场仓位可以根据市场情况适当调整，一般应控制在 40% 以下（计划投入资金量的 40%）。

2. 加仓条件及仓位控制

（1）加仓条件。

投资者建仓后，若股价上涨一段时间后出现回调，但股价回调至中轨线位置时，因受到中轨线的支撑作用而再度上升，是较好的加仓点。

（2）加仓仓位。

第一次加仓仓位控制在 40% 以下（计划投入资金量的 40%）。

第二次加仓仓位控制在 20% 以下（计划投入资金量的 20%）。

3. 卖出条件

（1）股价触及上轨线后出现回调或股价自上而下跌破上轨线时，是该股第一次减仓的时机。

（2）股价自上而下跌破中轨线，则清空股票。

4. 止损条件

投资者第一次买入股票建仓后，若股价并未上升，而是向下跌破了中轨线，则可执行止损操作。

下面来看一下国民技术的案例，如图 9-9 所示。

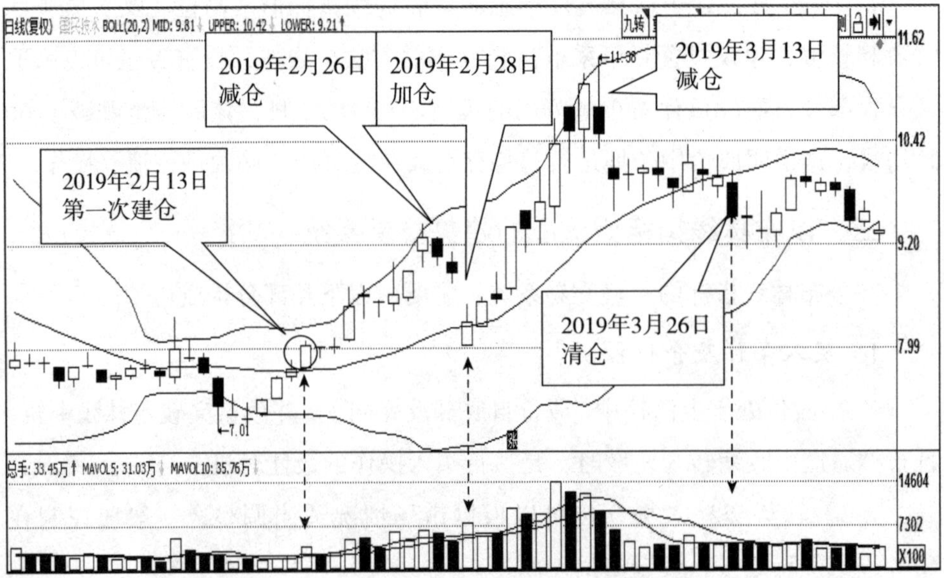

图 9-9 国民技术（300077）BOLL 指标走势图

如图 9-9 所示，国民技术的股价在 2019 年 1 月到 2 月期间经历了一波震荡上涨行情。2019 年 2 月 13 日，该股股价放量突破布林线中轨，且出现拐头向上迹象，说明股价结束下跌重启上升的可能性很大。鉴于当时布林通道并未出现明显的放大，投资者在当日建仓该股时，应适当将仓位控制在 40% 以下。

此后，该股股价一路上行，并在触及上轨线位置后的 2 月 26 日出现了回调走势，投资者可进行减仓操作。

2 月 28 日，该股股价回调至中轨线位置时，因中轨线支撑而再度上攻（偶尔跌破中轨线，但能收在中轨线以上，仍可证明支撑有效）。成交量在股价回调时呈现缩量状态，而股价重拾升势时呈温和放大态势，这说明股价与成交量配合良好。布林通道开始放大，这说明股价未来可能有一波可观的涨幅，投资者可进行加仓操作。

3 月 13 日，该股在上轨线附近运行多日后出现了回调走势，此时投资者可进行减仓操作。

3 月 26 日，该股股价跌破了布林线中轨，这说明股价运行趋势有结束的可能，投资者可考虑清仓操作。